잘난 척하고 싶을 때
꼭 알아야 할

쓸데 있는
신비한
잡학사전

잘난 척하고 싶을 때 꼭 알아야 할

쓸데 있는
신비한
잡학사전

레이 해밀턴 지음
이종호 옮김

55

차 례

CHAPTER 1

우리가 살고 있는 놀라운 지구

The amazing globe
we live on
·
17

고마움을 전합니다 Acknowledgements

이 재미있는 책을 쓸 수 있는 기회를 주신 서머스데일Summersdale 출판사에 감사를 표합니다. 특히 데비 챔프맨Debbie Chapman에게 감사를 표합니다. 그녀는 저에게 도움이 되는 조언을 많이 해주었고, 다시 함께 일할 수 있어서 큰 기쁨이었습니다. 수고스러움에도 불구하고 제가 쓴 원고를 처음으로 읽어준 사랑하는 아내 캐런Karen에게도 고마움을 표합니다.

이 책이 다양한 주제를 다룰 수 있도록 도움을 준 이스트 서식스East Sussex 주 메이필드Mayfield 시, 로즈 앤 크라운Rose and Crown 선술집의 에버 호프풀Ever Hopeful 퀴즈팀 동료들에게도 알파벳 순으로 감사를 표합니다. 크리스 브라이스Chris Bryce, 존 오브 곤트John of Gaunt, 우리의 멋진 캡틴 자넷 호어Jeanette Hore, 데이비드 하우로이드David Howroyd, 스티브 스탠포드Steve Sandford. 이들의 도움이 없었다면, 이 책의 출판은 어려웠을 것입니다. 제가 플로리다Florida 주 키웨스트 Key West 시에서 이 책을 마무리하고 있을 때, 많은 도움을 주었던 펜실베니아Pennsylvania 주 뉴톤Newtown 시의 밥과 그레이스 브라이언 Bob and Grace Bryan에게도 감사를 표합니다.

이 책을 소개합니다 Introduction

이 책은 당신을 아주 짧게나마 지적인 인간으로 만들어줄 것이다. 특히 다른 사람들과 대화할 때 실제적으로 더 유식하게 말할 수 있도록 도와주는 지식으로 가득 차 있다. 하지만 깊이를 따진다면 글쎄! 물론 그것의 평가는 당신 몫이겠지만 여기서 전문 서적의 진지한 탐구를 기대하지는 않았으면 좋겠다. 이 책은 당신이 알지 못하는 세계의 여러 지식들을 한곳에 모아놓은 것에 불과할 수 있다. 일반적으로 널리 퍼져 있지만 정확하게 모르는 지식들로 가득 차 있는 이 책은, 당신을 옆의 사람과 조금은 차별되게 만들어놓을 것이다. 한마디로 지적인 체할 수 있는 팁이 가득하다는 뜻이다.

더불어 이 책은 당신이 다른 사람들과 나누는 대화에 적극 호응할 수 있도록 도와줄 것이다. 이미 당신은 이 책을 통해 그 주제에 관한 지식을 접했기 때문이다. 물론 다른 사람들은 그 사실을 알 필요도 없고 알 수도 없다, 이 책을 읽지 않는 한. 다만 내가 단언컨대 이 책을 통해 얻게 된 지식은 당신을 지적인 사람으로 다시 태어나게 할 수 있다는 것이다. 그리고 분위기를 주도할 수 있다는 것이다.

거듭 강조하지만 이 책은 당신의 이미지를 개선하고 자존감을 높이는 데 도움을 줄 것이다. 그것뿐만이 아니다. 당신은 이 책을 통해 얻는 지식으로 요즘 화두가 되고 있는 말을 기가 막히게 잘하는 지식인이 될 수도 있다. 계속 높아지고 있는 인도양의 해수면 아래로 언제 몰디브 섬Maldives이 사라질지에 대해 관심을 갖는 사람은 적다. 하지만 당신은 이 책을 통해 그 지식을 접할 수 있다. 만약 당신이 휴가를 보내기 위해 몰디브 섬에 갔는데 멋지게 휴식을 취할 곳이 없어진다면 당신의 휴가는 매우 형편없어질 것이다. 하지만 이 책을 통해 몰디브 섬이 사라질 수도 있다는 정보를 얻었기 때문에 당신은 몰디브 섬으로 가는 휴가 계획을 세우지도 않을 것이다. 당신은 브래드 피트Brad Pitt가 영화 「트로이Troy」에서 '아킬레스' 역을 맡아 연기하는 도중 아킬레스건을 다쳐서 영화 제작을 몇 달 늦추 었다는 것을 아는가? 이 책을 통해 그 정보를 접할 수 있을 것이다. 또한 당신은 당신이 왼손 혹은 오른손에 꼭 쥐고 있는 휴대전화의 연산 능력이 1969년 아폴로 우주선을 달 표면으로 인도하기 위해 사용되었던 컴퓨터의 연산능력보다 우수하다는 것을 아는가? 이 책을 통해 그 정보를 접한다면 당신은 휴대전화 기능에 대해 더 잘 이해하게 될 것이다. 만약 당신의 인생에서 행복을 추구하기 바란 다면 덴마크가 늘 세계에서 가장 행복한 나라로 뽑히고 있다는 것 을 알아야 한다. 비록 당신이 그곳에 가서 살 수는 없더라도, 최소 한 그곳에서 휴가를 보낼 수는 있기 때문이다.

만약 선술집에서 사람들이 팀 대항으로 상식 퀴즈 게임을 할 때, 당 신이 속한 팀이 당신 때문에 질까 봐 부담을 느낀다면 다음과 같은 지식들의 도움을 받을 수 있을 것이다. 2013년 선덜랜드 Sunderland 시 북부 마라톤 대회에서 5천 명의 주자들 중 왜 단지 1명만 결승선을 통과했는지, 역사상 가장 많이 팔린 책이 무엇인지, 크리켓 선수 줄리어스 시저 Julius Caesar 는 어떻게 15.78의 타율을 칠 수 있었는지, 기네스 맥주 마시기에 대한 기네스 기록이 있는지 없는지, 트위터의 첫 번째 트윗의 내용이 무엇이었는지 등등. 이 책 전체를 통해서 나는 이런 주제들을 다룰 것이고, 순서는 무작위가 될 것이다. 그리고 당신은 지적인 사람이 되어 있을 것이다.

책을 펼치면 반드시 무언가를 배우게 된다.
공자(孔子, 기원전 551~기원전 479)

배우기만 하고 생각하지 않으면 얻는 것이 없고,
생각만 하고 배우지 않으면 위태롭다.

공자

우리가 살고 있는
놀라운 지구

The amazing globe we live on

CHAPTER 1

요즘 사람들은 세계가 점점 작아지고 있다고 말한다. 이 말의 의미는 세계 여행이 점점 쉬워지고 있다는 뜻일 게다. 하지만 세계는 우리가 상상할 수 없을 만큼 장엄하고 다양하다. 단 한 번의 인생으로 세계가 제공하는 모든 것을 본다는 것은 매우 어렵다. 그래서 나는 세계의 구석구석을 조금씩 설명해줄 것이다. 이것만으로도 당신은 지적인 사람이 될 것이다. 그리고 당신의 버킷리스트에 어느 대륙의 지역을 우선순위에 올려놓을지 결정하는 데 도움이 될 것이다. 부디 좋은 여행이 되길.

1. 세계 The world

세계의 3분의 1은 육지로 이루어져 있고, 나머지 부분은 오대양으로 덮여 있다. 자연은 5개의 대륙을 만들었고, 인류는 이 대륙들 위에 대략 200개의 나라를 만들었다. 이들 각각의 대륙과 바다를 둘러보기 전에 세계에 관한 몇 가지 기초 지식을 알아보자.

Basic stuff 기초 지식

지구 둘레 길이 : 적도 24,901miles^{40,075km}

가장 큰 대륙 : 아시아^{Asia}

가장 큰 바다 : 태평양^{Pacific}

가장 높은 산 : 티베트/네팔^{Tibet/Nepal} 에베레스트 산^{Mount Everest}, 8,850m^{29,035ft}

최저점 : 이스라엘/요르단^{Israel/Jordan} 사해^{Dead Sea}, 해수면 아래로 429m^{1,407ft}

가장 긴 강 : 나일^{Nile}, 4,258miles^{6,853km}

가장 큰 호수 : 카스피 해^{Caspian Sea}

가장 큰 섬 : 그린란드^{Greenland}

가장 큰 사막 : 남극^{Antarctic}

가장 더운 사막 : 사하라^{Sahara}

Other stuff 기타 지식

만약 중력이 없다면

지구는 대략 67,000mph$^{108,000km/h}$의 속도로 태양 주위를 공전하고 있다. 만약 중력이 없었다면 우리는 지구 안에서 태양 방향에 따라 빙빙 돌았을 것이다, 무언가를 단단하게 잡지 않는 한. 지구는 적도를 기준으로 1,040mph$^{1,675km/h}$의 속도로 자전 중이다. 반면에 극지방에서는 전혀 회전하지 않는다. 만약 당신이 영국 제도의 어딘가에서 이 책을 읽고 있다면, 당신은 대략 600mph$^{966km/h}$의 속도로 회전하고 있다고 생각하면 된다.*

☀ 별별 지식
....

* 지구는 완전한 구형이 아닌 중간 부분이 볼록한 타원형 형태이다. 따라서 같은 해발 높이라도 적도 부근에 위치한 산들이 상대적으로 훨씬 지구 중심으로부터 먼 곳에 위치하게 된다. 침보라소 산$^{Volcán\ Chimborazo}$ 은 안데스^{Andes} 산맥의 성층 화산이다. 높이가 6,268m로 에콰도르^{Ecuador}에서 가장 높은 산이다. 침보라소 산의 정상은 지구 중심과 6,384.4km 떨어져 있다.

지구 중심으로부터 가장 멀리 떨어진 산

해수면을 기준으로 할 때, 에베레스트 산은 세계에서 가장 높은 산이다. 그렇다면 우주에서 가장 가까운 산은 어딜까? 지구의 중심으로부터 가장 먼 거리를 기준으로 할 때로 가정한다면 에콰도르의 침보라소 산이다. 침보라소 산은 적도에 위치해 있고, 지구의 중심으로부터 가장 멀리 떨어져 있다.

세계에서 가장 큰 호수

카스피 해는 일본 정도의 크기이며 세계에서 가장 큰 호수이다. 그리고 5개 나라러시아, 카자흐스탄, 투르크메니스탄, 이란, 아제르바이잔 사이에 있다. 러시아Russia의 바이칼Baikal 호는 세계에서 가장 깊고, 가장 오래된 호수다. 세계 담수의 20%를 보유하고 있다.

세계에서 가장 많이 수확되는 것은?

생산량을 기준으로 세계의 주요 작물은 사탕수수로 대부분 브라질과 인도에서 생산된다. 그 다음은 옥수수로 미국과 중국에서 생산되고, 그 다음이 쌀로 중국과 인도에서 많이 생산된다.

눈을 보지 못한 사람들

세계 인구 3분의 2의 사람들은 눈을 본 적이 없는 것으로 추정되고 있다.

남반구와 북반구의 차이

허리케인과 같은 자연현상은 남반구에서 시계 방향으로 회전하고,

북반구에서는 반시계 방향으로 회전한다.* 그런 까닭에 적도 부근에서 수돗물이 싱크대 배수구로 흘러 내려갈 때 물이 서로 반대 방향으로 회전해서 흘러갈 것이라고 생각한다면 그것은 잘못된 생각이다. 적도 부근의 현지인들은 이런저런 말로 관광객들의 호기심을 자극한다. 그리고 돈을 내면 수돗물이 배수구를 어떤 방향으로 회전하며 흘러 내려가는지 보여주겠다고 유혹하는 경우가 있다.

☀ 별별 지식

> * 욕조나 세면대의 물이 배수구를 빠져나갈 때 북반구에서는 시계 반대 방향으로, 남반구에서는 시계 방향으로 돌아서 빠져나간다. 그 까닭은 북반구와 남반구에 있는 물체에 자전으로 인해 가해지는 관성력의 방향이 반대이기 때문에 발생하는데 이 힘을 전향력코리올리 힘이라고 부른다. 적도 지방에서는 이 힘이 최소이기 때문에 물회오리가 생기지 않고 바로 빠져나간다.

자오선

본초 자오선prime meridian은 경도 0도에서 동반구와 서반구를 나누는 자오선이다. 그것은 북극과 남극 사이에 여덟 나라, 즉 유럽Europe의 세 나라와 아프리카Africa의 다섯 나라를 지나간다. 물론 남반구의 나라들은 지나가지 않는다.

❶ 영국United Kingdom

❷ 프랑스France

❸ 스페인Spain

❹ 알제리Algeria

❺ 말리Mali

❻ 부르키나파소Burkina Faso

❼ 토고Togo

❽ 가나Ghana

180번째 자오선은 '반대 자오선'이라고도 알려져 있다. 그것은 지구 반대편인 경도 180도에서 북극과 남극을 지나가며 그리니치 쪽에서 시작되는 본초 자오선과 만나 원을 이룬다. 주로 세계 날짜 변경선으로 사용된다. 러시아의 북동쪽 끝부분, 3개의 피지 섬, 남극의 로스 속령뉴질랜드가 영유권을 주장을 지나갈 때에만 육지와 닿고, 그 이외에는 광대한 태평양을 지나간다. 그 자오선은 배가 가로지를 때 주목을 받는다.

만약 당신의 삶에 하루를 추가하고 싶다면 그 자오선을 통과해서 동쪽으로 향하는 크루즈 여행을 선택하는 것도 좋은 방법이다. 만약 당신의 삶에 1년을 추가하고 싶다면, 당신의 생일에 그 자오선을 가로질러 동쪽으로 향하는 크루즈 여행을 선택하라. 그러면 당신은 생일을 완전히 건너뛸 수 있다.

적도는 남아메리카의 3개국, 아프리카의 7개국, 아시아의 2개국, 오스트랄라시아/오세아니아의 1개국 총 13개 나라를 지나간다.

❶ 에콰도르 Ecuador

❷ 콜롬비아 Colombia

❸ 브라질 Brazil

❹ 상투메 프린시페 São Tomé and Príncipe ★

❺ 가봉 Gabon

❻ 콩고공화국 Republic of the Congo ★★

❼ 콩고민주공화국 Democratic Republic of the Congo

❽ 우간다 Uganda

❾ 케냐 Kenya

❿ 소말리아 Somalia

⓫ 몰디브 The Maldives

⓬ 인도네시아 Indonesia

⓭ 키리바시 Kiribati

☀ 별별 지식
. . . .

★　　상투메 프린시페는 아프리카 중서부에 있는 나라로 정식 명칭은 상투메프린시페민주공화국이다. 1963년 포르투갈 해외 연방국가에 속했다

가 1975년 독립했다. 아프리카에서 가장 작은 나라로 상투메 섬과 프린시페 섬으로 구성되어 있다.

＊＊ 콩고는 콩고공화국과 콩고민주공화국으로 나뉘며 이 두 나라는 엄연히 다른 나라다. 콩고공화국은 프랑스령에 있다 1960년에 독립했고, 콩고민주공화국은 벨기에령으로 있다 1960년에 독립했다. 콩고공화국과 콩고민주공화국은 콩고 강을 둘러싸고 영토 분쟁을 벌이고 있다.

환태평양조산대의 화산 수

환태평양조산대는 광대한 태평양 주변을 말굽 모양으로 둘러싸고 있다. 많은 지진과 화산 분출이 25,000miles^{40,000km} 길이를 따라 발생하기 때문에 '불의 고리$^{ring\ of\ fire}$'라고도 불린다. 이 고리에 대해 대략적으로 말하면, 뉴질랜드에서부터 위쪽으로 인도네시아, 일본, 필리핀을 포함하고 시베리아부터 알래스카^{Alyeshka}까지의 지역은 제외하고 지나가며, 다시 아메리카 대륙의 서쪽 지역을 지나서 칠레^{Chile} 하단부까지 이른다. 그곳에는 지구 전체 화산 수의 75%가 넘는 452개의 화산이 위치하고 있으며, 세계 지진의 대략 90%가 발생한다.

알고 있으면 쓸 데가 많은 지식

지구의 지리적 중심 키리바시

적도는 인도양의 몰디브와 태평양의 키리바시를 통과할 때 육지를 지나가지 않는다. 어쩌면 누군가는 썰물일 때, 적도가 키리바시 제도의 작은 섬들 중 하나를 스치듯 지나갈 가능성이 있다고 주장할지도 모르겠다.

키리바시는 적도와 국제 날짜 변경선 사이에 위치한 유일한 지역으로 유명하다. 키리바시는 4개의 반구들 사이에 위치하고 있어서, 지리적으로 세계에서 가장 중심에 있는 나라이다.

서아프리카 아래 기니아 만(만약 키리바시에서 꼬챙이를 지구를 관통해서 찔러 넣으면 튀어나오는 곳)은 지구 반대편의 적도와 본초 자오선이 만나는 곳이다. 이곳에는 지리적으로 세계의 중심이라는 타이틀을 경쟁할 수 있는 나라가 없다. 이 점에서 키리바시는 경쟁자 없는 챔피언이다.

2. 세계의 종교 World religions

세상 사람들은 매우 다양한 종교를 믿는다. 힌두교는 환생과 화신의 형태로 상당히 많은 신들을 갖고 있는 다신교이다. 반면에 이슬람교, 시크교, 유대교, 기독교는 유일신을 믿는 종교이다. 중국과 아프리카의 전통 종교들은 자연의 힘과 조상의 영혼의 영향력을 믿는다. 반면에 불교는 개인의 정신적 깨달음에 중점을 두고, 바하이교Bahaism * 는 인류의 단일성과 종교의 단일성을 강조한다. 강신술spiritualism **은 죽은 자의 영혼과 살아 있는 자를 소통하게 해주는 술법이다.

신도 수 크기에 따른 주요 종교들

❶ 기독교 : 22억

❷ 이슬람교 : 16억

❸ 힌두교 : 10억

❹ 중국 전통 종교 : 3억 9천 4백만

❺ 불교 : 3억 7천 6백만

❻ 아프리카 전통 종교 : 1억

❼ 시크교Sikhism★ : 2천 3백만

❽ 강신술 : 1천 5백만

❾ 유대교 : 1천 4백만

❿ 바하이교 : 7백만

⓫ 자이나교Jainism★★ : 4백 20만

무신론자, 불가지론자 그리고 인구조사에서 '선호 종교가 없다'라고 기술한 사람들을 포함하여 종교에 관심 없는 사람들로 이루어진 세계의 세족적인 사회는 대략 11억이다. 비종교인들의 수는 기독교인과 이슬람교 다음인 3위이다.

☀ **별별 지식**

....

* 시크교는 15세기 인도에서 교조 나나크^{Nanak Dev. 1469~1538}가 힌두교와 이슬람교를 절충해 탄생시킨 종교다. 기본적으로 신의 메시지와 개인적 수양을 통한 해탈을 목적으로 한다.

** 자이나교는 원전 6세기 무렵에 인도에서 생긴 종교로 불교처럼 출가주의를 행하고 있다.

7개의 대륙

엄밀히 말하면 세계는 7개가 아닌 5개의 대륙이 있다고 말할 수 있다. 유럽과 아시아는 서로 엉덩이를 맞붙이고 있고, 북아메리카와 남아메리카도 그런 형태기 때문이다. 하지만 이 책에서는 7개의 대륙을 개별적으로 다룰 것이다. 또한 오스트레일리아, 오스트랄라시아, 오세아니아의 명칭에 관해서 많은 혼란이 있는데 이 책에서는 그 지역의 이야기를 할 때 그 문제도 함께 다룰 것이다.

우리가 살펴볼(알파벳 순서에 따른) 7개의 대륙들

대륙	나라	인구	비율
아프리카(Africa)	54	11억	20%
남극(Antarctica)	0	5천	9%
아시아(Asia)	45	42억	30%
오스트랄라시아/ 오세아니아 (Australasia/Oceania)	14	2천 9백만	5%
유럽(Europe)	49	7억 4천 2백만	7%
북아메리카 (North America)	23	5억 4천 2백만	17%
남아메리카 (South America)	13	3억 9천 3백만	12%

★ 별별 지식

각 대륙의 나라 수는 그 수를 세는 사람의 정치적 관점에 따라 달라질 수 있다. 그러나 UN에는 193개의 회원국들과 그린란드, 코소보, 팔레스타인, 대만중화민국, 바티칸시국, 서사하라 같은 회원국이 되고자 하는 미가입국들이 있다. 현재 이 미가입국들은 참관국의 지위를 얻고자 노력하고 있다. 참관국은 UN에 등록은 되어 있으나 표결권은 없는 나라다. 미가입국들 중 오직 팔레스타인과 바티칸시국만 참관국의 지위를 허락받았다. 아제르바이잔, 카자흐스탄, 조지아, 러시아, 터키는 유럽과 아시아에 걸쳐 있어서 위에 표 두 항목에 모두 포함되었다. 이집트 Egypt는 시나이 반도 Sinai Pen.에 의해 서아시아와 이어져 있지만 아프리카 항목에만 포함되었다.

가장 인구가 많은 지역들

중국은 세계에서 가장 인구가 많은 나라다. 대략 13억 7천 명의 인구를 갖고 있다. 인도는 근소한 차이로 2위이다. 대략 12억 8천의 인구를 갖고 있다. 미국은 큰 차이로 3위다. 대략 3억 2천 3백만의 인구를 갖고 있다. UN의 도시 지역 인구 수치와 정의에 따르면 세계에서 가장 인구가 많은 도시들은 다음과 같다.

❶ 일본 도쿄日本,東京 : 3천 7백 80만

❷ 인도네시아 자카르타Jakarta : 3천 50만

❸ 파키스탄 카라치Pakistan, Karachi : 2천 5백 40만

❹ 인도 델리India, Delhi : 2천 4백 90만

❺ 중국 상하이中國,上海 : 2천 3백 40만

❻ 중국 베이징北京 : 2천 1백만

❼ 미국 뉴욕United States of America, New York : 2천 60만

❽ 중국 광저우廣州 : 2천 50만

❾ 브라질 상파울루Brazil, São Paolo : 2천 30만

❿ 이집트 카이로Cairo : 1천 8백 30만

⓫ 인도 뭄바이Mumbai : 1천 7백 70만

⓬ 일본 오사카大阪 : 1천 7백 40만

신생국

2014년 스코틀랜드 분리 독립 투표가 부결된 이후 남수단^{Republic of South}Sudan은 가장 최근에 독립한 국가고, 수도는 주바^{Juba}이다. 그러나 크로아티아^{Croatia}와 슬로베니아^{Slovenia} 국경 사이에 있는 엔클라바^{Enclava} 왕국처럼 스스로 독립을 선언하는 나라들이 최근 증가하고 있는 추세다. 엔클라바 왕국은 공원 정도의 크기고 그 나라를 발견한 몇몇 폴란드인들은 그곳을 '아무도 살지 않는 땅'이라고 주장하고 있다. 몇 천 명의 사람들이 그나라의 시민권을 신청했고, 5개의 공식 언어들 중 하나를 선택할 수 있다. 그 왕국의 공식 언어는 폴란드어, 슬로베니아어, 크로아티아어, 영어, 중국어다.

3. 아프리카 Africa

아프리카는 가장 많은 나라들을 갖고 있고, 크기와 인구는 2위인 대륙이다. 사하라 사막을 기준으로 북아프리카의 아랍 국가들과 사하라 사막 이남의 국가들로 나뉜다. 북아프리카의 국가들은 다른 아프리카 지역보다 중동의 국가들과 더 많은 공통점을 갖고 있다. 아프리카에서 가장 많이 사용되는 언어는 아랍어이고, 영어와 스와힐리어가 그 뒤를 잇는다. 이슬람교를 믿는 사람들이 가장 많으며, 기독교가 그 뒤를 잇는다.

Basic stuff 기초 지식

가장 인구가 많은 도시 : 이집트 카이로

가장 큰 나라 : 알제리^{Algeria}

최고점 : 탄자니아^{Tanzania} 킬리만자로 산^{Mount Kilimanjaro}, 5,895m^{19,340ft}

가장 긴 강 : 나일 강

가장 큰 호수 : 빅토리아 호수 「탄자니아^{Tanzania}, 우간다^{Uganda}, 케냐^{Kenya}의 경계」

가장 높은 폭포 : 남아프리카공화국^{Republic of South Africa} 콰줄루나탈 주^{KwaZulu-Natal} 투겔라 폭포^{Tugela Falls}

가장 큰 섬 : 인도양 마다가스카르 섬^{Madagascar}

[버킷리스트에 올려놓을 만한 장소들]

❶ 빅토리아 호수

❷ 남아프리카공화국의 크루거국립공원^{Kruger National Park}

❸ 남아프리카공화국의 케이프 타운^{Cape Town}

❹ 케냐의 마사이마라국립보호구^{Masai Mara National Reserve}

❺ 탄자니아의 세렝기티국립공원^{Serengeti National Park}

❻ 탄자니아의 킬리만자로 산

❼ 이집트의 기자 피라미드^{The pyramids of Giza}

❽ 모리셔스^{Mauritius}, 잔지바르^{Zanzibar}, 마다가스카르의 섬들

❾ 보츠와나Botswana의 오카방고 델타Okavango Delta

❿ 모로코Morocco 마라케시Marrakech 주의 제마엘프나Djemaa el Fna 광장

⓫ 에티오피아Ethiopia의 랄리벨라 석굴 교회군The rock hewn churches of
Lalibela

Other stuff 기타 지식

인류의 탄생지 아프리카

아프리카 대륙은 에티오피아에서 19만 5천 년 전 호모사피엔스의
가장 오래된 화석이 발견되었기 때문에 '인류의 탄생지'라고 여겨
졌다. 더욱 놀라운 것은 30만 년 전에 살았던 인류의 화석이 아프리
카 모로코의 한 유적지에서 발견되었다. 그래서 초기 인류의 탄생
과 진화 무대가 아프리카 전역이라는 주장도 나오고 있다.

만년설 킬리만자로 산

탄자니아 북동부 케냐와의 국경 지대에 있는 킬리만자로 산은 높
이가 5,895m¹⁹,³⁴⁰ft로 아프리카 대륙 최고봉이다. 산 이름은 스와힐
리어Swahili language*로 '번쩍이는 산'이라는 의미를 가지고 있는데 적
도 부근에 있으면서도 만년설에 덮여 있다.

★ 스와힐리어는 탄자니아와 케냐를 중심으로 한 아프리카 남동부 지역에서 사용하는 언어다.

화이트와 블루로 나뉜 2개의 나일 강

나일 강은 11개 나라에 수원水源을 갖고 있지만 주요 수원은 2개뿐이다. 하나는 화이트 나일로 흘러드는 빅토리아 호수와 다른 하나는 블루 나일로 흘러드는 타나 호수Tana lake, 에티오피아이다. 2개의 나일 강은 하르툼Khartoum, 수단의 수도에서 합류한 후 북쪽으로 흘러 지중해까지 여행을 계속한다. 나일 강은 이집트에 도달할 때까지 10개의 다른 나라로 흘러들기 때문에, 전체 수량의 20%만이 이집트로 흘러든다.

세계에서 가장 젊은 사람들이 많이 사는 아프리카 대륙

아프리카 대륙은 대략 50%의 사람들이 20살 미만이다. 그래서 세계에서 가장 젊은 사람들이 많이 살고 있다. 하지만 아프리카 대륙 전체에서 인터넷을 사용하는 사람들의 수는 베를린Berlin 혹은 마드리드Madrid의 인구보다 적다. 베를린의 인구는 약 340만 명, 마드리드의 인구는 약 490만 명, 아프리카의 인구는 약 11억이다. 그리고 아프리카 대륙에는 백만 이상의 중국인이 산다. 중국은 아프리카의 제1교역 국가이다.

세계에서 가장 외따로 있었던 나무

사하라 사막의 타나르^{Tenere} 나무는 사방 250miles 이내를 통틀어
유일한 나무였다. 세계에서 가장 외따로 떨어져 있는 나무이기도
했다. 하지만 아쉽게도 1973년 술에 취한 한 리비아인 트럭 운전수
가 그것을 들이받았다. 그래서 죽었다.

4. 남극 Antarctica

세계의 아랫부분에 위치한 얼음으로 덮인 거대한 육지는 그 중심
에 남극을 갖고 있다. 그곳은 나라가 없으며 그저 소수의 과학자들
만 그곳에 살고 있다. 매년 그곳을 방문하는 적은 수의 관광객들
은 얼어 죽지 않기 위해서 몸을 따뜻하게 꽁꽁 싸매야 한다. 남극
의 가장 가까운 이웃은 남아메리카이다. 만약 당신이 남극 대륙에
살고 있고 남아메리카 대륙의 한 이웃에게 설탕 한 컵을 빌리고 싶
다면 당신은 비행기나 기나긴 배 여행에 수천 달러를 써야만 한다.
만약 뱃길을 선택한다면 당신은 드라케 해협^{Drake Passage}의 거친 물
결을 헤치며 건너는 이틀 동안 난간 너머로 계속 구토를 해야 할 것
이다. 믿거나 말거나 어쨌든 설탕은 건강에 좋지 않다.

Basic stuff 기초 지식

남극에 대해서 배워야 할 기초적인 내용은 별로 없다. 그 지역의 최고봉은 빈슨 메시프Vinson Massif이고, 높이는 4,897m16,066ft이다. 그것은 세계에서 가장 큰 사막이며 비와 눈이 거의 오지 않는다. 혹시 비와 눈이 내리더라도 얼어붙기 바쁘다.

Other stuff 기타 지식

나라도 정부도 없는 남극

남극이라는 단어는 원래 '북쪽의 반대opposite to the north'라는 그리스어에서 유래했다. 남극에는 어떠한 나라나 정부도 없다. 단지 1959년 10월 체결한 '남극조약Antarctic Treaty'만 있을 뿐인데 그것은 1908년 영국이 남극 지역의 영유권을 주장하면서 영유권 문제가 표면화되면서 이뤄진 것으로 남극과 그 주변의 평화적 이용과 과학 연구의 자유 보장을 명시한 국제조약이다. 미국의 요청에 의해 1959년 12월 1일 체결한 나라는 아르헨티나Argentina, 오스트레일리아, 벨기에, 칠레, 프랑스, 일본, 뉴질랜드, 노르웨이, 남아프리카공화국, 소련, 영국, 미국의 12개국이다. 2012년 기준으로 체결한 국가는 총 50개국에 달한다.

남극의 홈페이지의 도메인은 '.aq'

만약 당신이 남극에 등록된 몇 개의 홈페이지들 중 하나를 보고
싶다면 사용해야 하는 최상위 도메인^{TLD}은 '.aq'이다.

낮이 6개월, 밤이 6개월인 곳

남극의 여름과 겨울은 극명하게 갈린다. 그리고 태양은 여름이 시
작할 때 한 번 뜨고, 겨울이 시작할 때 한 번 진다. 즉, 여름의 낮이
6개월, 겨울의 밤이 6개월 지속되는 곳이다. 여름에는 6개월 내내
일광욕을 즐길 수 있고, 겨울에는 6개월 내내 캄캄하다. 만약 당신
이 여름에 남극에서 일광욕을 한다면 손발이 멀쩡한 채 기지로 돌
아가리라는 보장은 없다.

충수돌기를 제거하고 남극으로 가는 연구원

탐험이나 연구를 위해 남극으로 떠나는 사람들에게 의사가 하는
조언은 떠나기 전 충수염 수술^{흔하게 맹장수술}을 통해 맹장 끝 충수돌
기를 제거하라는 것이다. 만약 충수돌기가 염증이라도 나면 바로
수술을 해야 할 텐데 남극에선 그게 여의치 않다. 누군가를 데려
오거나 자신이 직접 자신의 몸에 칼을 대야 한다. 그런데 놀랍게도
1961년 한 러시아 의사는 마취제, 한 개의 거울, 외과수술 도구, 2명
의 원정대원의 도움을 받아 그 어려운 일을 정확히 해냈다.

남극에서 에어로빅과 요가 수업을 듣다

남극 대륙에는 로스빙붕Ross Ice Shelf의 북서부에 있는 활화산 섬인 로스 섬이 있다. 뉴질랜드령의 섬으로 세 번의 화산 폭발로 이뤄진 섬이다. 1841년 제임스 클락 로스가 발견한 이 섬의 이름은 그가 타고 간 배의 이름을 빌어 붙인 것이다. 그곳에는 미국의 관측 기지인 맥머도 기지McMurdo Station가 있는데 가장 많은 인원이 상주하고 있으며 현금인출기가 1대 있고 에어로빅과 요가 수업을 받을 수도 있다.

남극에서 헤비메탈 공연을 하다

2013년 미국 헤비메탈 밴드 '메탈리카Metallica'가 아르헨티나 남극 기지의 돔 안에서 조용한 공연을 했다. 환경 소음을 피하기 위해 120명의 모든 청중이 헤드폰을 통해 음악을 들었다. 참고로, 남극을 덮고 있는 얼음은 평균 두께가 대략 1miles[1.6km]이고, 최대 3miles[4.8km]이다.

5. 아시아 Asia

아시아는 세계 육지의 30%를 차지하고, 세계 인구의 60%가 살고 있다. 세계에서 인구가 가장 많은 도시들을 다수 포함하고 있는 아시아는 매우 광대하다. 북극 시베리아부터 아랍 사막에 이르기까지, 히말라야 산맥에서부터 낮은 몰디브에 이르기까지, 아시아 대륙은 인류에게 알려진 거의 모든 환경을 아우른다.

Basic stuff 기초 지식

가장 인구가 많은 도시 : 도쿄

가장 큰 나라 : 러시아

최고봉 : 네팔과 티베트의 경계에 있는 에베레스트 산

가장 긴 강 : 중국의 장강長江, 일명 양쯔강揚子江

가장 큰 호수 : 카스피 해

가장 높은 폭포 : 일본의 하노키Hannoki 폭포

가장 큰 섬 : 보르네오Borneo 섬

[버킷리스트에 올려놓을 만한 장소들]

❶ 중국의 만리장성萬里長城

❷ 중국의 시안西安 진시황릉 병마용갱秦始皇陵兵馬俑坑

❸ 홍콩香港

❹ 싱가포르Singapore

❺ 인도 아그라India Agra 타지마할Tāj Mahal

❻ 캄보디아 앙코르와트Cambodia Angkor Wat

❼ 요르단 페트라의 로즈 시티Jordan The Rose City of Petra

❽ 일본 교토京都의 사원들과 정원들

❾ 인도네시아 발리Bali

❿ 말레이시아 쿠알라룸프르Kuala Lumpur

⓫ 베트남 하롱베이Ha Long Bay

Other stuf 기타 지식

부르즈 할리파보다 높은 제다 타워

세계의 가장 높은 빌딩 10개 중 9개가 아시아에 있다. 아랍에미리트 두바이의 '부르즈 할리파Burj Khalifa'가 828m^{2,717ft}로 현재 가장 높다. 하지만 대략 2020년에 완공될 예정인 사우디아라비아의 '제다 타워Jeddah Tower'가 그것을 능가하게 될 것이다. 제다 타워의 높이는 완전한 1km^{3,280ft}이다.

세계 최대 규모 쇼핑몰에 매장이 없다?

중국 광둥성广东省의 둥관 시东莞市의 뉴 사우스 차이나 몰New South China Mall은 세계 최대 규모의 쇼핑몰이다. 뉴 사우스 차이나 몰은 659,612㎡의 면적으로 2,350개의 매장이 들어설 수 있으나 2005년 개장 이후로 상가의 99%가 비어 있는 상태다. 더불어 둥관 시는 외국 자본과 기술 도입으로 급속한 경제 발전을 이루고 있는 도시다. 참고로 표준 중국어는 10억 이상이 사용하고 있으며, 세계에서 가장 널리 사용되는 언어이다.

베트남과 중국의 설날

베트남에서는 모든 사람이 똑같은 생일을 갖는다. 그들의 실제 생일은 인정되지 않고, 대신에 모든 사람들은 '뗏^{Tet}'이라고 불리는 베트남 설날에 한 살을 더 먹는다. 중국의 설인 춘절은 매년 지구상에서 가장 큰 인구 이동의 원인이 된다. 2016년에는 거의 30억의 사람들이 비행기, 기차, 자동차, 모터사이클, 자전거 등의 교통수단을 이용해 고향을 찾았다. 북한의 새해는 건국자 김일성의 생일인 4월 15일에 시작된다.

공무원에게 허리 사이즈를 측정 받는 국민들

일본에서는 40세에서 75세 사이의 모든 사람들이 메타보 법^{Metabo} ^{Law}에 따라 허리 사이즈를 일본 정부 직원에게 측정 받는다. 남자는 85cm$^{33.46인치}$, 여자는 90cm$^{35.43인치}$를 넘으면 교정 조치를 받아야 한다. 하지만 스모 선수는 예외일 것이다.

오류이라는 이름을 가진 중국의 4천 명 아이들

중국에서는 4천명 이상의 아이들이 '올림픽 게임'이라는 뜻의 '아오윤'이라는 이름을 갖고 있다.* 참고로, 정기적인 장마철 덕분에 중국은 쌀과 차의 세계 최대 생산국이고, 인도가 그 뒤를 잇는다.

★   중국에서는 해마다 약 2천만 명의 신생아가 태어난다. 중국인들은 자녀의 이름을 통해 국가 대사인 2008년 베이징올림픽을 기억하고 싶어하는 것으로 나타났다. 올림픽 유치를 확정한 2000년에 태어난 아이들 가운데 무려 1만 2천여 명의 이름이 올림픽과 관련돼 있다. 직접적으로 올림픽을 뜻하는 '아오윈^{오륜}'을 이름으로 사용하고 있는 아이는 3,491명이다. 4천여 명은 베이징올림픽의 마스코트인 '푸와^{축복받은 아이}'에서 따왔다.

시체가 등산로의 이정표로 사용된다고?

에베레스트 산에는 200구 이상의 시체가 있는데, 그것들 중 일부는 등산로의 이정표로 사용된다.★

★   에베레스트 등반가들은 설원에 널브러진 시신으로 자신의 위치를 가늠하곤 한다. 1953년 이후 에베레스트 산에서 숨진 사람의 수는 216명으로 알려졌으며, 150여 명의 시신은 아직도 동결된 상태로 방치되고 있다.

과일의 보이지 않는 시장

넓은 달걀 모양의 망고는 말레이 반도와 미얀마^{Republic of the Union of Myanmar}, 인도 북부가 원산지다. 그리고 동남아시아에서 많이 먹을 수 있는 과일이고 방글라데시를 대표하는 나무이기도 하다. 인도는 세계 1위의 망고 생산국이다. 망고의 생산이 안 좋으면 세계의 망고 가격은 올라간다. 바닐라 열매의 세계 주요 생산국인 마다가스카르 혹은 방글라데시에서 바닐라 열매 작황이 좋지 않으면, 언제나 바닐라 아이스크림 가격이 폭등한다.

미세먼지의 폭격

중국에서는 신선한 공기가 들어 있는 캔을 구입할 수 있다. 캐나다, 호주, 티베트, 대만 공기가 들어 있는 캔 등이 있다. 그런데 만약 당신의 친구가 당신에게 장난삼아 베이징 공기가 들어 있는 캔 하나를 슬쩍 쥐어준다면 우정에 금이 갈지도 모른다.

60년 안에 사라질 섬

몰디브 섬은 평균적으로 인도양의 수면 1.2m^{4ft} 높이에 있다. 과학자들은 몰디브 섬이 60년 안에 완전히 사라질 거라고 생각한다.

6. 오스트랄라시아 / 오세아니아 Australasia/Oceania

광대한 오세아니아 지역은 오스트레일리아, 뉴질랜드 New Zealand, 파푸아뉴기니 Papua New Guinea와 태평양의 2만 5천 개의 화산섬들과 산호섬들로 이루어져 있고, 그 섬들은 미크로네시아Micronesia, 멜라네시아Melanesia, 폴리네시아Polynesia 군도의 15개의 나라를 구성한다. 지리학적으로, 오세아니아는 오스트레일리아의 크리스마스 섬Christmas Island, 미국의 하와이Hawaii, 영국의 피트케언 섬Pitcairn Island, 칠레의 이스터 섬Easter Island이라고 알려진 라파누이Rapa Nui 등 다수의 속령들을 포함한다. 오스트랄라시아라는 비공식적인 용어는 많은 혼란을 일으킨다. 어떤 이들은 그것을 오스트레일리아와 뉴질랜드만을 가리키는 데 사용한다. 반면에 어떤 이들은 그것을 오스트레일리아, 뉴질랜드, 뉴기니New Guinea를 가리키는 데 사용한다. 그용어는 보통 오세아니아와 혼용해서 사용되는데, 오히려 더 큰 혼동을 야기한다.

하지만 오스트레일리아 대륙은 정의하기가 쉽다. 오스트레일리아 대륙은 지구 껍질 안의 지각판의 이동으로 형성되었다. 그 대륙은 오스트레일리아 본토와 인근 섬들인 태즈메이니아Tasmania, 뉴기니, 스람 섬인도네시아어로 Pulau Seram, 옛 표기법은 Ceram, 티모르 섬Timor으로 이루어져 있다.

Basic stuff 기초 지식

가장 인구가 많은 도시 : 오스트레일리아 시드니Sydney

가장 큰 나라 : 오스트레일리아

최고봉 : 파푸아뉴기니 빌헬름 산 Mount Wilhelm, $4,509m^{14,794ft}$

가장 긴 강 : 오스트레일리아 머리 강 Murray River

가장 큰 호수 : 오스트레일리아 에어 호 Eyre Lake

가장 높은 폭포 : 뉴질랜드 브라운 폭포 Browne Falls

가장 큰 섬 : 뉴기니

[버킷리스트에 올려놓을 만한 장소들]

❶ 오스트레일리아 울루루, 에어즈록 Uluru, Ayers Rock

❷ 오스트레일리아 그레이트 배리어 리프 Great Barrier Reef

❸ 오스트레일리아 시드니 하버 브릿지 Sydney Harbour Bridge

❹ 오스트레일리아 캥거루 섬 Kangaroo Island

❺ 뉴질랜드 남섬 South Island

❻ 폴리네시아 라파누이, 일명 이스터 섬

❼ 폴리네시아 타히티 섬 Tahiti

❽ 폴리네시아 보라보라 섬 Bora Bora

❾ 멜라네시아 피지 섬 Fiji

❿ 미국 하와이

Other stuff 기타 지식

세계에서 가장 큰 생명체

그레이트 배리어 리프는 북동 해안에서 발달한 산호초로 세계에서 가장 큰 생명체다. 하나의 살아 있는 산호초가 하나의 갈대를 이룬다. 유네스코 세계유산인 그 해양 공원은 오스트레일리아 북동부의 퀸즈랜드^{Queensland} 주 해안을 따라 약 1,800miles^{3,000km} 뻗어 있다. 그 갈대는 우주에서 보이는 지구의 유일한 생명체이다.

마타마타의 숨 막히는 아름다움

뉴질랜드는 숨 막힐 정도로 아름답다. 그곳에서 『반지의 제왕』시리즈의 중간계가 촬영되었다. 호비튼^{Hobbiton} 영화 세트장의 샤이어 마을은 북섬^{North Island}의 소도시인 마타마타^{Matamata}에 만들어졌다. 많은 농장과 경관이 아름답고 폭넓은 도로와 스카이다이빙 장소로도 많이 알려져 있다.

세계 7대 불가사의 모아이

모아이^{Moai}는 칠레에서 약 3,700km 떨어진 라파누이^{이스터} 섬에 있는 사람 모양의 거대 석상이다. 개수는 887개 정도다. 라파누이는 큰 섬 또는 세상의 중심이라는 의미를 지니고 있다. 네덜란드 출신의 어떤 탐험가가 오스트랄라시아를 찾으려다가 발견했고, 발견한 날이 부활절로 4월 5일이라서 부활절을 뜻하는 이스터라고 지었다. 이스터 섬은 문명에서 고립된 섬이었고 원주민은 베일에 싸인 문명의 흔적을 남겼다. 섬사람들은 모아이가 조상의 생전 얼굴이라고 믿었다. 모아이가 세워진 배경에는 여러 설이 있다. 불명의 거주민이 만들었다고도 하고, 칠레 주민 중 일부가 누군가를 신격화하기 위해 조각했다고 하고, 거주민이 외계인들로부터 설계 방법을 배워 만들었다고도 한다. 하지만 과학적 조사에 따르면 모아이의 재질은 화산암이라 조각하기 쉬웠다고 한다. 이스터 섬은 천연두 같은 전염병과 노예상인의 습격으로 인구가 계속 감소했지만 1888년 칠레에 병합되면서 관광 사업으로 증가 추세를 보여 많은 관광객들에게 셀카를 찍을 기회를 제공하고 있다. 그리고 모아이는 줄곧 관광객들의 얼굴을 똑바로 보고 있었다.

소년이 성년이 되기까지

워크어바웃walkabout은 호주 원주민 사회에서 사춘기를 겪는 소년이 6개월 정도 가족을 떠나 오지에서 살아남을 수 있음을 증명하고 영적인 전환을 이루기 위해 거쳐야 하는 통과의례였다.

적을 위협하는 무용

뉴질랜드 럭비팀 '올 블랙스All Blacks'가 경기 전에 추는 '하카haka'는 원래 전투를 시작하기 전에 적을 위협하기 위한 마오리족의 출전

무용이었다. 즉, 정확히 같은 목적을 위해 '올 블랙스'는 그것을 지금도 하고 있다.

식물이 인위적으로 베인 적이 없는 섬

캥거루 섬Kangaroo Island은 호주 남부 애들레이드Adelaide에 가까운 세인트빈센트만Saint Vincent 입구에 있는 섬으로 면적 4,351㎢이다. 호주에서 세 번째로 큰 섬으로 이 섬에서 자라는 식물은 인위적으로 베인 적이 없다고 한다. 섬의 3분의 1은 국립공원과 자연보호공원으로 보호되어 있어 펭귄, 바다사자, 코알라, 펠리칸, 바늘두더지, 주머니쥐, 왕쥐, 캥거루를 볼 수 있는 멋진 장소다. 이 섬을 탐험한 매튜 플린더스Matthew Flinders는 캥거루가 뛰어다니는 모습을 보고 캥거루 섬이라고 이름을 지었다.

세계에서 두 번째로 큰 섬

뉴기니 섬은 그린란드 다음으로 세계에서 두 번째로 큰 섬이다. 그 섬의 서쪽 절반은 인도네시아의 일부이고, 동쪽 절반은 파푸아뉴기니의 일부이다. 1975년 호주로부터 독립했다. 유엔은 이 섬의 인도네시아 부분을 아시아에 포함시키고, 파푸아뉴기니 부분은 오스트랄라시아/오세아니아에 포함시켰다. 하지만 과학자들은 이 문제에 대해서 다른 생태학적 관점을 갖고 있다. 명목상 뉴기니 섬은 파푸아뉴기니의 영토로 되어 있다.

섬나라들

오스트레일리아를 제외한, 오세아니아는 다음 섬나라들로 구성
된다.

미크로네시아Micronesia

❶ 미크로네시아 연방Federated States of Micronesia

❷ 키리바시

❸ 마셜 제도Marshall Islands

❹ 나우루Nauru

❺ 팔라우Palau

멜라네시아

❶ 피지

❷ 파푸아뉴기니

❸ 솔로몬 제도Solomon Islands

❹ 바누아투Vanuatu

폴리네시아

❶ 쿡 제도Cook Islands

❷ 니우에Niue

❸ 뉴질랜드

❹ 사모아^{Samoa}

❺ 통가^{Tonga}

❻ 투발루^{Tuvalu}

요리만 하면 되었을 텐데

미크로네시아 제도의 키리바시공화국의 키리티마티 섬^{Kiritimati Island,} 옛 이름은 크리스마스 섬은 새 밀레니엄을 경험한 지구상의 첫 번째 장소다. 1995년 키리바시공화국이 국제 날짜 변경선을 일방적으로 재조정 해서 그 섬을 날짜 변경선 서쪽으로 이동시켰기 때문이다. 그렇지 않았다면 통가왕국이 새 천년을 경험하는 첫 번째 장소가 되었을 것이다. 이에 통가왕국은 항의하려고 했지만 하루가 늦고 말았다. 통가왕국은 1773년 제임스 쿡^{James Cook} 선장이 그곳에 처음 나타났 을 때, 섬 원주민들이 그에게 친절한 환영을 해주었기 때문에 프렌 들리 제도^{Friendly Islands}로 알려졌다. 그러나 몇몇 역사가들에 따르면 추장들은 사실 쿡 선장을 죽이려고 했지만 그 방법에 대해 합의하 지 못해 살아남았다고 한다. 내 생각엔 단지 그를 요리하면^{Cook} 되 었을 텐데.

지구상에서 가장 멀리 떨어진 섬

미국의 50번째 주인 하와이는 그 가운데 가장 남쪽에 위치하며 지구상에서 가장 멀리 떨어진 인구 밀집 지역이다. 가장 가깝다고 하는 이웃인 캘리포니아와는 동쪽으로 2,390miles^3,850km 떨어져 있다. 하와이의 가장 큰 섬인 마우나케아Mauna Kea는 지질학적으로 봤을 때 지구에서 가장 높은 산이다. 해저 부분으로부터 10,000m^33,000ft 이상이며, 해수면 위로는 4,207m^13,800ft이다. 에베레스트 산의 전체 높이는 8,850m^29,035ft이다.

최초로 여성 참정권을 허락한 두 번째 나라 호주

여성에게 투표권을 허락한 최초의 나라는 뉴질랜드이다. 호주가 그 뒤를 잇는다. 호주는 1인당 기준으로 봤을 때 도박에 돈을 많이 쓰는 나라다. 특히 포커 슬롯머신에 돈을 탕진한다.

멜버른Mellbourne은 오스트레일리아에서 시드니 다음으로 큰 도시로, 그리스 이외에 이민을 온 그리스인이 가장 많이 사는 도시이다. 호주 남동쪽에 있는 호주 알프스는 스위스보다 더 많은 눈이 내린다.

알고 있으면 쓸 데가 많은 지식

스타벅스는 없지만 맥도날드는 있을 수 있는 섬

태평양 중서부에 위치한 키리바시공화국의 스타벅 섬Starbuck Island은 환상 산호도이다. 무인도이며, 잿빛 제비갈매기와 초록거북이만 서식한다. 따라서 스타벅스 커피숍은 없다. 하지만 맥도날드는 있다. 마지막 말은 거짓말일 수도 있다.

7. 유럽 Europe

유럽은 48개국에 퍼져 있는 다양한 문화들과 언어들로 인해 다양함의 본질을 보여준다. 북쪽의 서늘한 스칸디나비아 반도에서부터 남쪽의 따뜻한 지중해 나라들에 이르기까지, 서부의 대서양 해안선에서부터 동쪽의 터키에 이르기까지, 이들 나라들의 유일한 공통점은 그들이 동일한 육지를 공유한다는 것뿐이다. 물론 영국 제도는 제외하고.

이들 나라들 중 러시아와 터키 같은 몇 나라의 영토는 아시아와 유럽에 걸쳐져 있다. 그러나 러시아는 유럽에서 가장 큰 나라이고, 아시아의 일부 지역과 병합한 후에는 세계에서 가장 큰 나라가 되었다. 우랄Ural 산맥과 코카서스Caucasus 산맥이 유럽과 아시아의 지리적 경계선을 형성한다.

Basic stuff 기초 지식

가장 인구가 많은 도시 : 터키 이스탄불Istanbul

가장 큰 나라 : 러시아

최고봉 : 러시아 카프카스 산맥 엘브루스 산Mount Elbrus, 5,642m 18,510ft

가장 긴 강 : 러시아 볼가 강Volga

가장 큰 호수 : 러시아 라도가 호Ladoga

가장 높은 폭포 : 노르웨이 빈누 폭포 Vinnufossen

가장 큰 섬 : 그레이트 브리튼 섬

[버킷리스트에 올려놓을 만한 장소들]

❶ 프랑스 파리 에펠탑 Eiffel Tower

❷ 프랑스 루아르 계곡 Loire Valley 슈농소 성 Château de Chenonceau

❸ 이탈리아 베니스 대운하 Grand Canal

❹ 이탈리아 로마 콜로세움 Colosseum

❺ 이탈리아 피사의 사탑 Leaning Tower of Pisa

❻ 그리스 아테네 Athens 아크로폴리스 Acropolis

❼ 터키 이스탄불 아야 소피아 대성당 Hagia Sophia museum

❽ 러시아 모스크바 붉은 광장 Red Square

❾ 러시아 상트페테르부르크 Saint Petersburg 예르미타시 미술관 Hermitage Museum

❿ 슬로베니아 Slovenia 블레드 호 Lake Bled

⓫ 스페인 바르셀로나 Barcelona 사그라다 파밀리아 성당 Basílica of the Sagrada Família

⓬ 영국 스톤헨지 The prehistoric monument of Stonehenge

⓭ 영국 호수 지방 Lake District

⓮ 스코틀랜드의 하이랜드와 아일랜드 Highlands and Islands

⓯ 북아일랜드 자이언트 코즈웨이 Giant's Causeway

❶❻ 영국 웨일스Wales 스노도니아Snowdonia

유럽연합

유럽 대륙을 구성하는 49개 나라들 중, 이 책의 집필 시기를 기준으로 28개 나라가 EU 회원국이다. EU는 법, 인권, 민주주의 문제에 대한 협력을 강화하고, 시민들의 교역과 교류를 촉진하기 위해 만들어진 유럽 나라들의 연합이다. 1957년 6개의 회원국을 가진 유럽 경제 공동체로서 시작되었다. 6개의 회원국은 벨기에Belgium, 프랑스, 서독West Germany, 이탈리아, 룩셈부르크Luxembourg, 네덜란드이다. 그 이후 새로운 참여국들의 간헐적 유입으로 회원국의 숫자가 증가했고, 2013년에 크로아티아Croatia가 합류했다.

현재 많은 다른 나라들도 가입하기를 희망하고 있는 반면, 영국 유권자들은 2016년 6월 23일에 열린 국민총선거에서 EU를 탈퇴하는 것에 찬성함으로써 다소의 충격을 주었다. 28개 회원국 중 9개국은 자신들의 개별 통화를 유지하기 위해 유로존에 합류하지 않았다. 그 나라는 불가리아Bulgaria, 크로아티아, 체코Czech, 덴마크Denmark, 헝가리Hungary, 폴란드Poland, 루마니아Romania, 스웨덴Sweden, 영국이다. 이와는 반대로 EU 회원국은 아니지만 유로존에 합류하는 것을 허락받은 4개국이 있는데 그 나라는 산마리노San Marino, 안도라Andorra, 모나코Monaco, 바티칸시국State della citta del vaticano이다.

EU는 남아메리카, 북아메리카, 아프리카에 그 영토를 갖고 있기 때문에, 기괴하게도 EU 영토의 양 극점은 지구 둘레 3분의 1만큼 서로 떨어져 있다. 카리브 해의 섬들인 생 마르탱 섬^{Saint Martin}, 과들 루프 섬^{Guadeloupe}, 마르티니크 섬^{Martinique}과 남아메리카의 프랑스령 기아나^{Guiana}, 아프리카 해안 근처 인도양의 레위니옹 섬^{Réunion}, 마요 트 섬^{Mayotte}이 모두 프랑스의 일부이다, 속령이 아니라.

만약 터키가 EU에 가입한다면, EU의 영토는 아시아까지 확장되 고, 남극과 오세아니아만이 EU에 가입하지 않은 유일한 대륙으로 남는다. 호주는 유로비전 콘테스트 참가 자격이 허락되어 있는데, 이것은 멋진 일이다.

Other stuff 기타 지식

세계에서 가장 행복한 나라들

핀란드와 스칸디나비아 반도의 나라들인 노르웨이, 스웨덴, 덴마 크는 세계에서 가장 행복한 나라들로 뽑히고 있다. 아마 그들은 멋 진 스칸디누아르 TV 드라마를 자막 없이 볼 수 있는 유일한 사람 들이기 때문일 것 같다.

흘란바이르푸흘권기흘고게러훠른드로부흘홀란터실리오고고고흐

유럽에서 가장 긴 이름을 갖고 있는 장소는 영국 웨일즈의 '흘란바 이르푸 흘권기흘고게러훠른드로부흘 흘란터실리오고고고흐^{Lian}

fairpwllgwyngyllgogerychwyrndrobwllllantysiliogogogoch'이다. 이것은 '물살이 빠른 소용돌이 가까이 있는 흰색 개암나무의 분지 성 마리아 교회와 붉은 굴의 성 터실리오 교회'라는 뜻이다. 이것보다 27자가 더 많은 장소가 뉴질랜드에 있다.

그리고 런던 외곽 순환 고속도로인 M25는 지구의 동반구와 서반구 사이에서 대략 똑같이 나뉜다.* 또 런던 지하철의 에스컬레이터는 매주 지구 둘레 길이 2배의 거리를 이동한다.

☀ 별별 지식

* 동반구와 서반구는 영국 런던의 그리니치 천문대를 지나는 본초 자오선을 기준으로 나뉜다. 그리니치 천문대는 런던 그리니치의 그리니치 공원에 있다.

밤에 뜬 태양

노르웨이의 북부 항구 도시인 트롬쇠Tromsø는 북극권에 위치하고 있다. 교향악단, 사원, 대학, 18홀 골프 코스, 수족관, 버거킹, 채식주의자 식당 등이 세계 최북단에 있는 것이다. 만약 당신이 그곳에 머무르는 동안 매우 운이 좋다면, 오로라 혹은 밤에 뜬 태양을 볼 수 있을 것이다.

그리고 10명의 유럽인 중 1명이 이케아 침대에서 잉태되었다고 추정된다.

피라미드보다 더 오랫동안 짓고 있는 성당

바르셀로나의 사그라다 파밀리아 성당*의 건축 기간은 이집트의 피라미드보다 더 길다. 그리고 앞으로도 더 길어질 것이다. 이 성당은 스페인 카탈류냐Catalonia의 안토니 가우디Antoni Gaudí가 건축한 것으로 '가난한 이들을 위한 교회'가 되도록 건물을 설계했다. 그리고 건설 자금은 기부를 통해서만 충당되고 있다. 가우디 사후 100주년에 완성될 것이라고 예측하고 있지만 그것도 논란이 일고 있다.

그리고 세비아Sevilla, 스페인 남서부의 항구도시의 시민들은 세비야를 '세빌랴'라고 부른다.

☀ **별별 지식**

....

★　 사그라다 파밀리아 성당은 1882년부터 착공에 들어간 이래 137년이 지난 지금도 계속 짓고 있다. 이집트의 피라미드는 최소 연 인원 10만 명이 투입됐으며 건축 기간은 최소 30년 정도 걸렸을 것으로 추정하고 있다.

베를린에 더 많은 케밥 식당

이스탄불보다 베를린에 되네르 케밥Döner kebab 식당이 더 많다. 케밥은 터키어로 구운 고기라는 뜻으로 지중해 지역의 대표적인 전통 음식이다. 케밥의 유래는 여러 가지 설이 있는데 중앙아시아 지역을 누비던 몽골인에 의해 전래되었다고도 하고, 오스만제국의 군사들이 간편하게 먹기 위해 만들었다고도 한다. 케밥은 다양한 형태로 발전했는데 현재 300여 종류의 케밥이 전해지고 있다. 이는 '술탄의 밥상에는 동일한 음식을 2번 올려서는 안 된다'는 오스만제국의 법칙에 따라 재료와 조리법이 다양하게 변화했기 때문이다.

유럽에서 사람들이 가장 많이 찾는 장소

유럽에서 사람들이 가장 많이 찾는 장소는 노트르담 드 파리 대성당Cathedral of Notre-Dame de Paris, 디즈니랜드 파리, 이스탄불의 대형 상점가 카팔르차르슈터키어 Kapalı çarşı, 영어 Grand Bazaar이다. 그리고 여전히 많은 관광객들이 네스 호의 괴물을 보려는 희망을 가지고 스코틀랜드의 하이랜드를 방문한다. 물론 해기스haggis 사냥철은 예외다.

또 브뤼셀Brussels 공항은 세계 어느 곳보다 더 많은 초콜릿을 판다.

오늘날까지 효력이 있는 황당한 유럽의 법들

1. 프랑스에선 돼지에게 '나폴레옹'이라는 이름을 붙이면 법에 저촉된다.*

2. 스위스에선 일요일에 옷을 널거나 잔디를 깎거나 세차를 하는 것이 법으로 금지되어 있다.

3. 이탈리아에서는 남자가 치마를 입으면 체포될 수 있다.

4. 독일에선 옥토버페스트 ᵒᶜᵗᵒᵇᵉʳ ᶠᵉˢᵗᶦᵛᵃˡ ** 동안 술에 아무리 취해도 처벌받지 않는다.

5. 그리스에선 유적지에서 힐을 신거나 벌거벗고 춤을 추면 법에 저촉된다.
   → 아크로폴리스 ᵃᶜʳᵒᵖᵒˡᶦˢ에서 힐을 신은 채 벌거벗고 춤을 추는 것은 생각도 하지 말라.

6. 프랑스에선 블랙풀 타워 Blakcpool Tower 정상에서 떨어지는 것과 교각 아래에서 모리스 댄싱을 하면서 성행위를 하는 것이 불법이다.
   → 후자는 어떤 경우에도 해내기가 매우 어렵다.

7. 스웨덴에선 긴 겨울 동안 빛이 부족하다고 불평하는 것이 위법이다.

8. 네덜란드에선 임신 중이 아닌데 수로에 소변을 보는 것이 금지되어 있다.

9. 포르투갈에선 바다에 소변을 보는 것이 불법이다.
   → 난 경찰이 그것만을 감시하고 있다고 생각하지 않는다.

10. 고무 부츠는 12개의 언어로 된 사용자 매뉴얼과 함께 판매해야 한다는 EU 지시 조항이 있다.

☀ **별별 지식**

....

*   프랑스에서 돼지에게 '나폴레옹'이라고 부르면 안 되는 이유는 조지 오웰 George Orwell의 소설 『동물농장 Animal Farm』에서 돼지 '나폴레옹'이 스탈린을 상징하기 때문이다.

★★ 옥토버페스트는 독일 뮌헨^{München}에서 9월 말부터 10월 초까지 열리는 맥주 축제로, 바이에른^{Bayern} 왕국의 황태자 루트비히^{Ludwig}와 작센^{Sachsen}의 테레제 공주^{Therese}의 결혼식을 기념하기 시작하면서 전통이 시작됐다.

알고 있으면 쓸 데가 많은 지식

1m 자란 벤 네비스 산

스코틀랜드의 하이랜드에 있는 벤 네비스^{Ben Nevis} 산은 영국에서 가장 높은 산이다. 그것의 높이는 1,344m였는데 지금은 더 높아져서 1,345m가 되었다. 왜냐하면 최근 정교한 위성 기술을 사용해서 높이를 새로 측정했기 때문이다. 1949년 측정하던 시기 당시 측량사들은 기초적인 장비를 사용했고, 산의 정상에서 20일 동안 지내는 동안 오직 3일만 맑은 밤이었기 때문이다. 그곳이 '스코틀랜드'라는 것과 나머지 17일 밤 동안 그들이 초죽음이 될 때까지 매서운 바람에 시달리면서 산 속에 있었다는 것을 기억하라. 현재 그들의 측정치는 오차 몇 센티미터 내에서 정확하다고 증명되었다. 존경!

8. 북아메리카 North America

북아메리카 대륙은 미국, 멕시코, 캐나다, 그린란드^{Greenland}, 중앙 아메리카의 나라들, 카리브 해의 많은 섬들을 포함한다. 알래스카의 최고봉인 디날리 산^{Mount Denali}, 일명 매킨리 산^{Mount McKinley}에서부터 캘리포니아의 가장 낮은 지점인 데스밸리^{Death Valley} 배드워터 베이슨^{Bad Water Basin}에 이르기까지, 북쪽은 북극해에 의해, 서쪽은 태평양에 의해, 동쪽은 대서양에 의해 둘러싸여 있기 때문에 북아메리카 대륙은 다양한 기후를 갖고 있다.

Basic stuff 기초 지식

가장 인구가 많은 도시 : 미국 뉴욕

가장 큰 나라 : 캐나다

최고봉 : 미국 알래스카 주 디날리 산, 6,190m^{20,310ft}

가장 긴 강 : 미국 미주리 강^{Missouri River}

가장 큰 호수 : 미국과 캐나다 슈피리어 호^{Superior Lake}

가장 높은 폭포 : 캐나다 제임스 브루스 폭포^{James Bruce Falls}

가장 큰 섬 : 그린란드

[버킷리스트에 올려놓을 만한 장소들]

❶ 미국 뉴욕 자유의 여신상^{Statue of Liberty}

❷ 미국 샌프란시스코^{San Francisco} 금문교^{Golden Gate Bridge}

❸ 미국 애리조나^{Arizona}의 그랜드캐니언^{Grand Canyon}

❹ 미국 사우스 다코타^{South Dakota} 러쉬모어산국립기념관^{Mount Rushmore}
^{National Memorial}

❺ 미국 워싱턴 D.C. 링컨기념관 Lincoln Memorial

❻ 미국 와이오밍·몬타나·아이다호 Wyoming·Montana·Idaho 옐로우스톤

국립공원 Yellowstone National Park

❼ 미국과 캐나다 나이아가라 폭포 Niagara Falls

❽ 캐나다 앨버타 Alberta 밴프국립공원 Banff National Park

❾ 멕시코 치첸이트사의 마야 유적지 Mayan ruins of Chichen Itza

❿ 멕시코 테오티우아칸의 피라미드 Pyramids of Teotihuacan

⓫ 푸에리토리코 Puerto Rico 생물발광 베이 Bioluminescent Bay

⓬ 앤티가 섬 Antigua 셜리 하이츠 Shirley Heights

북아메리카와 남아메리카를 이어주고, 파나마 운하에 의해서만
단절되는 중앙아메리카의 7개 나라들은 다음과 같다

❶ 벨리즈 Belize

❷ 과테말라 Guatemala

❸ 엘살바도르 El Salvador

❹ 온두라스 Honduras

❺ 니카라과 Nicaragua

❻ 코스타리카 Costa Rica

❼ 파나마 Panama

Other stuff 기타 지식

스키와 수영을 함께 할 수 있는 도시

북아메리카에서 가장 살기 좋은 곳은 밴쿠버Vancouver다. 아마도 밴쿠버에는 300여 개의 공원과 해변 그리고 정원이 있고, 같은 날에 스키와 수영, 고래 구경 등을 할 수 있다는 사실과 관계가 있을 것이다.

파나마 운하를 지나는 평균 요금은 미화 54,000달러이다.

겸손해지게 만드는 계곡

그랜드캐니언은 애리조나 주를 지나는 콜로라도 강Colorado의 침식 작용으로 생성된 거대한 계곡이다. 깊이가 1mile이고, 길이는 277miles446km이다. 매년 5백만 명의 관광객이 찾는 이곳은 세계에서 가장 인기 있는 자연 명소 중 하나며 암석에 단풍을 들인 듯한 풍경에 입이 다물어지지 않는다. 그랜드캐니언의 일출과 일몰은 웅장한 볼거리 중 하나다. 그리고 사람을 급격하게 겸손해지게 만드는 풍경에 속한다.

물을 많이 보유한 호수

슈피리어 호는 미국과 캐나다 국경에 걸쳐 있으며 면적으로 봤을 때 세계에서 가장 큰 민물 호수다. 면적 약 8만 2,360㎢, 최고 수심 405m, 해발고도 183.6m, 호안선 길이 3,000km이다. 슈피리어 호는 오대호의 하나로 다른 4개의 호수인 휴런Huron, 미시간Michigan, 온타리오Ontario, 이리Erie를 합한 것보다 더 많은 물을 보유하고 있다.

신들의 선물인 카카오

초콜릿은 멕시코 지역에서 처음 만들어졌다. '익카카오Ixcacao'는 마야의 초콜릿 여신이었고, 아즈텍인들은 카카오 씨앗이 신들의 선물이라고 믿었다. 그 씨앗들은 한때 최음제와 정력제로 효과가 있다는 추정 때문에 매우 가치 있게 여겨져서 화폐로까지 사용되었다.

러시아로부터 알래스카를 구입한 미국

미국은 1867년에 러시아로부터 알래스카미국의 49번째 주를 미화 7백20만 달러에 구입했고, 1880년에 그곳에서 최초로 금을 발견한 사람인 조 주노Joe Juneau의 이름을 따서 중심도시를 주노Juneau라고 명명했다.

8만 살의 나무

미국 유타Utah 주의 워새치 산맥Wasatch Mountain에 있는 거의 5만 그루에 달하는 사시나무 군락은 모두 같은 뿌리에서 뻗어 나와 똑같은 유전 정보를 물려받은 것으로 증명되었다. 세계에서 가장 큰 단일

생물체이다. 라틴어로 '나는 퍼져나간다'는 뜻인 '판도Pando'라는 별명이 붙었으며 '떨고 있는 거인'으로 알려져 있다. 그 나무는 대략 8만 살이라고 추정된다.

콜럼버스의 대단한 착각

1492년 콜럼버스가 아메리카에 도착했을 때 드디어 먼 거리를 돌아 마침내 인도제국에 도착했다고 생각했다. 그로 인해 아메리카의 원주민들은 인디언이라는 명칭을 얻게 되었고, 카리브 해의 섬들은 동인도 제도와 구별하기 위해 서인도 제도라고 개명되었다.

미국에는 뉴멕시코 주민의 47%와 알래스카 주민의 6%를 포함해서 스페인어를 모국어로 사용하는 사람이 5천만 명 이상 있다. 실제 스페인보다 스페인어를 더 많이 사용한다. 그리고 미국에는 공식 언어가 없다, 영어를 쓰곤 있지만.

그리고 캐나다인 5명 중 대략 1명이 프랑스어를 모국어로 사용한다.

석유와 가스의 최대 생산국

미국은 지난 몇 년 동안 러시아와 사우디아라비아를 추월해서 석유와 가스의 세계 최대 생산국이 되었다. 그리고 작은 나라에 속하는 과테말라는 북아메리카에서 미국, 멕시코, 캐나다 다음으로 네 번째로 인구가 많은 나라이다. 또 자메이카에는 1제곱마일당 세계 어느 나라보다도 더 많은 교회가 있다.*

---

* 자메이카는 세계에서 ㎢당 교회 수가 가장 많은 나라에 속한다.

인류는 단 한 번도 달에 착륙한 적이 없다?

여론 조사에 따르면, 인류는 단 한 번도 달에 착륙한 적이 없으며, 특히 최초의 달 착륙은 소련과의 우주 경쟁에서 이기기 위해 조작된 것이라고 많은 미국인들이 믿고 있다.

알고 있으면 쓸 데가 많은 지식

유명한 캐나다인들

캐나다인이라는 사실을 몰랐다면 아마 미국인이라고 착각했을 유명인들이다.

1. 가수 저스틴 비버 Justin Bieber
2. 배우이자 감독 키아누 리브스 Keanu Reeves
3. 코미디언이자 배우 짐 캐리 Jim Carrey
4. 싱어송라이터 에이브릴 라빈 Avril Lavigne
5. 배우 레슬리 닐슨 Leslie Nielsen
6. 전 캐나다 부총리인 레슬리 닐슨의 형제, 에릭 Leslie Erik

7. 배우 키퍼 서덜랜드 Kiefer Sutherland

8. 싱어송라이터 닐 영 Neil Young

9. 배우 라이언 고슬링 Ryan Gosling

10. 배우 마이클 J. 폭스 Michael J. Fox ★

11. 배우 윌리엄 샤트너 William Shatner ★★

12. 가수 셀린 디온 Céline Dion

☀ 별별 지식
. . . .

★   마이클 J. 폭스의 중간 이름은 앤드류 Andrew 이다.

★★   윌리엄 샤트너는 「스타트랙 Star Trek」을 시작으로 7편까지 출연한 캡
틴 커크를 연기한 배우다. 미국판 「꽃보다 할배2」에 출연하기도 했다.

9. 남아메리카 South America

칠레의 아타카마 Atacama 사막에서부터 아마존의 열대우림에 이
르기까지, 네덜란드어를 사용하는 작은 수리남공화국 Republic of
Suriname 에서부터 포르투갈어를 사용하는 거대한 브라질에 이르기
까지, 남아메리카는 극과 극을 보여주는 대륙이다. 남아메리카 대
륙은 지구에서 가장 높은 폭포인 앙헬 폭포 Angel Falls, 가장 긴 산맥
인 안데스 산맥, 가장 큰 강 유역인 아마존 Amazon, 가장 건조한 지역

인 아타카마 사막 등 세계 최고의 명소들이 모여 있다. 스페인어와 포르투갈어가 주요 언어로 남아 있는 것과 남아메리카 전역에 로마 가톨릭이 주요 종교로 남아 있는 것은 유럽의 식민지 정책이 남긴 유산이다.

Basic stuff 기초 지식

가장 인구가 많은 도시 : 브라질 상파울루

가장 큰 나라 : 브라질

최고봉 : 아르헨티나 안데스 산맥 아콩카과Aconcagua 산, 6,960m[22,838ft]

가장 긴 강 : 아마존

가장 큰 호수 : 페루Peru 볼리비아Bolivia 티티카카 호Lake Titicaca

가장 높은 폭포 : 베네수엘라Venezuela 앙헬 폭포

가장 큰 섬 : 아르헨티나와 칠레 티에라델푸에고 섬Tierra del Fuego Island

[버킷리스트에 올려놓을 만한 장소들]

❶ 브라질 리우데자네이루Rio de Janeiro 구세주 그리스도상Christ the Redeemer

❷ 페루 마추픽추Machu Picchu

❸ 칠레 토레스 델 파이네 국립공원Torres del Paine National Park

❹ 에콰도르 갈라파고스 제도Galapagos Islands

❺ 아르헨티나와 브라질 이구아수 폭포 Iguazu Falls

❻ 베네수엘라 앙헬 폭포

❼ 브라질 · 파라과이 · 볼리비아 판타나우의 열대 습지 지대 Tropical
wetlands of the Pantanal

❽ 아르헨티나 부에노아이레스 Buenos Aires

❾ 볼리비아 살라르 데 우유니 소금 평지 Salar de Uyuni salt

Other stuff 기타 지식

잉카제국이 선택한 언어

남아메리카는 포르투갈어와 스페인어 사용자들이 주로 살고 있
지만 잉카제국 Inca* 이 공용어로 채택한 케추아 Quechua ** 언어와 그
문화가 콜롬비아, 에콰도르, 페루, 볼리비아, 칠레, 아르헨티나 등
안데스 산맥 중앙 지역에 강하게 남아 있다. 케추아어는 이들 여섯
나라에서 1천만 명 이상의 사람들에 의해 아직도 사용되고 있다.

☀ 별별 지식
··

　*　　잉카제국은 15세기 중엽 남아메리카 안데스 지역의 페루를 중심으
로 인디오가 세운 것으로 태양신을 숭배했고, 최고 지도자인 잉카는 태양
의 아들을 의미한다. 잉카는 지배 계급의 사람들을 부르는 명칭이기도 했
다. 1532년 에스파냐의 피사로 등의 침략을 받아 멸망했다.

** 케추아어는 남아메리카 토착민인 케추아족의 언어로 규칙적인 활용형을 갖는 교착어다. 접사들의 의해 미묘하게 의미가 바뀐다. 케추아족은 잉카의 지배 아래에 옥수수나 감자를 재배하며 라마와 알파카 등을 사육했다. 가족은 일부일처혼이며 한 번 결혼하면 이혼이 허락되지 않았다.

주술사를 숭배한 부족

과라니족Guaraní people*의 토착 문화와 언어는 식민지 정책, 노예 제도, 종교 재판, 수많은 유럽의 병폐 속에서 간신히 살아남아, 남아메리카 대륙의 남부에서 그 명맥을 이어가고 있다.

☀ 별별 지식

* 과라니족은 파라과이와 브라질 남부에 거주한 인디오로 5년마다 취락을 이동하는 화전 농경민이었다. 부계 확대가족으로 공동가옥을 중심으로 생활하고 추장과 주술사가 합의하에 부족을 통솔했다. 과라니족은 주술사를 숭배해 그들의 뼈를 예배 대상으로 삼았다.

가장 날씬한 나라 칠레

칠레는 남북으로 긴 영토를 가진 지구에서 가장 날씬한 나라다. 북쪽에서 남쪽으로 2,653miles⁴·²⁷⁰ᵏᵐ 뻗어 있다. 세계에서 가장 긴 산맥인 안데스 산맥의 영향을 받아 칠레는 아열대, 지중해, 사막, 고산, 툰드라^{tundra}*, 빙하 등 다양한 기후를 보인다.

☀ **별별 지식**

....

* 툰드라는 북극해 연안의 동토 지대로 북쪽의 극지에 해당한다. 최고온의 달이 10℃ 이하이고, 식물의 생육 기간이 60일 이하며 큰 나무가 자라지 못한다.

번개를 2번 맞은 그리스도상

리우데자네이루의 코르코바도 산^{Corcovado mountain} 정상에 있는 구세주 그리스도상은 38m 높이의 아르데코 양식의 조각상인데, 번개에 의해 두 번 손상되었다. 2008년에는 머리, 눈썹, 손가락 몇 개가 손상되었고, 2014년에는 손가락 한 개가 떨어졌다.

공중도시 마추픽추의 불가사의

공중에서만 그 진가를 발휘한다는 요새도시 마추픽추는 페루의 쿠스코^{Cusco} 지역 높은 산에 있는 잉카제국의 돌로 쌓은 성채이다. 잉카인의 돌을 다룬 기술은 대단해서 정교하게 돌을 쌓은 모습은 당혹스러울 정도로 경이롭다. 마추픽추에는 평야가 적지만 잉카인들은 산비탈을 계단으로 깎아 옥수수를 경작하고 알파카를 사육했다. 하지만 아쉽게도 잉카제국이 에스빠냐에 의해 무너지면서 16세기 불가사의하게 자취를 감췄다. 1911년 미국인 대학교수 하이럼 빙엄Hiram Bingham에 의해 발견되기까지 세상 사람들은 수풀에 묻힌 요새도시를 알지 못했다. 그래서 많은 사람들이 '잃어버린 도시'라고 부르는 것이다.

진화론에 영향을 준 살아 있는 박물관

갈라파고스 제도는 19개의 화산섬과 주변의 암초로 이루어져 있으며, 살아 있는 박물관과 진화의 전시장이라고 불릴 정도로 고유한 해양 생태계와 야생생물로 유명하다. 에콰도르의 영토이며, 에콰도르로부터 600miles973km 떨어진 태평양의 적도 부근에 있다. 주도는 에콰도르에서 가장 가까운 섬인 '산 크리스토발 섬San Cristobal'에 있는 '푸에르토 바케리소 모레노Puerto Baquerizo Moreno'이다. 1835년에 찰스 다윈Charles Darwin은 이 섬을 방문했고, 이곳의 생물들은 다윈이 자연선택에 의한 진화론을 주장하는 데 큰 영향을 미쳤다.

적도라는 이름을 가진 적도 나라

에콰도르는 적도 부근에 있는 13개 나라들 중 '적도'라는 이름을 갖고 있는 유일한 나라이다. 왜냐하면 에콰도르는 스페인어로 '적도'라는 뜻이기 때문이다.

천사 폭포가 주는 아찔함

엄청난 기세로 수직으로 떨어지는, 세계에서 가장 높고 깊은 곳에 있는 앙헬 폭포는 베네수엘라의 오리노코 강Orinoco River의 지류 카로니 강이 기아나 고지에서 낙하해 형성되었다. 흥미롭게도 그 폭포는 그 위를 처음 비행한 미국의 탐험가 지미 엔젤Jimmie Angel의 이름을 따서 명명되었다. 앙헬은 엔젤천사의 스페인식 발음이다. 그가 죽은 후, 그의 재는 그 폭포에 뿌려졌다.

프랑스령 기아나가 프랑스 안에 있다고?

프랑스 사람들은 프랑스령 기아나Guyane française가 프랑스 안에 있다고 여기고 있다. 하지만 프랑스령 기아나는 남아메리카 대륙 동북부에 위치하고 있다.

왠지 우수에 찰 것만 같은 우수아이아

아르헨티나의 영토인 티에라델푸에고 섬의 우수아이아Ushuaia는 지구에서 가장 남쪽에 있는 도시다. 세상의 끝이라고 불리는 우수아이아는 위치와 기후적 특성이 자아낸 자연환경으로 관광 자원이 풍부하다. 그뿐만 아니라 스키 휴양지, 골프 코스, 아일랜드풍 술집을 갖고 있다.

남아메리카 해안선에 붙어 있는 11개의 나라

파라과이와 볼리비아는 남아메리카 대륙에서 육지로 둘러싸인 유일한 두 나라이다. 남아메리카 대륙의 아랫부분에서부터 시계 방향으로 해안선에 붙어 있는 11개 나라들은 다음과 같다.

❶ 칠레

❷ 페루

❸ 에콰도르

❹ 콜롬비아

❺ 베네수엘라

❻ 가이아나Guyana *

❼ 수리남공화국

❽ 프랑스령 기아나**

❾ 브라질

❿ 우루과이동방공화국Oriental Republic of Uruguay

⓫ 아르헨티나

☀ 별별 지식

....

* 가이아나는 남아메리카 대륙 북부에 있는 나라로 정식명칭은 가이아나협동공화국Cooperative Republic of Guyana이다. 1581년부터 네덜란드의 지

배를 받다가 1831년 영국령 기아나가 되었다. 1966년 가이아나로 독립하기 전까지 인도계와 아프리카계 충돌이 지속되었고, 독립한 이후에는 이념 갈등이 이어지고 있다.

★★　기아나는 남아메리카 대륙 동북부에 위치하고 있으며 1676년 프랑스 식민지가 되어 1946년 프랑스 지방 행정 구역으로 통합되었다. 17세기 황금을 찾기 위해 유럽의 여러 국가들이 진출할 정도로 현재까지 금이 주요 수출품이다. 남아메리카 대륙에 남아 있는 유일한 유럽 국가다.

우리와 함께
지구에 살고 있는
자연생물들

The natural order of things
we share the globe with

CHAPTER 2

지구에는 기이하고 경이로운 생물들이 많다. 왜냐하면 그들이 진화해온 환경이 기이하고 경이롭기 때문이다. 그들은 자연 서식지에서 살아남기 위해 적응해야 했고, 기후 혹은 환경 조건이 불리해지면, 더 적합한 서식지를 찾아 이동해야 했다. 그 결과 운이 좋은 생물들은 살아남았고, 운이 좋지 못했던 생물들은 멸종했다.

모리셔스 섬의 도도새Dodo Bird＊는 하늘을 나는 법을 배우지 못했고, 결국 어리석은 인간들에게 무자비하게 포획당해 멸종되었다. 반면에 흰긴수염고래는 바다에서 충분한 시간을 들여 진화했다. 만약 바다가 아닌 숲에서 진화했다면 흰긴수염고래는 아마 세계에서 가장 큰 포유동물이 되지 못했을 것이다. 전 세계의 많은 종들은 계속 번식하고 있지만 어떤 종은 인간의 간섭으로 인해 멸종의 위협을 받고 있다. 이 장에서 우리는 지구의 흥미로운 생물들과 그들이 살고 있는 환경을 살펴보게 될 것이다.

> ★ 도도새의 이름은 '어리석다'의 포르투갈어에서 따왔다. 도도새는 날지도 못하고 사람을 두려워하지도 않아 가장 쉬운 먹잇감이었다. 도도새의 날개가 퇴화한 이유는 도도새를 위협할 만한 맹수가 없었기 때문이라고 한다. 포식자가 살지 않는 서식지의 특성에 맞춰 생존 수단인 날개를 포기한 것이다.

1. 해양생물 Things that swim

오대양은 서로 연결되어 있는 하나의 수역

세계의 오대양_{북극해, 대서양, 인도양, 태평양, 남극해}은 사실 서로 연결되어 있는 하나의 거대한 수역水域이다. 이 수역은 육지에서 가까운 수백 개의 얕은 바다들과 그 바다로 흘러드는 강들을 포함한다. 이 모든 물이 지구 표면의 3분의 2를 형성하고, 수백만 개의 물기 있고 미끄러운 생명체들을 수용한다.

해양생물의 방송 출연

펭귄과 물개는 상당히 행복하게 살면서 삶의 대부분을 바다에서 보낸다. 그런 이유에서, 나는 그들을 이 해양생물을 다루는 파트에 포함시켰다. 하지만 그들은 번식하기 위해서, 그리고 털갈이를 하기 위해서 해안으로 올라와야 하고, 방송인이자 동물학자인 데이비드 애튼버러^{David Attenborough}＊는 뭍으로 올라온 그들을 연구한다. 이렇게 해서 우리는 그들에 대해 많이 알게 되었다.

☀ 별별 지식

＊   데이비드 애튼버러는 1979년 BBC 제작진과 「지상의 생물」과 「살아 있는 지구」를 제작하고 방영해 야생생물의 생태와 성장 그리고 적응 방법 을 소개해 큰 호평을 받았다. 한국에도 방영되었고, 그 후 꾸준하게 생태계 에 대한 다큐멘터리를 제작했다.

작은 크릴새우만 먹지만 한 번 먹을 때마다 몇 톤

흰긴수염고래는 30m 길이까지 자라며, 지금까지 존재한 동물 들 중 가장 크고 가장 무거운 동물이다. 크기에 가장 근접하는 유일한 공룡은 9천 7백만 년 전에 살았던 아르헨티노사우르스 ^{Argentinosaurus}이다. 흰긴수염고래는 티라노사우르스 렉스^{Tyrannosaurus} ^{rex} 크기의 대략 세 배이고, 혀는 코끼리 한 마리의 무게가 나간다. 그러나 오직 작은 크릴새우만 먹는다. 다만 한 번 먹을 때 몇 톤을 삼킨다.

상어의 공격을 받을 확률

상어는 수백만 개의 물방울 속에서 한 방울의 피를 찾아낼 수 있다. 그러나 통계학적으로, 당신이 상어의 공격을 받아 죽을 확률보다 낙하하는 코코넛 열매에 맞아 죽을 확률이 더 높다. 그러니 상어에 대해 지나치게 걱정하지 말자.

서서 알을 품는 수컷 펭귄

수컷 황제펭귄은 지구에서 가장 추운 지역인 남극에서 자신에게 맡겨진 알을 품기 위해 60일 이상을 목석처럼 알 위에 서 있다. 이 기간 동안 수컷은 세차게 부는 차가운 바람을 견뎌야 하고, 물고기 한 마리도 제대로 먹지 못한다.

범고래만 천적이 아니라고?

얼룩무늬물범은 남방코끼리물범에 이어 두 번째로 큰 종이다. 아랫배에 있는 점들 때문에 표범물개, 표범해표, 얼룩바다표범 등으로 불린다. 바다를 지배하는 최고의 포식자인 범고래가 천적인데 얼룩무늬물범의 천적은 또 있다. 바로 사람이다. 얼룩무늬물범의 먹이는 작은 물개와 여섯 종의 펭귄이다. 그 여섯 종은 황제펭귄, 임금펭귄, 턱끈펭귄, 남부바위뛰기펭귄, 젠투펭귄, 아델리펭귄이다.

모든 먹이를 씹어 먹는 범고래

뚜렷한 흑백 무늬를 가진 범고래, 일명 오르카orca는 문어, 오징어, 돌고래, 바다거북, 물개, 펭귄, 자신보다 큰 다른 종의 고래, 백상아리를 포함한 상어 등 자신이 바다에서 만나는 거의 모든 것을 씹어 먹는다. 기회만 주어진다면 그들은 섬 사이를 수영하는 순록 같은 육지의 동물들도 먹어치울 것이다.

손을 맞잡고 잠을 자는 수달

수달은 물 위에 누워서 손을 맞잡고 잠을 잔다. 나는 이 문장에서 '귀엽다'는 단어를 사용할 뻔했다.

상식도 아닌 상식이 되어버린 연어의 출산

연어는 최대 4년 동안 바다에서 생활한 후 알을 낳기 위해 상류에 있는 그들의 출생지까지 강을 거슬러 올라온다. 즉, 연어는 북대서 양으로 흘러드는 강과 북태평양으로 흘러드는 강을 오른다.

식초를 들고 바다에서 수영하기

바다에서 수영하는 사람들을 공격하는 것에 관해서라면, 오스트 레일리아의 상자해파리box jellyfish, Cubozoans가 상어와 악어를 능가한 다. 상자해파리는 사실상 투명해서 다가오는 것이 보이지 않는다. 상자해파리에게 쏘였을 때는 식초가 가장 효과적인 치료제기 때 문에, 오스트레일리아의 많은 해변에는 '식초 초소'들이 있다. 그러 나 상자해파리의 독은 매우 치명적일 수 있기 때문에 만일을 위해 식초를 들고 다니는 것이 더 안전하다.

하필 그 시간에, 하필 그 강에

남아메리카의 '빨간배 피라냐red-bellied piranha'는 소떼를 비롯해 이런 저런 생물체를 먹어치운다. 소의 잘못이라고 하면 하필 그 시간에, 하필 그 강에 와서 머리를 숙이고 물을 마신 죄밖에 없다. 피라냐가 소를 먹는 순서는 먼저 코와 입을 먹고 나머지 몸으로 나아간다.

육지보다 물속이 더 편한 오리너구리

오스트레일리아의 오리너구리duck-billed platypus는 바늘두더지와 함께 가장 원시적인 포유동물이다. 주둥이는 촉각이 예민해 이를 이용해 물속에서 사냥한다. 발에 물갈퀴가 있기 때문에 육지를 걷는 데 애를 먹는다.

신경증에 걸릴 수도 있는 곳

오스트레일리아 연안의 그레이트 배리어 리프에는 많은 수의 고래, 돌고래, 쇠돌고래, 듀공바다소, 거북이 등의 1,500종의 물고기와 215종의 바닷새들이 서식한다. 또한 바다악어, 바다뱀, 125종의 상어도 살고 있다. 만약 당신이 예민하거나 신경질적인 성격을 가지고 있다면 바닥이 유리로 된 배를 타고 그곳에 가보라. 바로 신경증에 걸릴 것이다.

2. 조류 Flying things

하늘을 날 수 있지만 금방 떨어질 수 있다

새가 되면 많은 이점이 있다. 멀리 볼 수 있고, 방심하고 있는 먹잇감을 낚아챌 수도 있고, 한 장소에서 볼일을 마친 후 식물, 나무, 벌판, 바다 어디든 다음 장소로 빠르게 이동할 수도 있다. 그러나 당신이 맛있는 편에 속하는 새라면 늘 총소리에 귀를 기울여야 한다. 언제든 사람의 식탁에 오를 수 있을 테니깐 말이다.

오랫동안 햇빛을 받는 새

극제비갈매기Arctic tern는 작고 우아한 바닷새지만 매년 어느 새보다도 가장 먼 거리를 이동한다. 북극에서 번식하고, 남극에서 겨울을 나기 때문이다. 대략 25,000miles40,000km의 왕복 여행은 세계의 그 어떤 생물보다도 햇빛을 받게 만든다.*

☀ 별별 지식

....

*   극제비갈매기는 4월에서 8월까지 북극에서 살며 번식을 한 뒤, 남극으로 날아가 10월에서 다음 해 3월까지 남극에서 보낸 후, 4월에 다시 북극으로 돌아간다. 극제비갈매기는 세상에서 가장 오랫동안 햇빛을 받으며 사는 동물이다. 극제비갈매기가 북극에 있는 동안 북극이 여름, 남극에 있는 동안은 남극이 여름으로, 백야가 몇 달씩 지속되는 때다.

생기발랄이 아무 도움이 되지 않는

흰죽지참수리sea eagle는 물고기보다 어린 양을 더 많이 잡아먹는다. 어떻게 보면 이것은 매우 당연하다. 어린 양은 물고기처럼 미끄러지듯 달아나지 못하기 때문이다. 물론 어린 양은 물고기보다 생기 있게 뛰어다닐 수는 있지만 참수리가 주변에 있다면 이런 생기발랄함은 아무 도움이 되지 않을 것이다.

가장 작지만 가장 많은 날갯짓을 하는 새

쿠바의 벌새Humming Bird는 세계에서 가장 작은 새다. 호박벌bumblebee 보다 약간 더 크고, 1펜스 동전보다 가볍다. 사냥을 할 때는 1초에 80번 날갯짓을 하며 허공을 맴돈다. 이 엄청난 노력을 지속하기 위해서는 많은 당에너지가 필요하다. 그래서 벌새는 초당 13번 핥는 속도로 꽃의 꿀을 다 먹어치운다.

아프리카에 가야 볼 수 있는 새

세계에서 가장 흔한 새는 멧새과에 속하는 홍엽새red-billed quelea이다. 하지만 당신이 사하라 사막 이남 아프리카의 농부가 아니라면, 홍엽새의 울음소리를 들어본 적이 없을 것이다. 왜냐하면 남쪽 아프리카에서만 서식하기 때문이다. 10억 이상의 개체가 있으며 최대 2백만 마리까지 떼 지어 모여들어 메뚜기 떼처럼 몇 분 만에 밀밭 전체를 황폐화시킨다.

가장 긴 날개를 가진 새

나그네알바트로스Wandering Albatross★는 일명, 구니goonie로 알려진 새로 남극 지방 전역을 유랑한다. 어느 새보다도 가장 긴 날개를 갖고 있어 어떤 경우에는 최대 3.5m11ft에 이를 때도 있다. 하늘을 날고 있을 때도 가끔씩 날갯짓을 할 뿐이다. 당신 위에 나그네알바트로스가 날고 있다면 당신은 맑은 하늘을 볼 수 없을 수도 있다.

☀ 별별 지식
....

★ 거대한 날개로 자유롭게 활공하며 생애 대부분을 비행하면서 보낸다. 기록에 따르면 12일 동안 6,000km를 여행한다.

쉬는 것보다 나는 것이 더 편한 새

군함새frigatebird는 열대 지방의 하늘을 활강할 때 익룡처럼 보인다. 나는 힘이 강해 온종일 날아다녀도 물 위에 내려앉는 일이 거의 없다고 한다. 하지만 다리가 짧고 발이 작기 때문에 착륙하거나 횃대에 앉거나 걸을 때 뒤뚱거린다. 그래서 내려앉는 일이 없는 것일 수도!

먹었지만 먹지 않은 척하는 새

찰스 다윈이 되새류finches와 흉내지빠귀mockingbird의 진화 정도가 조금씩 달랐다고 결론을 내놓은 이후 갈라파고스 제도의 여러 섬의 새들은 매우 유명해졌다. 그러나 오늘날 그곳의 인기 스타는 푸른 발부비새blue-footed booby다. 그 새는 60mph90km/h의 속도로 물속으로 다이빙해 사냥감을 찾은 후 물속에 있는 동안 그것을 먹어 치운다. 다시 물 위로 올라오면 아무 일 없는 듯 주위를 둘러보고 자유롭게 떠난다.

웃지만 웃지 않는 새

웃음물총새laughing kookaburra는 세계의 호반새 중 가장 무겁다. 사람 웃음소리와 비슷하게 큰 소리를 내며 울지만 실제론 웃는 것이 아니라 그저 영역을 표시하고 있는 것이다.

알고 있으면 쓸 데가 많은 지식

거친 얼굴 가마우지
전에는 뉴질랜드에 두 종류의 가마우지가 있었다. 그러나 몇몇 학자들은 더 많은 종류의 가마우지가 필요하다고 결정했고, 그들은 가마우지를 바운티 가마우지bounty shags, 오클랜드 가마우지Auckland shags, 스튜어트 가마우지Stewart shags, 캠벨 가마우지Campbell shags, 채텀 가마우지Chatham shags, 거친 얼굴 가마우지rough faced shags, 뉴질랜드 킹 가마우지로 분류했다. 이 결정은 그 모든 가마우지들을 멸종 위기로 몰아넣었다. 왜냐하면 각기 다른 이름으로 분류되자마자 개별적 숫자가 현저하게 줄어들었기 때문이다. 결론은 가마우지를 '거친 얼굴 가마우지'라고 분류해 부르는 것은 좋은 선택이 아니었고 가마우지는 갑작스럽게 멸종 위기에 처했다. 사태의 심각성을 알아차린 학자들은 다시 재조정해 킹 가마우지와 거친 얼굴 가마우지 두 이름 중 하나를 선택해서 부르는 데 동의했다. 아마 대부분의 가마우지들은 왕이 되는 것을 선택했을 것이다. 하지만 아직도 뉴질랜드 어딘가에는 한두 마리의 거친 얼굴 가마우지가 있을 것이라고, 나는 생각한다.

3. 땅 위의 생물들 Creatures of the land

북극곰을 보러 남극에 가지 않기

육지 동물은 날거나 수영을 해서 다른 지역으로 갈 수 없기 때문에 다른 대륙으로 이주하는 것이 쉽지 않다. 그래서 인간이 그 지역에만 사는 동물을 보고자 원한다면 그곳으로 가야만 한다. 따라서 어느 동물이 어느 곳에 많이 사는지 아는 것은 매우 도움이 된다. 이런 지식을 알고 있다면 북극곰을 보러 남극에 가지는 않을 것이다.

북극곰과 펭귄

북극곰은 무스큰사슴, 카리브순록, 사향 소, 눈부시게 하얀 늑대, 여우와 함께 북극권에 산다. 만약 북극곰이 처음 남극에 사는 펭귄을 본다면 그들은 이렇게 말할 것이다. "도대체 넌 누구냐?"

가장 많은 동물을 가장 쉽게 볼 수 있는 아프리카

놀라울 정도로 매우 다양한 동물들을 가장 쉽게 볼 수 있는 대륙은 아프리카다. 아프리카 대륙은 빅토리아시대의 탐험가들이 그 대륙을 발견한 이후로 최상의 사파리 지역이 되었다.

4. 아프리카의 야생동물 Wildlife of Africa

사람들이 보기를 희망하는 동물 '빅 5'

모든 사람이 사파리에서 보기를 희망하는 동물 중 '빅 5'는 아프리카 사자African lion, 아프리카 코끼리African elephant, 아프리카 표범African leopard, 아프리카 물소Cape buffalo, 희거나 검은 코뿔소rhinoceros이다. 표범은 사람을 피하기 때문에 가장 보기 힘든 반면 버팔로는 통계적으로 당신을 죽일 가능성이 높다.

야생동물 대이동

동아프리카에서는 매년 지상 최대 규모의 야생동물 대이동이 일어난다. 대략 25만 마리의 얼룩말과 150만 마리의 영양이 여름을 나기 위해 탄자니아의 세렝게티Serengeti 평원에서부터 케냐의 마사이마라국립보호구Masai Mara National Reserve까지 이동한다. 고된 1,800mile 왕복 여행에서 대략 20만 마리가 굶주림, 질병, 탈진, 맹수들의 공격에 의해 희생된다. 어린 송아지는 특히 큰 고양잇과 동물에게 취약하고, 동시에 그 경로에 있는 악어 또한 그들이 강을 건너는 것을 즐겁게 기다리고 있다.

베스트가 가장 많은 아프리카

아프리카에는 세계에서 가장 큰 육지 동물 아프리카 코끼리, 세계에서 가장 키가 큰 동물 기린, 세계에서 가장 큰 영장류 고릴라, 세계에서 가장 빠른 동물 치타가 살고 있다.

여우원숭이를 볼 수 없을 수도 있다

이 나무에서 저 나무로 재빠르게 옮겨다니며 익살스럽게 옆으로 춤을 추는 마다가스카르Madagascar의 여우원숭이lemur는 지나친 벌목과 사냥 때문에 멸종 위기에 처했다.

죽을 때까지 싸우는 벌꿀오소리

벌꿀오소리라고 불리는 라텔Mellivora capensis은 몸집이 작고 친근한 이름을 갖고 있지만 사자, 하이에나, 표범, 비단뱀 등 자신과 마주치는 어떤 생물하고도 죽을 때까지 싸운다. 기네스 세계 기록은 벌꿀오소리를 세계에서 가장 겁 없는 동물로 선정했다. 밀월 FC의 중앙 수비 선수 역할을 한 유일한 동물이기도 하다. 이 말은 내가 꾸며낸 것이다.

악어보다 하마가 더 무섭다

강에선 하마가 악어보다 더 많은 사람을 죽인다. 절대로 하마가 다니는 길에서 그들의 행로를 막지 말아야 한다. 그리고 술 먹는 하마가 있는 술집에 서 있지 않도록 특별히 주의해야 한다.

알파벳 위치를 선점한 돼지

땅돼지aardvark*는 캥거루, 돼지, 토끼를 섞어놓은 듯한 모습이다. 생존을 위해 긴 혀로 개미를 핥아 먹지만 알파벳의 위치에서 땅돼지를 이길 것은 없다.

☀ 별별 지식
....

　*　땅돼지과의 유일한 종으로 몸은 돼지와 비슷하고 큰 귀는 당나귀와 비슷하다. 구멍에 숨어 있다 흰개미와 같은 작은 곤충류를 먹기 위해 돌아다닌다. 사는 지역에 따라 메뚜기도 먹는다고 한다. 천적으로 사자와 표범, 비단뱀 등이 있다.

---

5. 아시아의 야생동물 Wildlife of Asia

자이언트판다의 고민

중국 중부 지역에 서식하는 자이언트판다는 인간에 의한 서식지

소멸 때문에, 그리고 짝짓기가 서툴기 때문에 멸종 위기에 처해 있다. 암컷은 일 년에 단 한 번 며칠 동안만 발정기이다. 이것은 수컷 자이언트판다의 상황 대처가 빨라야 한다는 것을 의미한다. 하지만 그는 그것을 잘 못한다.

곰곰이 생각할 필요가 없는 사실

모든 동물들 중 가장 위풍당당한 동물인 호랑이는 방글라데시, 말레이시아, 인도, 대한민국의 대표 동물이다. 만약 당신이 호랑이로부터 달아나고 있다면 그 호랑이가 64mph$^{40km/h}$로 달릴 수 있고, 최대 20miles^{32km}로 수영할 수 있고, 5m^{16ft} 이상을 도약할 수 있다는 사실을 곰곰이 생각하지 말라.

낙타의 혹

낙타의 혹은 한 개일까, 두 개일까? 단봉낙타는 중동 지방과 아프리카의 뿔Horn of Africa, 소말리아 반도 * 에 살고 있는 혹이 하나인 낙타이다. 혹이 2개인 쌍봉낙타는 중앙아시아에 산다.

☀ 별별 지식
· ·
    ★   소말리아 반도는 아프리카 대륙의 가장 동쪽에 돌출되어 있고, 코뿔소의 뿔을 닮아 아프리카의 뿔이라고 불리게 되었다.

가장 큰 도마뱀의 진화

코모도왕도마뱀Komodo dragon은 세계에서 가장 큰 도마뱀이다. 최대 3m[10ft]까지 자라고, 뱀과 물소 그리고 야생말에 이르기까지 거의 모든 것을 먹는다. 인도네시아의 5개의 섬들로 코모도 섬을 포함하여에서, 수백만 년 동안 다른 포식자가 없는 상태에서, 최상위 포식자의 지위를 차지하였기 때문에, 거의 6mile[9.5km] 떨어진 범위에서 죽어가는 동물의 냄새를 맡을 수 있기 때문에, 그 도마뱀은 몸집이 커지는 방향으로 진화했다.

농구선수 3명의 키를 합친 길이를 가진 뱀

세계에서 가장 긴 뱀은 동남아시아에서 발견되는 그물무늬비단뱀이다. 6.5m[21.3ft]까지 자랄 수 있다. 이것은 2015~2016 시즌에 가장 키가 큰 NBA 농구 선수 3명의 키를 합친 것과 같다. 이 뱀은 그물 모양의 비늘 때문에 그런 이름을 갖게 되었다.

코주부원숭이의 별명

코주부원숭이는 세상에서 가장 기이하고, 가장 웃기고, 가장 못생겼다. 그리고 보르네오 섬에서만 산다. 브루나이Brunei와 말레이시아 사람들과 함께 보르네오 섬에 살고 있는 인도네시아 사람들은 19세기 네덜란드 식민주의자들이 그 원숭이와 비슷한 큰 코와 배를 갖고 있다고 생각해서, 그 원숭이를 '네덜란드 원숭이'라고 부른다.

그리고 보르네오 섬의 오랑우탄이 오렌지색인 것은 순전히 우연이다. 사실 오랑우탄은 '숲의 사람'이라는 뜻의 말레이 단어이기 때문이다.

알고 있으면 쓸 데가 많은 지식

귀머거리인 킹코브라

킹코브라는 화가 나면 몸을 세우고, 당신의 눈을 똑바로 보고, 후드를 활짝 편 채, 성난 개가 짖는 소리를 내며 쉬쉬거린다. 이것은 킹코브라의 독이 곧 당신의 몸속으로 주입될 것임을 의미한다. 그 독은 매우 치명적이다. 하지만 좋은 소식은 당신이 먼저 괴롭히지만 않으면, 킹코브라는 당신을 괴롭히지 않는다는 것이다.

사실 킹코브라는 귀가 들리지 않아 소리보다 움직임에 더 관심을 갖는다. 만약 집 밖에서 킹코브라를 만나게 된다면 플루트의 모양과 움직임을 이용해 당신을 물지 않도록 주문을 걸 수 있다. 인도에 가면 뱀을 부리는 사람이 뱀을 보면서 플루트를 연주하는 광경을 목격할 수 있다. 이는 구경꾼들의 흥을 돋우기 위해 연주를 하는 것뿐이다.

6. 오스트랄라시아와 오세아니아의 야생동물
Wildlife of Australasia & Oceania

10분밖에 움직이지 않는 코알라

코알라koala는 곰이 아니다. 코알라는 단지 코알라다. 꼭 껴안고 싶을 만큼 귀엽고, 유칼립투스 잎을 우적우적 씹어 먹고, 쿨쿨 잠을 자는 것이 이 게으른 유대목 동물의 삶의 전부다. 코알라는 몸을 쓰는 일에 결코 10분 이상을 사용하지 않는다.*

☀ **별별 지식**
....

* 　　코알라는 곰처럼 생겼기 때문에 네이티브 베어native bear라고 부르기도 하며 주머니곰, 나무타기주머니곰으로 불리기도 한다.

가장 큰 포유동물인 붉은캥거루

붉은캥거루red kangaroo는 오스트레일리아에서 가장 큰 포유동물이다. 땅에서 일어선 키가 최대 2m^{7ft}이고, 에어버스 A380 꼬리날개에 올라서면 20m^{66ft}에 이른다.

악마처럼 난폭하지 않은 작은 동물

태즈메이니아 데빌Tasmanian Devil은 주머니곰으로 불리는 작지만 매우 사나운 포유동물로 알려져 있다. 영국에서 이주한 사람들이 악마라는 의미의 데빌을 붙였으나 이름만큼 거칠거나 난폭하지 않다. 사람을 공격하거나 해치는 일이 거의 없으며 사람에 의해 길들여질 수 있다고 한다. 다만 죽은 동물의 시체를 찾아다니기 때문에 사납거나 무서운 동물로 오해하는 것 같다.

작은 빌비

작은 빌비bilby는 쥐의 얼굴과 긴 귀가 있는 작은 캥거루 또는 토끼처럼 생겼다. 이 동물은 매우 인기가 있어서 호주 사람들은 부활절에 초콜릿 토끼 대신에 초콜릿 빌비를 준다.

15분 만에 죽을 수 있는 거미 독

호전적인 시드니깔때기그물거미Sydney funnel-web는 아마 세계에서 가장 치명적인 거미일 것이다. 그 거미 독으로 15분 만에 사람이 죽었다는 기록이 있다. 물론 최대 3일이 걸릴 수도 있다. 만약 당신이 죽음의 시간을 선택할 수 있다면 빠른 시간에 죽는 것을 선택하는 것이 더 효과적일 것이다. 3일 동안 죽기만을 기다리는 것은 그다지 유쾌하지 않다. 거미 독의 해독제는 1981년에 만들어졌지만 생존 여부는 그 해독제를 제 시간에 얻을 수 있는지에 달려 있다.

날지 못하는 새지만 사랑 받는 이유

날지 못하는 키위kiwi는 뉴질랜드를 상징하는 새다. 뉴질랜드의 원주민 마오리족이 지은 이름으로 수컷의 울음소리가 키~위하고 울어 그렇게 부른다고 한다. 뉴질랜드에서 키위는 매우 인기가 있어 키위의 이름은 럭비 팀뿐만 아니라 그 나라의 시민을 가리키는 데도 사용한다. 뉴질랜드 사람들은 자신들이 재배한 차이니스 구스베리Chinese gooseberry가 어디서 재배되었는지 세상 사람들이 다 알 수 있도록 '키위'라는 이름을 적극 활용한다.

새와의 전쟁에서 패한 군대

1932년 오스트레일리아의 군대는 에뮤emus라는 새와의 전쟁에서 패했다. 웨스턴오스트레일리아 주 캠피언 구Campion district에 많은 수의 에뮤가 출몰해 농작물에 피해가 가자 그 날지 못하는 새의 개체 수를 억제하기 위해 군대가 소집되었다. 하지만 사격 속도보다 더 빠르게 에뮤가 사방으로 흩어질 수 있다는 것을 깨달은 후에 군인들은 싸움을 포기했다.*

☀ 별별 지식

....

* 에뮤는 몇 겹의 깃털로 싸여 있고, 60km 속도로 달리기 때문에 사격하기가 쉽지 않다. 1932년 11월 2일부터 12월 10일까지 40일 동안 벌인 에뮤 전쟁은 호주와 영국의 동물보호단체들이 명문이 없거나 추악한 전쟁이라고 규정하고 반대했다. 결국 개체 수를 줄이지도 못하고 여론의 반대에 떠밀려 호주 정부는 패배를 인정했고 부대를 철수시켰다.

7. 아메리카의 야생동물 Wildlife of the Americas

주문하라고 한다면 어린 연어

북아메리카의 회색곰 grizzly bear, 불곰의 일종은 뒷발로 일어선 키가 3m 10ft이다. 하지만 모든 불곰들 중 가장 큰 불곰은 알래스카의 코디악곰 Kodiak bear이다. 회색곰과 코디악곰은 연어를 먹는 것을 좋아한다. 고급 레스토랑의 웨이터가 어떤 연어를 드시고 싶으냐고 묻는다면 당연히 단백질이 풍부한 어린 연어를 주문할 것이다. 그들이 가장 좋아하는 부위는 연어의 껍질, 뇌, 알이다. 곰들이 연어로 배를 불리면 그 주위에 갈매기, 까마귀, 여우가 즐길 수 있는 잔해들이 있다.

플로리다 주를 상징하는 악어

북아메리카에서 가장 큰 파충류는 미시시피 악어이다. 최대 4.5m 15ft까지 자랄 수 있다. 악어는 플로리다 주를 상징하는 파충류이다. 플로리다 주에는 125만 마리의 악어가 있다.

얼떨결에 만들어졌을까?

남아메리카와 중앙아메리카의 테이퍼 tapir, 맥이라고도 불리는 포유류는 짧은 코를 가진 큰 돼지처럼 생겼고 길게 자란 모양의 코와 윗입술이 코끼리의 조상을 연상케 한다. 말이나 코뿔소를 닮기도 했다. 원주민 사이에선 창조주가 다른 동물을 만들다 남은 부분을 모아 만들었다는 전설이 내려온다. 만약 실제로 보게 된다면 맥을 짧은 코를 가진 큰 돼지라고 생각하지 못할 수도 있다.

파충류를 물어뜯는 재규어

아마존 유역의 재규어는 뚜삐 과라니족의 단어 '야과라yaguar' 때문에 그렇게 이름이 붙었다. 그것은 '한 번의 도약으로 죽이는 자'라는 뜻이다. 재규어는 단 한 번의 도약과 단 한 번의 물어뜯음만으로 육지 또는 물에서 움직이는 어떤 생물이든 쓰러뜨리고 생명을 빼앗을 수 있다. 악어목에 속하는 카이만caiman도 재규어에게는 예외가 될 수 없다. 무는 힘이 매우 강력해서 파충류의 갑옷도 뚫는다.

어떤 것이든 통째로 삼킬 수 있는 그린아나콘다

남아메리카의 그린아나콘다green anaconda는 아메리카 대륙에서 가장 길고 가장 큰 뱀이다. 최대 9m30ft까지 자라고, 227kg의 무게가 나가며, 암컷이 수컷보다 더 크고 더 치명적이다. 그린아나콘다는 돼지, 카이만, 재규어도 통째로 삼켜버릴 수 있기 때문에 독이 필요 없다. 그린아나콘다는 마음만 먹으면, 당신도 통째로 삼킬 수 있다.

많이 잡아 먹혀도 멸종되지 않는 카피바라

남아메리카의 반수생 동물인 카피바라capybara는 세계에서 가장 크고 가장 귀여운 설치류이다. 키는 최대 60cm^{2ft}이고, 길이는 1.2m^{4ft} 이상이며, 성인 어른만큼의 무게가 나간다. 그들은 개체 수가 많아서, 재규어와 아나콘다에 의해 대량으로 잡아먹혀도 여전히 번성하고 있다.

거북이의 장수

갈라파고스 제도는 그곳에 서식하는 자이언트거북이$^{Giant\ tortoises}$ 덕분에 그 이름을 얻었다. 갈라파고스는 옛 스페인어로 '거북이 ^{galapago}'를 뜻한다. 가장 유명한 거북이는 핀타^{Pinta} 섬의 마지막 거북이였던 론섬 조지$^{Lonesome\ George}$라는 이름의 거북이이다. 그 거북이는 2012년 100살의 나이로 죽었다. 사실, 100살은 거대 거북이에게는 비교적 젊은 나이다. 기록상 가장 나이가 많은 거대 거북이는 통가 섬에서 188살까지 살았다.*

☀️ **별별 지식**

....

＊　　기네스북에 의하면 1773년 영국의 탐험가였던 제임스 쿡 선장은 통가왕국 왕실에 '투이 마릴리'란 마다가스카르 거북이를 선물했다.
이 거북이는 왕실의 보살핌 속에 1965년까지 살다가 죽었다고 한다. 무려 192세 넘게 산 것이다. 기네스북에 정식으로 기록된 가장 오래 산 거북이다.

---

8. 유럽의 야생동물 Wildlife of Europe

테디 베어처럼 귀엽진 않지만 테디 베어인 불곰

오랫동안 어린이의 친구인 테디 베어teddy bears는 현재 북부 핀란드와 러시아의 늪지대 침엽수림 지대에서 서식하고 있다. '테디 베어'라는 이름은 미국 대통령 시어도어 '테디' 루즈벨트Theodore Teddy Roosevelt에서 유래했다. 이 유라시아 불곰은 덜 귀여울지 모르지만 실제 테디 베어처럼 생겼다.

바바리마카크

북유럽 바바리마카크Barbary macaque가 모로코에서 지브롤터Gibraltar로 도입되기 전까지는 인간이 유럽 대륙에 살고 있는 유일한 영장류였다. 현재 바바리마카크는 지브롤터 바위 위에서 대략 250마리가 번성하고 있다. 거의 꼬리가 없기 때문에 북아프리카 초기 여행자들에 의해서 '바바리 유인원'이라는 이름이 실수로 붙었지만 바바리마카크는 사실 원숭이다.

붉은다람쥐를 지켜라

영국에서 붉은다람쥐red squirrel는 회색다람쥐grey squirrel 때문에 끊임없이 멸종 위협을 받고 있다. 회색다람쥐는 지구의 다양한 식물과 동물을 즐기고 싶어하는 빅토리아시대 사람들의 욕구를 충족시키기 위해 19세기에 북아메리카에서 도입되었다. 회색다람쥐는 붉은다람쥐보다 튼튼한 위장을 갖고 있어서, 숲의 열매들을 익기도 전에 먹는 것이 가능하다. 그래서 붉은다람쥐는 회색다람쥐에게 먹이를 많이 뺏겼다. 이뿐만이 아니라 회색다람쥐는 붉은다람쥐에게 치명적인 질병인 다람쥐수두바이러스를 옮긴다. 회색다람쥐는 이 바이러스에 면역력을 갖고 있는 반면 붉은다람쥐에게는 면역력이 없다.

동물원에서 도망친 사슴의 후손

문착muntjac은 아주 오래전부터 알려진 사슴으로, 수천만 년 전에 아시아에서 기원했다. 영국에는 동물원에서 도망친 뒤 돌아다니며 사는 많은 수의 문착이 있는데 많은 사람들이 이들이 워번Woburn 대수도원의 사슴 공원과 베드퍼드셔 주Bedfordshire의 휩스네이드동물원 Whipsnade에서 도망친 사슴들의 후손일 것이라고 생각한다.

산타클로스가 라플란드에 사는 이유

붉은사슴은 영국에서 서식하는 가장 큰 포유동물이고 순록은 유럽 최북단에서 서식한다. 이것이 산타클로스가 라플란드Lapland에 살고 있는 이유다.

멋진 집합명사들

우리는 'a pride of lions'가 '한 무리의 사자'를 의미하고, 'a troop of baboons'가 '한 무리의 개코원숭이'를 의미한다는 것을 알고 있다. 다음 집합명사들은 당신이 알고 있을 수도 있고 또는 모르고 있을 수도 있는 것들이다.

A congregation of alligators 한 무리의 악어

A battery of barracuda 한 무리의 창꼬치

A bellowing of bullfinches 한 무리의 피리새

A clowder of cats 한 무리의 고양이

A coalition of cheetahs 한 무리의 치타

A colony of chinchilla 한 무리의 친칠라

A quiver of cobras 한 무리의 코브라

A lap of cod 한 무리의 대구

A siege of cranes 한 무리의 두루미

A pace of donkeys 한 무리의 당나귀

A gang of elk 한 무리의 엘크

A business of flies 한 무리의 파리

A tower of giraffes 한 무리의 기린

An implausibility of gnus 한 무리의 누

A flamboyance of flamingos 한 무리의 홍학

A leap of jaguars 한 무리의 재규어

A smack of jellyfish 한 무리의 해파리

A mob of kangaroos 한 무리의 캥거루

A lounge of lizards 한 무리의 도마뱀

A bite of midges 한 무리의 각다귀

A watch of nightingales 한 무리의 나이팅게일

A parliament of owls 한 무리의 부엉이

A pomp of Pekingese 한 무리의 페키니즈

A bouquet of pheasant 한 무리의 꿩

A grumble of pugs 한 무리의 퍼그

A rhumba of rattlesnakes 한 무리의 방울뱀

A unkindness of ravens 한 무리의 까마귀

A run of salmon 한 무리의 연어

A shiver of sharks 한 무리의 상어

An audience of squid 한 무리의 오징어

A murmuration of starlings 한 무리의 찌르레기

A fever of stingrays 한 무리의 노랑가오리

A gulp of swallows 한 무리의 제비

A candle of tapirs 한 무리의 맥

A mutation of thrush 한 무리의 개똥지빠귀

An ambush of tigers 한 무리의 호랑이

A hover of trout 한 무리의 송어

A posse of turkeys 한 무리의 칠면조

A blessing of unicorns 한 무리의 일각수

A venue of vultures 한 무리의 독수리

A knob of waterfowl 한 무리의 물새

A wisdom of wombats 한 무리의 웜뱃

A descent of wookpeckers 한 무리의 딱따구리

A zeal of zebras 한 무리의 얼룩말

알고 있으면 쓸 데가 많은 지식

루돌프

1823년 시 '성 니콜라스의 방문크리스마스 이브'에 따르면, 산타의 8마리 순록은 대셔Dasher, 댄서Dancer, 프랜서Prancer, 빅센Vixen, 커밋Comet, 큐피드Cupid, 던더Donner, 블릭셈Blitzen이었다. 마지막 두 이름은 '천둥'과 '번개'를 뜻하는 독일어이다. '루돌프 사슴코'가 미국 음악 차트에 올라 1945년 크리스마스 넘버원 히트곡이 된 후에 9번째 순록이 추가됐다. 나이가 지긋한 사람들 또는 미국인이라면 친숙한 이름인 진 오트리Gene Autry가 그 노래를 불렀다. 진 오트리는 30년 동안 '노래하는 카우보이'로 알려졌다.

9. 식물 Stuff that grows

식물이 없다면

산소에서부터 음식에 이르기까지 모든 것을 제공하는 식물이나 나무가 없다면 동물이나 인간은 지구에서 생존할 수 없을 것이다. 열대우림에서부터 사막에 이르기까지, 다양한 식물들과 나무들은 그들만의 생존 방식을 찾아냈다. 가끔은 하던 일을 잠시 멈추고 그들을 이해하는 시간을 가져보자.

악취가 나는, 지구상에서 가장 큰 꽃

꽃잎에 붉은 반점들이 있는 자이언트 라플레시아^{Rafflesia arnoldii}는 지구상에서 가장 큰 꽃이다. 인도네시아와 말레이시아에서 주로 발견되는데 이 꽃은 지름 1m까지 자란다. 매년 며칠 동안만 꽃을 피우는데, 활짝 피면 고기 썩는 악취가 나서 많은 곤충들이 몰려든다. 이 곤충들은 암꽃에서 수꽃으로 꽃가루를 옮긴다.

나무속에 술집이 있는 나무

아프리카와 오스트레일리아의 바오밥나무^{baobab tree}는 윗부분에 나뭇잎들이 튀어나온 큰 물병처럼 생겼기 때문에 물병나무라고 불린다. 이 나무는 또한 굴뚝청소부의 빗자루와도 닮았다. 바오밥나무는 상당히 많은 물을 저장할 수 있어서 5천 년을 살 수 있다.

이 나무는 나이를 먹을수록 속은 점점 비워지고 줄기는 매우 굵어지기 때문에 남아프리카공화국에서는 나무속에 15명의 사람을 편안하게 수용할 수 있는 술집이 있는 바오밥나무도 있다.

용의 피

아프리카의 뿔 근처 소코트라Socotra 섬에서 자라는 우산 모양의 용혈수dragon's blood tree는 붉은 수액을 흘린다. 고대인들은 이것을 용의 피라고 여겼다. 오늘날에는 약, 염료, 광택제, 향의 재료로 사용된다.

열매가 불에 타야만 종자를 퍼트릴 수 있는 꽃

품종이 다양하고 꽃이 화려한 프로테아protea는 남아프리카공화국의 웨스턴케이프Western Cape 주의 핀보스fynbos 관목지에서 자란다. 프로테아는 열매가 불에 타야만 종자를 퍼트릴 수 있어 산불이 일어나야만 번식이 가능한 특이한 종이다. 킹 프로테아king protea는 남아프리카공화국의 국화이고, '프로테아스Proteas'는 그 나라 크리켓 팀의 국가 대표 이름이다.

굳이 힘쓸 필요가 없는 일엔 가만히 있는 게 상책

파리지옥Venus flytrap은 육식성 식물로, 북아메리카의 캐롤라이나Carolina 주가 원산지이다. 곤충이나 거미가 잎 안의 감각모 중 2개 이상을 처음 건드린 지 20초 이내에 다시 건드리면 잎을 재빨리 닫는다. 이것은 꽃을 건드리고 그냥 날아가버리는 곤충을 잡으려고 에너지를 낭비하지 않기 위해서다.

감정 표현을 할 수 있는 미모사

미모사mimosa pudica는 잎을 건드리거나 흔들면 즉시 아래쪽으로 늘어지고 안쪽으로 닫혀 식물에도 감정을 갖고 있다는 것을 증명해주는 남아메리카와 중앙아메리카의 열대 잡초다. 누군가가 건드리면 늘어진 채 몇 분 동안 있다가 안전하다고 생각되면 닫힌 잎을 다시 편다.

가장 부피가 큰 나무

캘리포니아의 자이언트세쿼이어giant sequoia는 세계에서 가장 부피가 큰 나무이다. '제너럴 셔먼 트리General Sherman tree'라고도 불린다. 이 이름은 미국 남북 전쟁 때 셔먼 장군 휘하의 인디언 기병대에서 복무한 동식물학자가 이름을 붙였다. 높이는 84m^{275ft}이고, 무게는 190만kg^{2,095ton}이다.

동물을 살해하는 나무

케냐의 마사이마라국립공원의 대표적 이미지인 아름다운 우산가시아카시아umbrella thorn acacia 나무는 어두운 비밀을 갖고 있다. 그 아카시아 나무는 동물들을 살해한다. 초식동물이 이 나무의 잎을 먹으면, 이 나무는 옆에 나란히 있는 다른 나무들에게 일시적으로 타닌을 더 많이 만들어내도록 경고하는 가스 구름을 내보낸다. 이 사실을 모르는 기린은 한 나무의 잎을 다 먹은 후에 다른 나무로 옮겨간다. 그리고 중독되어 죽는다.

왠지 삶의 무게도 지탱해줄 것 같은 수련

큰가시연꽃Victoria amazonica은 지름 3m10ft까지 자라고, 이웃하는 다른 꽃들과 겹치는 것을 피하기 위해, 꽃의 가장자리를 위로 들어 올리는 큰 수련이다. 큰가시연꽃은 45kg의 무게를 지탱할 수 있다. 내 말을 믿지 못하겠다면 런던에 있는 큐왕립식물원Kew Gardens으로 가서 그 정도의 무게를 가진 물건을 그 연꽃 위에 던져라. 그리고 무슨 일이 일어나는지 지켜보라.

역사 이전에는 무슨 일이 벌어졌을까?

What happened even before history

CHAPTER 3

Getting started

The age of the dinosaur

Paleogene period

지구가 대략 46억 년 전에 형성되었다는 사실과 그 후 40억 년 동안 별다른 일이 일어나지 않았다는 사실은 현명한 사람들에 의해 일반적으로 받아들여지고 있다. 그렇다면 재빠르게 이동해서, 지난 6억 년을 살펴보자. 그 시기에는 실제로 무언가가 일어났다. 지구 과학자들은 5억 7천만 년 전부터 현재까지의 시기를 현생누대라고 부른다. 그리고 그 이전의 40억 년은 선캄브리아대라고 부른다. 하지만 선캄브리아대를 누가 신경 쓰겠는가? 아무 일도 일어나지 않았는데. 지구 과학자들은 현생누대를 다시 세 개의 지질 시대로 나눈다. 고생대, 중생대, 신생대. 이제, 지구의 이 세 시대를 살펴보자.

1. 고생대 Getting started

고생대는 5억 8천만 년 전부터 2억 2천 5백만 년 전까지 지속되었다. 하나 이상의 세포를 가진 유기체들이 스스로를 3차원 생명체로 만들어가기 시작했고, 그 이후 수백만 년에 걸쳐 원시적인 형태의 식물, 곤충, 동물들로 진화했다. 만약 어떻게 그런 일이 일어날 수 있었는지 알고 싶다면 나에게 묻지 마라. 그것은 내 능력 밖이다.

그 후 사실, 아무도, 특히 나로서는 이해할 수 없는 이유로, '페름기-트라이아스기 대멸종Permian-Triassic extinction*'이라고 불리는 대규모 멸종이 있었다. 이 대멸종은 많은 식물들과 동물들뿐만 아니라, 해양생물의 95%를 멸종시켰다. 그것도 그들이 시작할 수 있는 어떤 기회를 갖기도 전에. 그러나 우리로서는 다행스럽게도, 지구에서 생명을 한 번 더 시도해볼 수 있을 만큼의 충분한 생명체가 살아남았다.

☀ **별별 지식**

....

* 지구상에 동물이 출현한 이후 최소 11차례에 걸쳐 생물이 멸종했다. 그중에서 가장 크게 멸종이 있었던 5차례를 대멸종이라고 한다. 페름기-트라이아스기 대멸종은 3차에 해당하는데 고생대 말기 페름기와 중생대 시작 트라이아스기의 머리글자를 따서 'P/T 경계 멸종 사건'이라고 부른다. 고생물학자들은 논의를 통해 대멸종의 원인을 소행성, 화산 폭발, 기후

변화, 해수면의 변화, 앞의 원인들의 조합 등을 들고 있다.

2. 중생대 - 공룡의 시대 The age of the dinosaur

중생대는 대략 2억 2천 5백만 년 전부터 6천 5백만 년 전까지의 시기이다. 대부분의 사람들이 실제로 가장 흥미롭다고 여기는 시기다. 중생대는 세 개의 시기로 나뉜다. 트라이아스기, 쥐라기, 백악기. 우리는 「인디아나 존스」와 「ET」를 알고 있기 때문에 최소한 쥐라기에 관해서 들어본 적이 있을 것이다.

트라이아스기 Triassic period : 2억 3천만 년 전부터 1억 8천만 년 전까지
이 시기는 페름기 대멸종 이후의 회복기였지만 지구는 오랫동안 불안정한 상태였다. 기후의 경우 초기엔 덥고 건조한 상태에서 후기엔 습한 상태로 바뀌었다. 또한 지구는 하나의 거대한 대륙에서 오늘날 우리가 알고 있는 대륙들의 초기 형태로 분열하는 첫 단계에 있었다. 지구의 많은 부분들이 점점 물로 덮여감에 따라 훗날 미국의 동쪽 해안과 모로코는 서로 떨어져 나가기 시작했다. 이것은 앞으로 일어나게 될 많은 지각 변동의 시작이었다. 초기 공룡들은 움직이는 지구 위에 발을 단단히 딛고 서 있기 위해 최선의 노력을 했다.

쥐라기Jurassic period **: 1억 8천만 년 전부터 1억 3천 5백만 년 전까지**

'지배파충류의 시대'라고도 알려진 이 시기는 공룡이 지상을 지배하던 시기였다. 공룡들은 마음껏 먹을 수 있는 무성한 열대우림을 만들어낸 기후 변화에 도움을 받았다. 이렇게 해서 이 거대한 생명체는 점점 더 대형화되었다. 더불어 새와 도마뱀 그리고 악어들은 먹을 것이 풍부한 환경에서 진화의 규모에서 자신들의 공정한 몫을 얻기 위해 대형화되었다.

백악기Cretaceous period **: 1억 3천 5백만 년 전부터 6천 5백만 년 전까지**

이 시기는 포근하고 따뜻했다. 극지방의 만년설은 없었고, 해수면은 매우 높았다. 영국 남부는 물속에 잠겨 있었고 대서양은 한쪽의 아메리카 대륙과 다른 쪽의 유럽, 아프리카 사이에서 점점 넓어져가고 있었고, 인도양이 생겨났다. 이런 이유에서 도버 해협의 백색 절벽들은 수십억 개의 백악기 화석들을 포함하고 있다. 인도 섬은 아시아 지역을 향해 올라감으로써 대륙의 분리 경향에 역행하고 있었다. 초식 공룡들은 풍부한 식물을 먹고 점점 더 대형화되었다. 초식 공룡들이 거대해짐에 따라 육식 공룡들도 점점 거대해졌다. 진화가 그렇게 수월했던 적이 없었고, 삶이 그렇게 좋았던 적이 없었다. 비극이, 즉 또 한 번의 대멸종이 일어날 때까지는.

공룡의 종말

중생대는 6천 5백만 년 전에 막을 내렸는데 지구 과학자들은 원인이 무엇이었는지 추측해보고 있다. 한 가지 이론은 현재 우리가 멕시코 만이라고 알고 있는 곳에 운석이 충돌했다는 것이다. 그 흔적은 분명 운석에 의해 만들어진 모양이다. 운석이 그곳에 떨어졌건 혹은 다른 곳에 떨어졌건 간에, 무언가 극단적인 일이 일어나서 큰 지각 변동과 광범위한 화산 활동, 엄청난 해일, 산성비 그리고 지구 표면 아래로부터 올라오는 치명적인 가스를 발생시켰다. 가엾은 공룡에게는 살아남을 가능성이 없는 치명적인 상황이었다. 만약 당신이 죽고 싶을 정도로 고통을 받고 있다면, 그리 복잡하게 생각할 필요도 없는 고통을 받고 있다면, 곧 다음 번 운석이 당도할 것이라는 사실을 기억하라. 이것이 지구상에서 약한 생명체가 존재하는 방식이다.

하지만 공룡은 번성했고, 1억 6천 5백만 년 동안 지구를 지배했다. 호모사피엔스가 지금까지 다스린 보잘것없는 20만 년과 비교해보라. 우리가 오래 전에 잃어버린 선사시대 친구들 중 몇 명에게 경의를 표하자. 그들 중 몇 명은 자신들이 어느 날 스필버그 영화의 주연을 맡게 될 줄은 꿈에도 몰랐을 것이다.

1) 아르헨티노사우르스 Argentinosaurus

크기 : 몸길이 최대 35m

무게 : 80t

배회한 지역 : 가고 싶은 곳은 어디든 그러나 주로 남아메리카

생물학적 의견 : 백악기 말까지 줄곧 번성했다. 지금까지 지구를 배회한 공룡들 중 가장 무겁고 긴 공룡이었다. '몬스터'라는 단어가 가장 적합한 공룡이다. 아르헨티노사우르스가 걸음을 옮길 때마다 땅이 흔들렸다. 하지만 식성은 초식이었다. 그러므로 당신이 이 공룡과 무성한 열대우림 사이에 있지 않다면 당신은 이 공룡을 두려워할 이유가 없다.

놀라운 사실 : 거대한 크기에도 불구하고 암컷은 럭비공만 한 알을 낳았다. 새끼가 완전히 성장하는 데는 40년이 걸렸다.

2) 기가노토사우르스 Giganotosaurus

크기 : 몸길이 최대 15m

무게 : 10t

배회한 지역 : 남아메리카

생물학적 의견 : 육지의 육식 공룡들 중 가장 컸다. 매우 호전적이어서 자신보다 4배 더 크고, 8배 더 무거운 먹잇감인 아르헨티노사우르스를 공격해서 쓰러뜨렸다. 기가노토사우르스의 유리한 점은 빠른 속도와 누구나 탐낼 만한 짧고 분명한 아래턱이었다. 그렇다고 하더라도 아르헨티노사우르스처럼 큰 사냥감을 쓰러뜨리기 위해서 기가노토사우르스는 무리를 지어 사냥했음이 틀림없다.

놀라운 사실 : 기가노토사우르스는 바나나 한 개 크기의 뇌를 갖고 있었다. 이것이 아르헨티노사우르스를 사냥할 만큼 충분히 무모했던 이유다.

3) 스피노사우르스 Spinosaurus

크기 : 몸길이 최대 15m

무게 : 20t

배회한 지역 : 북아프리카

생물학적 의견 : 육식 공룡들 중 가장 크며, 반수생 공룡으로 육지와 바다에서 사냥을 했다고 알려져 있다. 가운데 부분은 거대한 낙타의 형태, 머리와 꼬리는 거대한 악어와 같은 모습을 상상해보라. 물론 그런 일이 일어나지는 않겠지만. 만일 스피노사우르스가 다시 출현했을 경우, 면전에 대고 등에 큰 혹이 달린 꼽추 도마뱀이라고 부르지는 말라.

놀라운 사실 : 2001년 「쥐라기 공원3」에서 조 존스톤 Joe Johnston 감독은 스필버그 감독의 「쥐라기공원 1, 2」에서 스필버그의 뮤즈로서 일약 명성을 얻은 후 늙어가고 있던 공룡 티라노사우르스 렉스를 대신해 스피노사우르스에게 주연 자리를 주었다.

4) 프테로닥틸루스 안티쿠스 Pterodactylus antiquus

크기 : 날개 폭 1m[3.5ft]*

배회한 지역 : 유럽, 남아프리카, 북아메리카, 오스트레일리아의 해안가

생물학적 의견 : 가장 인기 있는 날개 달린 파충류. 실제로는 엄밀한 의미의 공룡이 아니다. '날개 달린 손가락'을 갖고 있었기 때문에 학명은 그리스어로 '손가락을 가진 날개'라는 뜻인 '프테로닥틸루스 안티쿠스흔히 '프테로닥틸'이라고 불림'이다. 두 개의 손가락이각 손 한 개의 손가락씩 매우 길어서 날개 바깥까지 나와 있다. 프테로닥틸루스 안티쿠스의 먹이는 큰 곤충, 물고기, 작은 포유류이다. 할리우드 영화에서 표현된 것처럼 무섭고 두렵지는 않다.

놀라운 사실 : 프테로닥틸루스 안티쿠스는 비슷하지만 훨씬 더 크고 날 수 있는 파충류인 프테라노돈Pteranodon과 비교해서 작고 왜소하다. 프테라노돈의 날개 폭은 6m20ft이다. 따라서 프테로닥틸루스보다는, 프테라노돈이 램블러협회Ramblers' Association **의 회원 수를 줄일 가능성이 더 크다.

☀ **별별 지식**
....

*   날개 폭은 양쪽 날개를 다 펼쳤을 때 한쪽 날개 끝에서 다른 쪽 날개 끝까지의 길이를 말한다.

**   램블러협회는 영국에서 가장 큰 보행자들의 권리를 주장하기 위한 단체다.

---

5) 스테고사우루스 Stegosaurus

크기 : 몸길이 최대 9m

무게 : 3t

배회한 지역 : 북아메리카, 유럽

생물학적 의견 : '장갑을 두른 공룡'이라고 불리는 것 중 하나로 공격보다는 방어를 목적으로 진화했다. 다행히도 공격보단 방어가 우선이기 때문에 당신은 그 공룡의 가시 박힌 긴 꼬리에 얻어맞지는 않을 것이다. 짧고 뭉툭한 다부진 다리와 장갑을 두른 거대한 등을 가진 스테고사우루스는 일진이 좋지 않은 날의 큰 코뿔소를 닮았다.

놀라운 사실 : 미국 콜로라도는 주를 상징하는 공룡으로 스테고사우루스로 정했으며, 주의 상징물로 '공룡'을 지정한 미국의 7개 주 중 하나가 되었다. 1898년 워싱턴 D.C.는 새로운 하수구를 건설하기 위해 굴착을 할 때 크레노사우르스 포텐스 Creosaurus potens의 흔적을 발견했다. 현재까지 유일한 흔적이다. 워싱턴 D.C. 주는 즉시 그 공룡에게 캐피탈사우르스 Capitalsaurus라는 이름을 붙였고, 워싱턴 D.C.를 상징하는 공룡으로 지정했다.

알고 있으면 쓸 데가 많은 지식

누가 제왕인가?
20세기 후반 기가노토사우르스가 발견되기 전까지 티라노사우르스 렉스

Tyrannosaurus rex가 가장 큰 육식 공룡이라고 여겼다. 남아메리카의 기가노토사우르스는 티라노사우르스 렉스보다 더 빠를 뿐만 아니라 더 크다. 그러나 북아메리카와 몽고의 티라노사우르스 렉스는 남아메리카의 기가노토사우르스보다 더 큰 뇌를 갖고 있었다. 그래서 더 똑똑했다.

그리고 영국의 록 밴드 티 렉스T-Rex는 분명 음악적 재능이 높았다. 그들은 영국 팝 차트에서 연속으로 11개의 탑 텐 싱글을 보유하고 있다.

알고 있으면 쓸 데가 많은 지식

크랜베리 소스를 얹은 벨로키랍토르를 드시겠습니까, 손님?
벨로키랍토르Velociraptor는 무시무시한 야수처럼 생각될지도 모른다. 그러나 사실 벨로키랍토르는 매우 작은 공룡이다. 작은 칠면조 크기인데, 7천 5백만 년 후에 나타났다면 우리의 크리스마스 혹은 추수감사절 저녁 식탁에 놓을 수 있는 훌륭한 고기였을 것이다.

3. 고제삼기 Paleogene period

우리가 지금 살고 있는 신생대는 6천 5백만 년 동안 지속되고 있다. 중생대 말기의 대량 멸종에 의해 모든 종이 멸종한 것은 아니었다. 만약 의심스럽다면 악어를 보라. 그러나 대다수의 종은 멸종했다. 그리고 악어는 약 2억 2천만 년 전에 진화한 것으로 알려져 있다.

신생대 동안 지구가 마침내 회복을 시작하면서 남아 있는 생명체들은 새로운 종의 식물, 동물, 새들로 진화할 수 있는 새로운 기회를 갖게 되었다. 그러나 어떠한 생명체도 거대했던 공룡만큼 크게 자라지는 못했다. 그런 일이 다시 일어나기에는 기후와 환경 조건이 적합하지 않았기 때문이다. 대신에 신생대는 마침내 인간을 포함한 포유동물의 시대가 되었다. 지구 과학자들은 신생대를 팔레오기Paleogene, 네오기Neogene, 제4기Quaternary 이렇게 세 시기로 나누었다.

팔레오기

팔레오기는 6천 6백만 년부터 2천 3백만 년 전까지다. 중생대 말기 대량 멸종 이후 지구는 다시 건강한 상태로 돌아가는 데 신생대의 첫 1천만 년이 걸렸다. 기후는 점점 따뜻하고 습해졌으며, 정글이 양 극지방까지 넓게 퍼져나가면서 지구는 장엄한 환경을 되찾았다.

1) 형태 갖추기

팔레오기 초기 대륙들은 서로 멀어지기 시작했다. 현재 우리가 알고 있는 기본적인 세계 지리가 보이기 시작할 때까지 바다는 계속해서 그 틈을 메웠다. 인도는 여전히 섬이었고, 아메리카 대륙은 파나마 해협에 의해 분리되어 있었으며, 테티스Tethys 해는 아프리카와 중동으로 나눠져 있었다.

이 시기가 오랫동안 지속되는 동안 대규모 빙하 활동이 지진대에 하중을 주면서 우리가 오늘날 알고 있는 산맥들을 솟아오르게 했다. 북아메리카의 록키 산맥이 빙하 침식에 의해 만들어졌고, 아프리카 대륙이 북쪽으로 이동하기 시작했을 때 유럽의 알프스가 솟아올랐다. 인도 섬이 마침내 아시아 대륙과 결합했을 때 아시아의 히말라야 산맥이 어느 정도 만들어졌다.

2) 작은 것이 아름답다

초기 팔레오기, 동물의 세계에서는 큰 포식자들이 없는 상태에서 작은 포유동물과 새들, 파충류, 양서류들이 전 세계로 행복하게 번식해나갔다. 정글에서는 작은 것이 아름답다. 왜냐하면 일반적으로 큰 동물들은 나무에 부딪치고 돌아다니는 것이 어렵기 때문이다. 비교적 안정적이었던 이 시기는 종의 광범위한 진화와 다양화를 불러왔다. 현대의 종에 속하는 앵무새, 딱따구리, 토끼, 산토끼, 아르마딜로가 처음으로 출현했다.

날지 못하는 새들이 지상에 있는 어느 생물보다 더 크게 자랐고, 먹이사슬의 정상에 있었다. 당분간 그들이 세계의 대부분을 지배했다. 마치 내일이 없는 것처럼 식물을 먹어치웠던 공룡이 없는 상태에서 식물은 번성했으며 다양해졌다. 한때는 바다를 지배했던 거대한 수중 공룡이 없는 상태에서 수중 생물들의 크기는 작아졌다. 고래, 바다소, 상어는 오늘날 형태의 축소형이었다.

3) 넓어져가는 공간

그 이후 한랭기가 이어졌고 계절의 변화가 생겼다. 이러한 기후는 정글을 축소시키는 대신 나무가 없는 대초원과 풀밭을 만들어냈다. 포유동물은 탁 트인 장소에서 대형 동물로 성장하는 것이 가능해졌다. 육지에는 인드라코티어Indricothere, 즉 지금까지 존재했던 것들 중 가장 큰 육지 포유동물인 뿔이 없는 코뿔소가 출현하여 정점을 찍었고, 하늘에는 거대한 알바트로스의 날개보다 두 배 더 큰 날개를 가진 펠라고니스 샌더시Pelagornis sandersi가 등장했다. 바다에서는 고래가 급속도로 성장하며 우리가 오늘날 알고 있는 거대 동물로 진화해갔다.

네오기

네오기는 대략 2천 3백만 년부터 2백 6십만 년 전까지다. 정글과 숲이 계속 줄어들면서 지구는 점점 더 산이 많아지고 건조해졌다. 그러나 여전히 좋은 풀밭이 계곡과 평원을 가득 채우고 있었다. 풍부한 풀밭과 상록수들은 점점 더 많은 초식 동물들과 하늘의 포식자들의 진화를 이끌었다. 맘모스, 코끼리, 기린, 코뿔소, 유대류, 말, 영양, 얼룩말, 맥, 독수리 등 많고 다양한 종류의 유인원들이 그 축제에 참여했다. 사자, 하이에나, 곰, 검치호랑이saber-toothed tiger는 수많은 초식 동물을 보고 매우 즐거워하며 그들을 포식할 수 있도록 진화해갔다.

호모와 침팬지가 각자의 길을 간 시기

호모인간와 판침팬지이 하나의 공통된 조상을 갖고 있다는 것은 누구나 알고 있는 흔한 지식이지만 각자의 길을 간 정확한 시기를 확인하기는 어렵다. 그것은 아마 1천 3백만 년 전에서 4백만 년 전 사이의 어느 시기로, 어쩌면 티파티에서 서로 옥신각신하며 입씨름을 한 결과일 수도 있다. 다만 확인해보지 않는 것이 더 좋을지도. 그 후 아프리카 동부에서 침팬지계가 아닌 것이 확실한 오스트랄로피테쿠스Australopithecus가 나타났고, 약 2백만 년 전에 호모하빌리스Homo habilis, 즉 '손을 쓸 줄 아는 사람'으로 진화했다. 만약 당신의 동굴에 비가 샌다면, 호모하빌리스는 그것을 고칠 수 있는 사람이었다. 고인류학자 메리 리키Marry Leakey가 1955년 탄자니아에서 호모하빌리스의 최초 흔적을 찾아낸 것은 이런 점에서 매우 아이러니하다.*

호모에렉투스Homo erectus가 조금 덜 유인원처럼 보이기 시작하는 데는 더 오랜 시간이 걸렸다, 대략 190만 년 전. 호모사피엔스가 자신의 두 발로 서서 생각하기 시작한 것은 좀 더 오래 걸렸다, 대략 20만 년 전.

그러나 수가 급격히 늘어나는 신생 3기의 동물과 식물들에게 항상 꽃길만 있었던 것은 아니었다. 추운 날씨가 다가오고 있었기 때문이다. 그것은 그냥 춥다의 의미가 아니라 진정한 의미의 추위, 빙하기로 들어설 때 경험하게 되는 영하의 추위였다. 그리고 그 추위는 지구의 풍경에 재미있는 변화를 주었다. 예를 들면 영국 해협과 베링 해협(시베리아와 알래스카 사이)과 같은 좁은 수면들이 곧 얼어서 육교가 되었다.

....

*   영어로 leaky는 '물이 새는'이라는 뜻이다.

알고 있으면 쓸 데가 많은 지식

아메리카 생물 대교환

네오기 말엽 화산 활동으로 인해 많은 육지들이 바다 위로 올라왔고, 파나마 해협은 메워져서 파나마 지협이 되었다. 이전에는 서로 떨어져 있던 북아메리카 대륙과 남아메리카 대륙의 포유동물들은 이 새로운 육교를 보고 전에는 불가능했던 여행을 하게 되었다. 아르마딜로armadillo*가 캘리포니아를 향해 천천히 올라갈 때 반대 방향으로 자신을 지나쳐가는 곰과 라쿤을 보았을 때 아르마딜로의 얼굴에 떠올랐을 표정을 상상해보라.

☀ 별별 지식

....

*   갑옷을 걸친 작은 동물이라는 뜻의 스페인어인 아르마딜로는 척삭동물 아르마딜로과에 속하는 포유류다. 총 20종이 있으며 사람에게 한센병을 옮기는 것으로 알려져 있다. 추위에 약해서 추위가 지속되면 생존에 치명적인 영향을 미친다고 한다.

우리가 지금 살고 있는 제4기

제4기는 2백만 년부터 현재까지를 말한다. 제4기가 2백만 년 전에 시작되었을 때 그것은 오늘날까지 계속되고 있는 빙하기의 시작이었다. 그렇다, 우리는 지금 빙하기에 살고 있다. 북극과 남극 그리고 그린란드의 얼음의 양을 보면 그 사실을 알 수 있다. 그러나 다행히 대부분의 지구가 빙상으로 덮여 있는 것은 아니다. 정확하게 우리는 빙하기와 빙하기의 중간인 간빙기에 살고 있다. 물론, 간빙기는 빙하기보다 따뜻하다. 지구 과학자들은 제4기를 플라이스토세 Pleistocene Epoch와 홀로세 Holocene Epoch로 나눈다.

1) 플라이스토세 : 2백만 년 전부터 1만 2천 년 전까지

북아메리카를 가로질러 시애틀에서 뉴욕에 이르는 지역을 포함해서 지구의 많은 부분이 빙상으로 덮여 있었다. 이 시기가 끝날 때쯤 빙하들이 마침내 물러갔고, 오대호가 만들어졌으며, 민물고기의 수가 급증했고, 숲이 한 번 더 육지에 급속하게 퍼져나갔다. 세계의 대륙들과 바다들 그리고 호수들의 모양이 오늘날과 같은 모습으로 어느 정도 자리를 잡아갔다.

2) 빙하기 멸종

현재의 빙하기는 가장 추웠던 시기인 약 19만 5천 년 전에 절정에 이르렀다고 추측하고 있다. 그때 북극 만년설이 적도까지 내려왔고, 그 과정에서 많은 종들이 얼어 죽었다. 적도 근방의 아프리카만이 생물이 서식 가능한 유일한 장소였다. 이것이 아프리카가 야생동물의 다양성을 지니고 오늘날까지 세계의 주요 사파리 여행지로 남아 있는 이유다. 그리고 그 지역에서 현대 인간의 최초 화석 기록이 발견되는 이유기도 하다. 하지만 그 이후에도 몇 차례 빙기에 따른 멸종들이 있었다. 빙기를 살아남지 못한 몇몇 종들은 다음과 같다.

❶ 털북숭이 매머드 Woolly mammoth

시베리아와 알래스카에서 발견되는 얼은 사체들 때문에 선사시대 동물들 중 가장 많이 연구되었다. 현존하는 가장 가까운 친척은 아시아코끼리이지만 크기는 아시아코끼리보다 좀 더 큰 아프리카코끼리 정도였고, 더 긴 엄니를 갖고 있었다.

❷ 검치호랑이

북아메리카와 남아메리카를 배회했다고 한다. 지금까지 발견된 가장 큰 화석은 이가 28cm이었음을 확인해준다.

❸ 테라토르니스 Teratornis

북아메리카의 하늘을 배회했다고 한다. 자이언트 콘도르 giant condor 와 비슷하지만 더 컸고, 4m[12ft]의 날개 폭을 갖고 있었다.

❹ 자이언트 비버 Giant beaver, 카스토로이데스 Castoroides

북아메리카에서 발견된 그 시대의 가장 큰 설치류다. 길이는

2.5m[8ft]이다.

❺ 아이리쉬 엘크 Irish elk

큰뿔사슴으로 키는 2m[7ft]이고, 폭이 4m[12ft]인 뿔을 갖고 있었다. 생물 진화의 역사에서 가장 덩치가 큰 사슴으로 알려져 있으며 화석이 발견되는 지역은 바이칼 호수에서 아일랜드까지 포함되고 있다. 하지만 이 사슴은 엘크도 아니고 서식지가 아일랜드도 아니었다. 즉, 아이리쉬 엘크는 엘크와 겉모습은 비슷하지만 엘크와 아무런 생물학적 관계가 없다.

3) 홀로세: 1만 2천 년 전부터 현재까지

우리는 마침내 우리가 살고 있는 시대에 도달했다. 바로 신생대 제4기의 홀로세다. 마지막 빙하가 물러가고 숲이 다시 자리 잡은 이후로, 우리가 살고 있는 시기는 대략 1만 2천 년이 지나고 있다. 지질학적으로 매우 짧은 시간이다.

홀로세 초기의 대해빙은 전 세계 해수면을 평균 90m[295ft] 상승시켰다. 이러한 바다의 변화를 고려하면서 환경론자들은 현재 지구 온난화가 해수면을 최대 1m[3.28ft]까지 상승시킬 수 있다는 가능성에 대해 걱정하고 있다. 아일랜드 해의 빙하가 녹고, 영국 해협의 해수면이 높아지면서, 현재 영국 제도가 만들어졌다.* 그 이후 인간은 자연에 많은 손해를 끼쳤지만 우리는 현재 비교적 안정적인 기후와 환경을 누리고 있다. 우리는 10세기부터 13세기까지 중세 온난

기를, 14세기에서 19세기까지 소빙하기를 경험했지만 걱정할 만한 것들은 아니었다.

비록 홀로세는 지질시대 구분으론 짧은 시간이지만 많은 일들이 일어났다. 석기시대는 홀로세의 많은 부분을 차지한다.

☀ **별별 지식**

....

★   빙하시대에는 브리튼 제도와 유럽 대륙이 육교로 연결되어 있었으나 빙하기가 끝나고 해수면이 높아지면서 분리되었다.

---

4) 석기시대

호모에렉투스가 대략 160만 년 전에 아프리카 리프트 밸리 Rift Valley 에서 석기 사용을 조금 시도했지만 석기에 좀 더 다양한 용도를 주기 시작한 것은 호모사피엔스였다. 석기시대 조상들의 다양한 결과물들을 알기 위해서, 고고학자들은 석기시대를 세 시기로 나누었다. 구석기시대, 중석기시대, 신석기시대.

그러나 그 당시 돌의 상당한 유용함에도 불구하고 호모사피엔스는 나무, 뼈, 조개껍질, 사슴 뿔 또한 폭넓게 사용했다. 즉 우리 조상들은 다양한 목적을 위해 가능한 한 손에 닿는 무엇이든 사용했다.

❶ 싸움 : 야생동물과 적대적인 부족에 대항해서 자신을 방어하기 위해

❷ 사냥 : 물고기에서부터 매머드에 이르기까지 모든 종류의 사냥감을 찌르기 위해

❸ 집짓기 : 그 지역에 이용 가능한 적당한 동굴이 없을 경우 주거지를 마련하기 위해

❹ 음식 마련 : 채소를 심고 좋아하는 부위인 귀중한 간, 콩팥, 뇌 등을 토막내기 위해

❺ 그림 그리기 : 동굴을 멋지게 만들기 위해, 그리고 언젠가 세계문화유산으로 지정되기 위해

❻ 기념비 짓기 : 가장 유명한 스톤헨지StoneHenge *를 만들어 원시적인 신들을 숭배하기 위해

❼ 옷이나 장신구 만들기 : 동물의 가죽을 잘라 옷을 만들고 조개껍질을 실로 꿰어 장신구를 달기 위해

❽ 음악 연주 : 록 음악의 원조인 타악기를 두드리기 위해

❾ 땅 파기 : 석기시대 말 농경문화가 싹트기 시작해 그 일환인 씨앗을 뿌리기 위해. 혹은 몇몇 문화에서는 죽은 자들을 매장하기 위해

☀ **별별 지식**

....

* 　　영국 지방의 솔즈베리 평원에 있는 석기시대의 원형 유적이다. 스

톤헨지가 세워진 곳 주변은 들판만 펼쳐져 있어 거대한 돌이 어떻게 옮겨졌는지에 대해선 여러 설이 있다. 우주인에 의해 만들어졌다는 설도 있지만 정확하게 알려진 바가 없다.

5) 선사시대가 끝나다

호모사피엔스가 실제로 현명해지기 시작하는 대략 5천 년 전쯤, 선사시대가 끝나고 문명화가 시작되었다. 종교, 농업, 문자, 금속 도구, 무기류가 청동기시대에 전 세계에서 나타나기 시작한 것이다. 청동기시대는 문명화된 역사시대로 인정되는 최초의 시대이다. 따라서 우리는 다음 장에서 그 이야기를 다룰 것이다. 이제 선사시대는 과거의 것이 되었고, 그 나머지는 역사가 되었다.

지식의 본질이란,
지식이 있으면 그것을 적용하는 것이고,
지식이 없으면 자신의 무식함을 자백하는 것이다.

공자

역사시대 그 동안
무슨 일이 있었나?

What happened during history

CHAPTER 4

역사가 시작된 이후로 현재까지 약 5천 년 이상의 시간이 흘렀다. 우리는 여기서 그 시간들을 빠르게 훑어볼 것이다. 매우 중요한 시기와 사건들을 엄청나게 빠른 속도로 살필 것이므로, 여러분은 머리에 쓴 모자가 바람에 날아가지 않도록 꽉 붙잡아야 한다. 사건들을 시간 순서대로 배열하기 위해, 나는 역사시대를 세 시기로 나누었다.

고대	3600BCE~500CE
중세	CE 500~CE 1500
현대	CE 1500~현재

역사시대에 대한 설명을 시작하기 전에, 우선 기년법 BCE와 CE에 대해 잠깐 살펴보자. 우리는 전에 항상 기년법 기원전이라는 의

미의 BC^{before Christ}와 서기라는 의미의 AD^{Anno Domini}를 사용했다. 그러나 현재 세계의 역사학자들은 종교적 관점이 제거된, 훨씬 더 포괄적이라는 추가된 이점이 있는 기년법을 표준화하려고 노력하고 있다. 따라서 우리는 BC와 AD 대신에 BCE^{Before Common Era}와 CE^{Common Era}를 사용할 수 있게 되었다. 나는 다소 현대적인 사람이기 때문에 이 책에서 BCE와 CE를 사용했다. 종교적 관점만 제거되었을 뿐 BCE는 '기원전'이라는 뜻으로 BC와 정확히 동일한 의미이고, CE는 '기원후'라는 뜻으로 AD와 정확히 동일한 의미이기 때문에, 어떠한 변환도 필요하지 않다.*

☀ **별별 지식**
....

* BC는 '예수 이전', AD는 '주의 해', CE는 '공통시대', BCE는 '공통시대 이전'이라는 뜻이다. Common Era라는 표현은 이 역법이 종교와 지역에 무관하게 전 세계에 퍼졌다는 점을 감안, 종교적 의미를 완전히 제거하기 위해 붙여진 명칭이다.

---

1. 고대의 역사
Long-time-ago history, 3600BCE~500CE

사람들이 전 세계의 주요 강 유역 혹은 해안 지역에 특정한 목적을 갖고 세워진 도시에 모여 살기 시작하면서 고대는 시작되었다. 광대한 독자적인 문명들이 지상에 나타나기 시작했다. 이 문명들은 살고 있는 지역 근처의 강과 바다로부터 육지로 물을 끌어들이는 데 빠르게 능숙해졌고, 이것은 결국 가축을 위한 사료와 더불어 자신들을 위한 음식 재배를 가능하게 했다. 그들은 청동 무기, 도구, 장신구를 만들어내기 위해 금속을 제련하고, 주조하고, 벼리는 법을 알게 되었다. 그들이 만들어낸 진보는 훗날의 역사학자들이 기원전 약 3천 년 이후, 더 정확한 시간은 당신이 어느 문명에 속하는지에 달려 있지만 이 시기를 청동시대라고 명명하도록 이끌었다. 약 1천 년 전 이 문명들이 좀 더 내구성이 있는 금속을 다룰 수 있게 되자 역사학자들은 한 번 더 상상력을 발휘해서 다음 1천 5백 년을 설명하기 위해 철기시대라는 명칭을 생각해냈다.

많은 수의 사람들이 이 초기 문명 안에 모여 살게 되면서 그들은 공통된 믿음이 필요해지기 시작했고, 다양한 문명만큼 많은 종교를 만들어냈다. 또한 자신들의 역사에 대한 이해를 구하고자 후손들에게 전해줄 무언가를 기록하고 싶은 욕구를 느꼈다. 처음에는 말로 전해졌고, 후에는 문자로 그것을 대신했다.

하지만 대부분의 문명은 자기 분수를 모르고 너무 거만하게 굴다가 곧 멸망했다. 어떤 문명들은 자신들이 가진 것에 만족할 수 없었거나 다른 곳을 정복하고 싶은 욕구를 억누르지 못했다. 또 어떤 문명들은 다른 이들의 종교를 자신들의 종교로 개종시키고 싶은 욕구를 느꼈다. 각 문명들은 영화로웠고 찬란했던 시기가 있었고, 자신들만의 고유한 방식으로 위대했고 그것을 알리려 했다. 여기서 중요한 문명들 중 몇 개를 살펴보자.

메소포타미아의 제국들

메소포타미아mesopotamia, 3600BCE~1258CE의 제국들은 유프라테스Euphrates 강과 티그리스Tigris 강 사이의 중동 지역에 위치했다. 오늘날 이라크, 시리아, 쿠웨이트가 있는 지역이다. 이런 이유로 고대 그리스인들은 그 지역을 두 강 사이라는 뜻의 메소포타미아라고 불렀다. 오늘날 많은 사람들은 그 지역 어딘가에 있었던 오아시스가 에덴동산이었다고 믿고 있다. 그곳은 수메르인, 아시리아인, 바빌로니아인의 제국들을 비롯한 여러 문명화된 제국들을 수용했던 세계 최초의 장소였다. 초기 문자 체계들 중 하나인 설형문자*가 이 지역에서 만들어졌다.

중세시대에 이르기까지 줄곧 계속되는 히타이트족, 그리스인, 로마인, 페르시아인, 이슬람교도들의 성가신 공격에도 불구하고 고고학자들은 그들이 우르Ur와 바빌론Babylon 같은 인상적인 도시에서 번영했다는 많은 양의 증거들을 발굴했다. 1258년 몽고인들이 그 지역에 남아 있던 고대의 관개시설을 파괴하면서, 마지막으로 그 지역을 황폐화시켰다.

> ★ 쐐기문자라고도 하며 메소포타미아 중심으로 고대 오리엔트에서 광범위하게 쓰였다. 점토 위에 갈대나 금속으로 새겨 썼기 때문에 문자 선이 쐐기 모양으로 보인다.

인더스 계곡 문명

인더스 계곡 문명Indus Valley Civilisation, 3300BCE~1300BCE은 청동기 문명의 계획도시들이 인더스 강의 비옥한 계곡을 따라 오늘날의 아프카니스탄, 파키스탄, 중국, 인도 지역에서 번성했다. 1856년 오늘날의 파키스탄 지역의 하라파Harappa 마을 근처 한 부지에서 중요한 발굴이 있었다. 동인도철도회사가 카라치–라호르Karachi and Lahore 라인을 건설하는 동안 영국인들에 의해 발굴되었다. 영국인들은 철도 건설 과정에서 유적의 상당 부분을 바닥짐으로 사용하고 난 후 고고학적 중요성을 깨달았다. 1920년대 발굴을 통해 2만 명 이상을 수용할 수 있는, 점토로 만들어진 집들이 있는 요새 도시가 드러났다.

고대 이집트

고대 이집트 문명Ancient Egypt, 3200BCE~641CE은 생명을 부양하는 나일 강을 따라 형성된 문명이었다. 기술, 예술, 건축의 발달은 전능한 파라오에게 사후 세계를 제공하기 위한 피라미드를 건설하게 했다. 이 작업은 파라오들에겐 좋았지만 이것을 짓느라 타는 듯한 열기 속에 쓰러져 죽은 이들에게는 그렇지 못했다. 고대 이집트의 상형문자 기록은 이집트의 역사에 대해 많은 것을 말해준다. 그러나 이 상형문자는 1799년 나폴레옹의 이집트 원정 중 한 프랑스 군인이 로제타 스톤Rosetta Stone을 발굴한 후에야 해독이 가능하게 되었다. 그 돌이 해독의 열쇠였다. 로제타 스톤에는 그 상형문자에 대한 번역이 두 개의 다른 언어로, 즉 이집트 민중 문자와 고대 그리스 문자로 쓰여 있었고, 다행히도 그 두 언어를 알고 있는 학자들이 있었다.

기원전 1155년에 위대한 파라오 람세스 3세가 죽은 후 이집트는 분열되었고, 잇따른 침입자들에게 정복되었다. 쿠시인*, 아시리아인**, 페르시아인, 그리스인, 로마인, 이슬람교도들이 차례로 침입했다. 로마인들이 기원전 1세기에 이집트를 정복했을 때, 그들은 통치하는 여왕 클레오파트라가 그리스인이라는 것을 알고 놀랐다. 그녀가 로마 공화정 말기의 정치가이자 프랑스 남부 길리아 지역을 정복한 율리우스 카이사르와 그의 부하이자 카이사르 군대 지휘관이었던 마르쿠스 안토니우스Marcus Antonius 두 사람 모두에게 자식을 낳아주었을 때, 로마인들은 클레오파트라의 환대 수준에 한층 더 놀랐다. 고대 이집트의 문화와 전통은 잇따른 정복자들의 공격 속에서도 면면히 유지되어 왔지만 기원후 641년 알렉산드리아Alexandria를 공격한 이슬람교도들에 의해 결국 파괴되었다.

★　쿠시 왕조를 세운 쿠시인은 고대 그리스인이 '햇빛에 얼굴이 탄 사람'
이라는 의미로 '에티오피아인'이라고 불렀다. 고대 이집트를 지배하며 이
집트 문화를 부흥시켰고, 다른 침입자에 의해 이집트에서 쫓겨난 후에도
이집트풍의 문화를 계승했다. 현재의 수단을 건설했다.

★★　고대 아시리아제국을 구성하면서 티그리스와 유프라테스 강 유역에
거주한 민족으로, 학자들은 기원전 25세기에 메소포타미아 문명의 한 부
분이었던 고대 제국 아시리아라고 추정한다. 로마제국, 사라센제국, 몽골,
오스만제국의 지배하에 있었으며 현재 이란 북서부와 터키 남동부, 시리
아 북동부, 이라크 북부 일대에 거주하고 있다.

고대 중국

고대 중국Ancient China, 1766BCE~220CE의 경우 세계에서 가장 진보된 문
명국이 되기 전까지, 황하 강 유역을 중심으로 청동기시대와 철기
시대를 거쳐 몇 나라가 흥망을 거듭하며 세력을 다투었다. 그 왕국
들을 최초로 통일한 사람은 초대 황제 진시황*이었다. 그의 업적은
분열된 중국을 통일한 것에서 끝나지 않았다. 북방의 훈족과 다른
유목민들의 침입을 막기 위해 기존의 여러 개의 방어벽을 병합해
길이 21,000km13,000miles 이상인 만리장성을 만든 것과 사후 세계
에 있는 자신의 육신을 지키기 위해 시안 성에 위치한 무덤 안에 병
마용을 만든 것을 들 수 있다.

★ 진시황은 'chin'이라고 발음되었고, 이런 이유로 차이나^{China}의 유래
가 되었다.

1) 병마용

중국 초대 황제 진시황^{秦始皇, 기원전 259~210}의 무덤의 부장품으로, 그
의 무덤 안에는 수백여 점의 말과 130개의 웅장한 전차뿐만 아니
라 제각기 다른 표정을 짓고 있는 8천 점의 밝게 채색된 실제 크기
의 장군들과 보병들이 갖추어져 있었다. 이 무덤을 만드는 데 70
만 명의 노동력과 38년의 시간이 소요되었다고 한다. 진시황이 죽
었을 때 무덤 안에 많은 보물들을 함께 묻었는데 약 2천 년 후인
1974년에 우물을 파던 농부에 의해 우연히 발견되었다.

2) 발명가들과 혁신가들

고대 중국인은 위대한 발명가였고, 또한 혁신가였다. 하지만 중국
은 지리적으로 다른 세계와 멀리 떨어져 있었고, 다른 세계와의 접
촉 없이도 완전한 자급자족이 가능했기 때문에, 세계가 그 혜택을
함께 누리기까지는 몇 세기가 걸렸다. 중국인이 다른 민족보다 상
당히 앞서서 생각해낸 것들 중 몇 가지는 다음과 같다.

❶ **종이와 인쇄** : 세계 최초의 지폐를 만들었다.*

❷ **비단** : 옷, 낚시 줄, 악기 줄, 활시위, 고급 종이를 만드는 데 사용되었다.

❸ **무쇠** : 무쇠를 주조해서 도구와 무기를 만들었다.

❹ **화약** : 무쇠로 만든 무기를 좀 더 효과적으로 사용할 수 있게 되었다. 그들은 더 이상 대포의 엉덩이를 걷어차면서 '빵'하고 소리칠 필요가 없었다.

❺ **외바퀴 손수레** : 그들은 이것을 '나무로 된 소'라고 불렀다.

❻ **칫솔모가 단단한 칫솔** : 성가신 쌀 조각을 충치 밖으로 꺼낼 수 있었다.

❼ **침술** : 바늘을 찔러 넣어 신경에 자극을 주는 이 의술은 오늘날까지도 인기가 있다. 몸의 기를 회복시키고, 요통부터 불면증까지 모든 질병을 치료한다.

❽ **자기 나침반** : 별자리 지도를 만드는 데 유용했다. 실제로 중국인들은 여행하는 데 나침반이 필요하지는 않았다. 왜냐하면 북쪽은 만리장성 너머이고, 동쪽은 만리장성에서 오른쪽으로 돌면 된다는 것을 누구나 알고 있었기 때문이다.

❾ **키가 있는 배** : 지금은 그렇게 안 보일지 모르지만 중국의 배는 한때 세계에서 가장 진보된 배였다.

❿ **술** : 과일, 쌀, 꿀의 발효 음식. 내게는 완벽하게 균형 잡힌 다이어트 음식 같다.

⓫ **사치품** : 화상석**에서부터 검은 칠기, 인기가 식을 줄 모르는 명

나라 화병 등이 있다.

⓬ 매니큐어 : 계란 흰자, 밀랍, 젤라틴, 아라비아고무, 염색제의 혼합물로 만들었다. 나는 당신이 이것을 한 번 만들어보고 싶을 경우를 위해 이 재료들을 언급했다.

⓭ 젓가락 : 이것의 사용법은 2천 년 이상 유지되었다는데 나는 여전히 젓가락질이 서투르다.

⓮ 시계 : 중국인의 다른 모든 발명품들을 제때에 이루어질 수 있도록 해주었다.

☀ **별별 지식**
· ·

  ★   세계에서 가장 오래된 지폐는 중국 한나라의 피전皮錢이라고 알려져 있다.

  ★★   신선이나 새, 짐승 등을 장식으로 새긴 돌로, 중국 후한 때에 성행했으며 궁정이나 사당, 묘지 등 벽면에 많이 새겼다.

---

3) 공자

중국 사회와 그 너머의 세계까지 지속적으로 영향을 준 훌륭하고 존경받는 사상가, 교사, 철학자, 정치인. 다음의 세 가지 명언처럼, 그가 남긴 수많은 주옥같은 현명한 말들은 오늘날에도 유효하다.

가장 큰 영광은 한 번도 실패하지 않음이 아니라
실패할 때마다 다시 일어서는 데 있다.

들은 것은 잊어버리고, 본 것은 기억하고, 직접 해본 것은 이해하라.

고대 그리스

고대 그리스Ancient Greece, 800BCE~600CE 역사의 첫 몇 세기 동안, 그리스는 서로 전쟁 중인 많은 수의 도시 국가들로 나뉘어 있었다. 가장 대표적인 두 나라는 아테네와 스파르타Sparta였다. 그러나 그러한 상황에서도 고대 그리스인들은 훌륭한 발전을 이루어냈으며, 오늘날 우리가 살고 있는 세계에 계속해서 영향을 주고 있다. 고대 그리스인들이 이룬 많은 업적들 중 몇 가지는 다음과 같다.

1) 민주주의

모든 중요한 공공 결정에 관한 투표에 참여할 수 있는 권리가 모든 성인 남성들에게 허락되었다.

2) 법과 질서

아테네의 입법가 드라콘Drakon*이 성문법을 제정하면서 사소한 일에도 사형을 내렸다. 훗날 시인이자 정치가였던 솔론Solon**이 솔론 법전을 편찬해 엄혹한 드라콘의 법을 완화했다. 당신은 분명 드라콘의 법을 '드라코니언draconian, 가혹한'이라고 여길 것이다. 솔론은 드라콘 법에서 살인이라는 항목만 빼고 사형 죄를 모두 폐지했다.

3) 마라톤 경주

최초의 오래달리기는 기원전 490년, 전령 페이디피데스Pheidippides에 의해 행해졌다. 그는 페르시아에 대한 그리스의 승리를 알리기 위해 마라톤 평원에서부터 아테네까지 40km를 달렸고, 이후 곧 탈진으로 죽었다.

4) 올림픽 게임

모든 선수들이 올림픽 경기의 개최지인 올림피아로 안전하게 오갈 수 있도록 하기 위해, 매 4년마다 모든 전쟁이 중단되었다.

5) 진정한 역사

기원전 5세기의 헤로도토스Herodotos *** 는 과거의 사건들을 기록하기 전에 조사하고 확인한 최초의 사람이었다.

6) 철학

철학philosophy은 '지혜에 대한 사랑'이라는 뜻의 그리스어로, 소크라테스Socrates와 플라톤Plato 그리고 아리스토텔레스Aristoteles는 서양 철학의 아버지라고 불린다.

7)드라마

비극, 희극, 풍자극이 그 시대에 유행했고, 수천 년이 흐른 지금도 빛이 바래지 않고 있다.

8)오늘날까지 우리가 영어에서 사용하고 있는 그리스어 어휘들

photograph사진, astronomy천문학, phobia공포증, micro마이크로, phenomenon현상, alphabet알파벳 ****

☀ **별별 지식**

＊　　　드라콘은 기원전 7세기 그리스 아테네에서 활동했던 입법가로 당시 아테네는 입으로 전해진 구전법과 그에 대해 귀족들이 그때그때 내리는 해석으로 통치됐다. 법 적용에 일관성이 없어 억울한 피해자가 많았다. 기원전 621년 집정관 드라콘이 법전을 만들어 아테네인이라면 누구나 열람할 수 있게 하자 그런 문제가 줄었다. 그러나 드라콘 법은 너무나 엄격해, 대부분의 범죄를 사형으로 다스렸다.

＊＊　　아테네 출신의 최초의 시인으로 불리는 데 주저하지 않을 정도로 많은 양의 시를 남겼고, 고대 그리스 일곱 명의 현자 가운데 한 사람으로 꼽힌다. 후대에 와서 일곱 명의 현자에 대해 많은 추측을 하고 있지만 솔론은 탈레스, 피타코스, 비아스와 함께 포함되는 인물이다.

＊＊＊　　고대 그리스의 역사가로 페르시아 전쟁사를 다룬 『역사』를 저술했다. 그리스인 최초로 역사를 학문의 대상으로 삼았다.

＊＊＊＊ 그리스어 알파벳의 첫 두 글자인 알파와 베타에서 알파벳이라는 단어가 만들어졌다.

9) 알렉산더 대제

기원전 4세기, 알렉산더^{lexander} 대제의 군사적 기량 덕분에 그리스는 마침내 통일되었다. 동쪽으로는 중앙아시아까지, 서쪽으로는 지중해까지 국경선을 넓힐 수 있었다. 마케도니아에서 태어나고 아리스토텔레스에게 교육을 받은 알렉산더는 왕이 되었을 때 단지 20살이었다. 바빌론에서 32살의 젊은 나이로 죽었을 때 그가 정복한 지역은 오늘날의 터키, 시리아, 이집트, 이란, 이라크, 파키스탄, 인도를 포함했다. 그는 가는 곳마다 그리스의 문화와 철학을 도입했고, 그의 지배를 당한 사람들은 곳곳에서 다음과 같이 말했다고 한다. "우리는 알렉산더 대제에 의해 정복당했지만 이것에 대해 철학적으로 생각할 필요가 있다."

고대 로마

기원전 753년, 전설적인 일곱 개의 언덕 위에 세워진 고대 로마$^{Ancient Rome, 753BCE~476CE}$는 처음 매우 제멋대로인 왕들에 의해 다스려졌다. 그들 중 마지막 왕이 기원전 510년에 타도되었고, 원로원에 의한 공화정이 시도되었다. 귀족들은 원로원을 능숙하게 운영했고, 평민들도 발언권을 갖게 되면서 상황이 한결 나아졌다.

성가신 켈트족, 알프스를 넘어와 코끼리를 진격시킨 한니발이 이끄는 카르타고인들, 도망자 검투사 스파르타쿠스에 대한 어려웠던 군사 작전에도 불구하고, 로마의 다양한 군사적 원정은 로마의 영향력을 확장시켰다.

모든 것을 정복하는 장군들, 위태로운 삼두정치, 더 위태로운 황제들 사이의 내분에도 불구하고, 훈련이 잘된 로마의 군대는 결국 유럽 대부분과 북아프리카, 중동을 정복했다. 주목할 만한 인물들은 다음과 같다.

1) 율리우스 카이사르

스스로를 종신독재자로 선언했지만 '3월 15일^{Ides of March}을 경계하라'는 경고를 잊었다.*

2) 마르쿠스 안토니우스

그는 클레오파트라에 대한 욕정을 참을 수 없었다. 군사적 패배 후 마르쿠스 안토니우스와 클레오파트라는 결국 자결했다.

3) 아우구스투스^{Augustus, 옥타비아누스}

로마 최초, 그리고 아마도 가장 훌륭했던 황제. 외종조부인 율리우스 카이사르의 암살자들을 처벌한 후, 40년 이상 강력하게 로마를 통치했다.

4) 칼리굴라^{Caligula}

스스로를 신 혹은 유대인들의 메시아라고 생각했고, 자신의 애마

'인시타투스Incitatus'를 집정관으로 임명했다.

5) 네로Nero

하수인을 시켜 친모를 살해했으며, 로마가 불타는 동안 리라를 연주했다.

7) 하드리아누스Hadrianus

성벽을 건설하는 데 있어서 그보다 더 뛰어난 자는 없었다.** 그는 연인 안티누스Antinous를 신으로 선언했는데, 이것은 칼리굴라가 자신의 애마를 집정관으로 임명한 것과 비견된다.

7) 콘스탄티누스 대제Constantine the Great

기독교로 개종했으며, 로마의 수도를 비잔티움Byzantium으로 옮겼다. 그가 죽은 후 비잔티움은 콘스탄티노폴리스Constantinople로 개명되었다오늘날의 이스탄불. 서고트족의 압박으로 인해 그가 수도를 비잔티움으로 옮기자, 서고트족은 즉시 로마를 약탈했다. 그것이 고대로마의 종말이었다.

☀ **별별 지식**

....

 ★ 고대 로마에서 Idus는 3, 5, 7, 10월에는 15일을 의미하며, 그 외의

달에는 13일을 의미한다. 카이사르의 암살로 유명한 3월 15일은 라틴어로 Idus Martii가 된다. 영어로 이를 번역하면 Ides of March다. 윌리엄 셰익스피어william shakespeare의 희곡 「줄리어스 시저」에서 점쟁이는 3월 15일을 카이사르의 암살일로 예언했지만 시저는 그 예언을 무시했다.

＊＊   하드리아누스는 제국의 방어력을 정비하는 데 힘썼다. 브리타니아 북부에 방벽을 구축했는데 보통 하드리아누스 방벽이라고 불린다. 하드리아누스 통치 시절인 122년부터 건설하기 시작하여 6년가량 지나서 완성됐다.

8) 그래도 생활수준은 향상

정복과 내분이 잦았고, 보편적으로 광기가 다분했지만, 로마인들은 피정복민들의 생활수준을 향상시켰다. 그러면 로마인들은 우리를 위해, 그리고 그들이 예속시킨 사람들을 위해 정확히 무엇을 했을까?

❶ 율리우스력 도입

이것은 12달, 365일, 윤년이 있는 최초의 달력이었다.

❷ 성姓 도입

기본적으로 그리스인들은 성 없이 이름만 있었다.

❸ 로마 시민권 수여

해방 노예를 비롯해 로마로 이주한 새 백성들에게 로마 시민권을 수여했다.

❹ 여성의 권한 부여

여성들이 재산을 소유하고, 혼자 힘으로 부자가 되는 것을 허락했다.

❺ 건축술의 발달

곧게 뻗은 도로, 수로, 구름다리, 욕조, 콜로세움 같은 5만 개의 좌석이 있는 경기장을 건축하면서 발달된 건축 기술을 남겼다.

❻ 라틴어 전승

후세에게 라틴어를 남겨주었다. vice versa^{반대로}, ad hoc^{즉석에서 마련된}, quid pro quo^{보상으로 주는 것}, post mortem^{사후의}, mea culpa^{내 탓이로소이다}, carpe diem^{현재를 즐겨라}과 같은 라틴어는 오늘날까지 사용되고 있다.

❼ 10진법과 로마숫자

10진법과 시계 판의 로마숫자를 남겨주었다.

켈트족

켈트족^{Celtic tribes}은 기원전 약 600년부터 중부 유럽에 널리 퍼져 있었고, 기원전 275년에 유럽의 많은 부분을 지배했으며, 북쪽의 스코틀랜드부터 남쪽의 터키에 이르기까지, 남서쪽의 스페인에서부터 동유럽의 발칸 지역에 이르기까지 방비가 잘된 언덕 요새들을 곳곳에 건설했다. 그들은 사나운 전사였고, 또한 숙련된 금속공예의 기술자였다. 켈트족의 미술은 트레이드마크인 소용돌이치는 무늬로 즉시 알아볼 수 있었다.

그들은 이교도 신앙-그들의 종교 지도자들은 드루이드교 성직자였다-을 공통적으로 갖고 있었고, 스코틀랜드 고지대의 게일어, 아일랜드어, 웨일스어, 브르타뉴어 같은 서로 관련이 있는 다양한 언어들을 사용했다. 그러나 그들은 질서 있게 융합되지는 않았다. 그들은 개인적인 용맹의 표시로서 종종 벌거벗은 상태로 전투에 임하는 것을 좋아했다. 로마인들에게 그들은 끊임없이 찔러대는 가시 같은 존재였다.

부디카 왕비 Queen Boudicca

아마도 가장 유명한 켈트족 전사인 부디카 왕비는 기원후 60년 로마의 침략에 대해 남성 전사들도 보여주기 어려운 용맹함으로 저항했다. 그녀는 로마인들에게 매질을 당했고, 딸들이 강간당하는 것을 지켜보아야 했다. 하지만 그녀는 이세니 부족을 승리로 이끌었고, 로마의 중요한 도시 몇 개를 파괴했다.

고대 세계의 7대 불가사의

고대 역사를 뒤로 하고 중세 역사로 뛰어들기 전, 고대의 경이로운 것들 중 가장 경이로운 7가지에 대해 경의를 표해보자.

1) 기자의 대피라미드 Great Pyramid at Giza, 기원전 2500년

고대 세계의 7대 불가사의 중 가장 오래된 것으로, 현존하는 것 중 유일하다. 기원후 1300년 런던에 링컨대성당 Lincoln Cathedral이 세워지기 전까지 기자의 대피라미드는 거의 4천 년 동안 세계에서 가장 높은 건물이었다.

2) 바빌론의 공중 정원 Hanging Gardens of Babylon, 기원전 약 500년

지금까지 아무런 역사적 유물도 발견되지 않았지만 네브카드네자르 2세 Nebuchadnezzar II*가 그의 아내를 위해 지었을 것으로 추정된다.

3) 제우스상 Statue of Zeus, 기원전 435년

그리스 남부 올림피아의 제우스 신전 내부에 있는 나무로 된 조각상으로 높이가 13m[43ft]에 이르며 상아와 금으로 덮여 있었다. 이후 제우스상은 394년에 콘스탄티노플 Constantinople로 옮겨졌고, 475년에 화재로 소실되었다.

4) 할리카르나소스에 있는 마우솔로스의 영묘 Mausoleum at Halicarnassus, 기원전 350년

고대 페르시아령, 지금의 터키에 있었던 카리아 Caria 왕국의 마우솔로스 Mausolus 왕의 매우 멋진 흰색 대리석 무덤이다. 서기 1522년까지 있었으나 지진으로 파괴되었다. 마우솔로스는 고대 페르시아 카리아 왕국의 사트라프 Satrap, 태수로 강력한 왕권을 행사했다. 그리스 문화를 존중한 탓에 자신의 무덤 건설을 그리스식으로 계획했으나 완성을 보지 못하고 사망했다. 그의 누이동생이자 아내인 아르테미시아 Artemisia에 의해 완성되었다. 아르테미시아는 마우솔로스의 죽음에 비통함을 표현하며 항상 마시는 음료에 마우솔로스의 뼛가루를 타서 마셨다는 이야기가 전해진다.

5) 아르테미스 신전Temple of Artemis, 기원전 323년

오늘날 터키의 성스러운 도시 에페소스Ephesus에 지어진 그리스의 가장 큰 신전. 아르테미스 신전은 세 번이나 재건되었으나 기원후 268년에 고트족Goths의 약탈로 파괴되었다.

6) 알렉산드리아의 파로스 등대Lighthouse Of Alexandria, 기원전 247년

그 당시 세계에서 인간이 만든 가장 높은 건물들 중 하나로 대리석으로 만들어진 이 거대한 등대 덕분에 알렉산드리아는 지중해에서 유일하게 안전한 항구가 될 수 있었다. 여러 차례 지진에 의해 조금씩 파괴되다가 1480년 이집트 맘루크 왕조Mamluk dynasty의 술탄 카이트베이Qaitbay가 그곳을 카이트베이 요새로 만들어버렸다. 아이러니하게도 카이트베이 요새도 19세기 영국의 공격으로 파괴되었다가 이집트 고대유물위원회에 의해 복원되었다.

7) 로도스의 거상Colossus of Rhodes, 기원전 280년

그리스 신화에 등장하는 태양신 헬리오스Helios에게 기원전 304~292년 사이에 마케도니아와의 전쟁에서 승리하게 해준 고마움을 표하기 위해 그리스인들이 로도스 항에 세운 거대한 청동상으로 건축하는 데 12년이 걸렸다. 그리고 60년 후 넘어졌고, 그 이후 800년 동안 넘어진 채로 있었다.**

....

* 　신新바빌로니아 제국 제2대의 왕재위 기원전 604~562으로 기원전 587년 유대를 파괴하고 유대인을 바빌로니아로 강제로 이주시켰다. 유대민족은 자신들의 정체성을 지키기 위해 역사 기록을 남겼고, 현재의 구약성서로 전해지게 되었다.

** 　로도스 섬은 헬리오스 신과 관계가 깊은 것으로 알려져 있다. 전설에 따르면, 로도스 섬은 원래 바다 속에 가라앉아 있었는데, 어느 날 헬리오스 신이 물 밖으로 떠오르게 해서 자신의 영토로 삼았다고 한다.

---

2. 중세 역사The middle bit of history, 500~1500

타지로 추방됐던 로마인들이 귀국해 다시 로마인이 되었을 때 로마 문명까지 로마로 돌아갔다. 유럽에선 점점 로마의 문명이 쇠퇴했다. 즉, 그들은 자신들의 문명을 유럽에 더 이상 전파하지 못하고 문명도 함께 가져갔다. 유럽의 여러 부족들은 곳곳에서 분열되어 자신의 영토를 싸움터로 만들었고, 그 와중에 침입한 바이킹들에게 죽임을 당했다.

1066년 바이킹족과 그들의 후예인 노르만족이 잉글랜드를 정복한 이후 영국엔 질서와 예절이 다시 자리를 잡았다. 14세기 르네상스가 시작되자 사상가, 작가, 예술가들은 다시 고대 그리스와 로마의 문화로 돌아가고자 운동을 벌였고, 그로 인해 유럽인들은 약간의 번영과 함께 중세를 마무리 지을 수 있었다.

수백 년 동안 제대로 된 정부가 없었으므로 그 기회를 틈타 세력을 넓힐 수 있었던 가톨릭교회는 유럽에서 가장 부유하고 강력한 조직으로 변신했다. 그러나 중동 지역의 이슬람교가 강력하게 일어나면서 가톨릭교회의 세력은 축소되었다. 이슬람 군대는 광대한 지역을 정복하면서 카이로, 바그다드^{Baghdad}, 다마스쿠스^{Damascus} 같은 장엄한 도시들을 세웠다.

서양의 반대편 동양에선 중국 문명이 계속 꽃을 피우고 있었고, 칭기즈 칸^{Chingiz Khan}의 통치하에 있던 몽고인들은 진정한 침략자들이었다. 메소아메리카^{중앙아메리카}의 마야인, 잉카인, 아즈텍인들은 이후 스페인의 침략으로 인해 겪게 될 참상을 아는지 모르는지, 그저 축복받은 무지를 계속 누리며 그들만의 문화를 꽃피우고 있었다. 한편 힌두교는 불교를 제치고 인도의 주된 종교가 되었지만 이슬람의 술탄들에게 억압을 당했다. 중세는 유럽 역사에서 서로마제국이 멸망⁴⁷⁶하고 게르만 민족의 대이동이 있었던 5세기부터, 르네상스와 더불어 근세가 시작되기까지의 시기이다. 1453년은 동로마제국, 즉 비잔티움제국이 멸망한 때이다. 그럼 중세시대의 중요한 사건들 중 몇 가지를 살펴보자.

로마제국 멸망 후 영국

5세기 로마제국이 영국에서 완전히 철수한 후 앵글족, 유트인Jutes*, 색슨족이 북유럽에서 바다로 건너와 토착민 켈트족을 북쪽과 서쪽의 웨일스Wales, 아일랜드, 스코틀랜드로 몰아냈다. 지금까지도 켈트족은 그곳에 상당히 많이 남아 있다. 영국에 남은 앵글족, 색슨족, 유트인은 데인인Danes**의 지배 하에서 앵글로 색슨족으로 통합되었다. 이로써 어느 정도의 안정을 찾은 뒤에 새로운 농사법이 많이 소개되었지만 부족 간의 전쟁은 여전히 그 지역 전체에 중요한 쟁점으로 남았다.

☀ **별별 지식**
....

* 유트인은 스칸디나비아에서 출현한 데인인, 랑고바르드족과 관련성이 있는 민족이며 고향은 유틀란트 반도라고 한다. 영국 남부 지역으로 이주하면서 색슨족과 동화되었다. 데인인 쪽으로 흡수된 유트인은 후에 노르만 왕조를 세운다.

** 데인인은 노스만, 스칸디나비아인이라고도 하며 북게르만족에 속한다. 처음 스칸디나비아 반도 남부에 거주했으나 5세기 이후 덴마크 지방으로 이주했다. 덴마크라는 의미는 데인인의 나라를 뜻한다.

이슬람의 황금기

이슬람의 황금기8~13세기는 8세기 말 칼리프 하룬 알라시드caliphate of Harun al-Rashid의 시대에 바그다드에 '지혜의 집'을 건립하면서 시작되었다. 사상과 지식을 공유하고, 인문학과 과학 그리고 예술을 연구하고, 세계의 모든 고전 지식을 아랍어로 번역하기 위해 전 세계의 학자들이 지혜의 집으로 초대되었다. 9세기 중반 지혜의 집은 세계에서 가장 많은 서적을 소장했다.

이 학문의 황금기에 획득된 지식은 이후 여러 세기 동안 실용적으로 이용되었고, 보건, 교육, 경제, 무역, 천문학, 과학, 수학, 건축학에서 발전이 이루어졌다. 그러나 그 번영하던 사회는 1258년 몽골의 '바그다드 약탈'과 함께 끔찍한 종말을 맞았다. 몽골 군대의 침략은 지혜의 집을 비롯해 사원, 궁전, 병원, 도서관 등을 약탈하고 파괴했다. 살육된 사람들의 수는 9만에서 1백만에 이른 것으로 추정된다.

바이킹들

스칸디나비아의 바이킹800~1100들은 대략 300년 동안 인상적인 긴 배를 타고 이곳과 저곳 등 모든 곳을 약탈하고 다녔다. 유럽의 많은 해안가에서 인원과 물자를 징발했고, 크리스토퍼 콜럼버스Christopher Columbus보다 5백 년이나 앞서 아메리카 대륙으로 건너가기까지 했다. 어떤 바이킹들은 사악한 해적들이어서, 가는 곳마다 살해, 겁탈, 약탈, 방화를 일삼았다. 또 어떤 바이킹들은 고향의 추운 겨울을 피해 정착할 수 있는 새로운 땅을 찾고자 하는 진정한 탐험가들이었다.

바이킹 전사들은 누구나 전쟁터에서 용감하게 죽고자 하는 열망을 갖고 있었다. 왜냐하면 전쟁터에서 용감하게 죽은 전사는 주신인 오딘Odin을 섬기는 발키리Valkyrie라는 반신녀半神女의 인도를 받을 수 있기 때문이었다. 발키리는 '죽은 전사를 고르는 자'라는 뜻을 가지고 있으며 그녀가 오딘의 궁전인 발할라Valhalla로 데려가고, 그곳에서 전사자는 오딘의 환영을 받으며 매일 최상의 대접을 받는다고 한다. 내 생각에는 기꺼이 머리에 도끼 한 방을 맞을 가치가 있는 것 같다.

십자군전쟁

십자군전쟁The Crusades, 1095~1291은 예루살렘을 둘러싼 종교 전쟁이었다. 1076년 무슬림 투르크족이 팔레스타인 지역의 예루살렘을 차지하자 그리스도교들은 성지 팔레스티나와 성도 예루살렘을 재탈환하기 위해 200년 동안 8차례 십자군을 모집해 팔레스타인으로 향하는 대원정을 감행했다. 노르만인이 이끈 1차 십자군 원정은 무슬림과 유대인들을 대량으로 학살한 후, 1099년 예루살렘을 탈환했다. 하지만 1187년 이집트와 시리아의 술탄인 살라딘Saladin은 다시 예루살렘을 정복했고, 이에 영국의 사자의 심장을 가진 리처드 1세는 3차 십자군 원정대를 이끌었다. 이 3차 원정대는 부분적으로 성공했다. 1212년에는 '소년 십자군'이라고 명명되었던 한 번의 비공식적인 십자군 원정이 더 있었다. 그때는 유럽의 수만 명이나 되는 10대 소년들이 종교적 열정에 사로잡혀 행진했으나 성지에 도달하기도 전에 피로와 굶주림에 시달려 죽고 말았다.

영국의 리처드 1세라고? 말도 안돼!

리처드 1세가 비록 사자의 심장을 가졌을지 모르지만 영국을 다스리는 10년 동안 그는 본국에서 6개월도 채 머물지 않았다. 십자군 원정을 떠나지 않을 때는 프랑스 남부에서 시간을 보내기를 좋아했다. 그의 부모인 헨리 2세와 엘레오노르 다키텐 Eleonore d'Aquitaine 여공작은 프랑스 노르만 혈통이었고, 그의 모국어는 프랑스어였다. 그는 영어를 단 한 단어도 구사하지 못했다. 그는 종종 살 사람만 있다면 영국을 기꺼이 팔겠다고 말했으며, 죽었을 때 자신의 심장이 프랑스에 묻혀야 한다는 유언을 남겼다. 그의 잦은 부재로 인해 동생 존 왕은 거만해졌으며, 이것은 결국 귀족들이 그에게 대헌장에 서명하도록 강요하는 원인이 되었다. 따라서 우리는 적어도 영국 법 체계의 기반을 마련해준 것에 대해 사자의 심장에게 감사해야 할 것이다. 그를 라이언 하트 Lion heart라고 부르기보단 프랑스어로 쾨르 드 리옹 Coeur de Lion이라고 불러야 할까?

백년전쟁

백년전쟁 The Hundred Years' War, 1337~1453은 프랑스의 왕위 계승권 및 일부 프랑스 영토의 지배권에 대한 영국의 권한 주장이 원인이다. 프랑스인들은 당연히 이에 대해 불만을 가질 수밖에 없었다. 영국과 프랑스의 두 왕조는 5대 116년 동안 이 전쟁을 지속했다. 이따금 중단되기도 했는데, 특히 흑사병^{1346~1353}으로 양쪽 모두 많은 수의 병력 손실이 있은 후 대략 10년 동안 중단되기도 했다. 이 전쟁은 대체로 다음과 같은 역사 속 상징적인 순간들 때문에 기억된다.

1) 1346년

영국의 에드워드 3세는 심각한 열세에 몰렸지만 아들 흑태자 에드워드의 용맹과 장궁의 도입 덕분에 크레시 전투^{Battle of Crecy}에서 첫 승리를 가져갈 수 있었다.

2) 1415년

전쟁이 잠시 휴식기에 들어갔을 때 영국의 헨리 5세는 프랑스를 공격했으며, 영국이 군사적으로 압도적 열세였음에도 불구하고 아쟁쿠르^{Azincourt}에서 유명한 승리를 거두었다.

3) 1429년

'잔다르크^{아르크의 요안나, Jeanne d'ArcJoan of Arc}'라고 불리는 10대 시골 소녀는 오를레앙^{Orleans}에서 프랑스군을 도와 영국군의 포위 공격을 물리침으로써, 전쟁에서 어떻게 승리를 거두는 것인지를 프랑스 군인들에게 보여주었다. 정작 그녀는 공로의 대가로 마녀로 몰려

화형을 당했지만 그녀의 출현은 전쟁을 프랑스에 유리하도록 만든 전환점이 되었다.

4) 1453년

대체적으로 프랑스가 승리하면서 전쟁이 종결되었다. 영국은 단지 프랑스 도버 해협에 있는 칼레Calais와 프랑스 가까이에 있는 영국 해협의 섬들인 채널 제도Channel Islands만을 얻었다.

칭기즈 칸

1215년부터 1227년까지 12년이라는 짧은 기간 동안, 칭기즈 칸과 몽골 유목민 무리는 페르시아, 남부 러시아, 중국, 아르메니아, 북부 인도, 동부 유럽에 전례 없는 대규모 파괴와 살육을 저질렀다. 이것은 영국과 프랑스의 전쟁을 핸드백으로 서로 두들기며 싸우는 여자들의 싸움처럼 보이게 만들었다. 몽고인들은 말을 타고 달리며 싸웠으며, 사나움과 훌륭한 전술 그리고 대포와 화약 같은 새로운 기술의 조합을 통해 전쟁에서 승리했다. 칭기즈 칸의 아들들과 손자들은 그가 멈춘 곳에서 정복 전쟁을 계속해나갔으며, 몽골 제국이 멸망할 때까지 대략 3천만 명의 사람들이 몽고인들의 손에 죽었다. 중국인들이 그들을 몰아내는 데는 약 150년이 걸렸다. 그후 중국인들은 명 왕조를 세웠고 체계적인 정부, 사회적 안정, 오늘날까지 수요가 많은 멋진 화병들을 만드는 일에 착수했다.

오스만제국

오스만제국Osman Empire, 1299~1922은 오스만 투르크족의 지도자인 오스만 1세에 의해 1299년에 세워졌으며, 술탄들의 활약으로 세계에서 가장 큰 제국들 중 하나가 되었다. 그들은 1453년에 콘스탄티노플오늘날의 이스탄불을 정복하여, 비잔틴제국동로마제국을 멸망시켰고, 지중해 동부 지역과 북아프리카 지역까지 영토를 확장하여 다국적, 다언어적 문명을 만들어냈다. 1520년부터 1566년까지 통치한 10대 술탄 술레이만Suleiman의 시대가 최전성기였다. 그는 예술, 문학, 건축학, 교육, 세제와 법에 있어서 중요한 발전을 주도했다. 오스만제국은 19세기에 천천히 쇠락했고, 제1차 세계대전에서 패배한 후 완전히 사라졌다. 그 후 오늘날 터키가 세워졌다.

마야와 아즈텍 그리고 잉카

메소아메리카대체로 오늘날의 중앙아메리카와 멕시코 남부의 마야인들은 기원전 약 2천 년으로 거슬러 올라가는 세계의 고대 문명들 중 가장 초기에 속하며, 기원후 약 250~900년 사이에 황금기를 누렸다. 그 기간 동안 그들은 문자, 수학, 예술, 천문학, 건축학 방면에서 뛰어난 문화를 꽃피웠다. 여러 도시국가들이 명멸하며 마야인들을 지배했는데, 그중 가장 유명한 도시국가는 치첸이트사Chichen Itza이다.

잉카인들 또한 고대 문명의 후손이었으며, 주로 안데스 산맥을 따라 오늘날의 페루, 칠레 북부, 에콰도르, 볼리비아 남서부, 아르헨티나 북서부에 널리 퍼져 있었다. 기원후 약 1200년 쿠스코 설립과 함께 그들은 단일 잉카제국을 세웠고, 15세기 중반에 마추픽추를 건설했다.

아즈텍인은 13세기 멕시코 계곡에 정착했으며, 수도 테오티우아칸Teotihuacan을 건설했다. 현재 그 근처에 멕시코 시가 있다. 아즈텍인은 모테크소마 1세Moctezuma I 통치를 받으며 1440년부터 1469년까지 번성했다. 그는 제국의 확장과 신선한 물을 공급하기 위한 모든 수로의 건설을 주도했다.

이 세 문명은 두 가지 공통점을 갖고 있었다. 첫째, 그들은 큰 규모의 신전들을 많이 건축했으며, 신에게 인간 제물을 바쳤다. 둘째, 그들은 모두 16세기 초 스페인 정복자들에 의해 종말을 맞았다. 스페인 정복자들은 이들을 살육하고 홍역을 퍼뜨렸다.

3. 현재까지의 역사Bringing history up to date, 1500~현재

아마 당신은 지난 500년의 시간이 정확하게 현재에 해당하지 않는다고 생각할지 모른다. 그러나 전체적으로 역사를 들여다봤을 때 500년은 현재에 속한 것이 맞다. 16세기 초 아메리카 대륙이 발견되었고, 르네상스가 최고조에 달했으며, 서적들이 인쇄되었다. 영국에서는 장미전쟁에서 승리한 헨리 튜더가 헨리 7세로 즉위한 후

요크York 왕가의 엘리자베스Elizabeth와 결혼하여, 요크와 랭커스터 Lancaster 두 가문을 융합한 후 튜더 왕조를 열었다.

영국 왕조를 살펴보기 전에 우선 현대에 일어난 가장 중요한 사건들 중 몇 개를 짧게 살펴보자. 그리고 우리는 영국의 여섯 왕조를 살펴보아야 한다.

르네상스

르네상스The Renaissance, 14세기~16세기, 즉 14세기 이탈리아에서 시작되어 유럽 전역으로 퍼져나간 학문과 예술에 대한 관심의 부활rebirth 은, 이슬람과 극동 지역 문화와의 접촉으로 매우 큰 영감을 받았다. 이것은 신이 모든 것의 중심이었던 기독교적 세계관에서 벗어나, 인간의 생각과 능력을 중요시하는 인본주의로 회귀하려 한 운동이었다. 플로렌스의 메디치가 같은 강력한 가문의 후원를 받아, 그리고 천재 레오나르도 다빈치Leonardo da Vinci, 1452~1519에 의해 영감을 받아, 미켈란젤로Michelangelo Buonarroti, 1475~1564와 보티첼리Sandro Botticelli, 1445?~1510 같은 예술가들은 인간의 모습을 사실적으로 그렸고, 단테Durante degli Alighieri, 1265~1321와 프란체스코 페트라르카Francesco Petrarca, 1304~1374 같은 시인들은 인간의 영혼을 더 깊이 들여다보았다. 9세기 바그다드에 '지혜의 집'이라는 학술번역 연구기관이 설립되어 플라톤과 아리스토텔레스의 철학, 히포크라테스Hippocrates의 의학, 프톨레마이오스Ptolemaeus의 천문학 등 고대 그리스의 거의 모든 작품이 아랍어로 번역됐다. 같은 시기 중세 유럽은 고대 철학을 홀대했던 암흑의 시대였다. 르네상스는 고대 그리스로마를 부흥시킨 새로운 시대정신이다. 하지만 르네상스 초기 유럽에는 고대 그리스 사상을 제대로 공부한 학자가 거의 없었다. 그래서 아랍어로 번역되었던 고대 서양 철학이 라틴어로 다시 번역되는 사상의 역수입 현상이 일어났다.

북부 유럽에서 르네상스는 활발하게 받아들여졌고, 종교개혁으로 나아갔다. 이는 로마 가톨릭교회의 광범위한 권력과 부패에 대한 저항이었는데, 가톨릭교회는 모든 협상을 거부하고 예수회를 중심으로 한 반종교개혁을 시작했다. 두 종교 단체의 견고한 대립은 잇따른 유혈 전쟁으로 이어졌고, 30년 전쟁Thirty Years' War, 1618~1648에서 정점에 이르렀다. 30년전쟁은 유럽에서 로마 가톨릭을 따르는 국가들과 개신교를 따르는 국가들 사이에서 벌어진 종교전쟁이다. 이 전쟁의 결과로 종교적 교착상태가 초래되었으며, 유럽 전역의 각 나라들은 이전보다 더 큰 자주권을 얻었다. 한편 이탈리아의 르네상스가 탐미적, 감각적, 귀족적 성격을 지녔다면, 북유럽의 르네상스는 철학적, 사회 개혁적, 대중적인 경향을 보였다.

무굴제국

무굴제국The Mughal Empire, 16세기~19세기은 칭기즈 칸과 티무르제국의 창립자인 티무르Timur의 후예인 바부르Bābur*가 1526년 인도 델리의 술탄을 물리친 후 세운 제국이다. 무굴은 몽고의 변형이라고 할 수 있다. 아크바르Jalālu'd-Dīn Muhammad Akbar, 재위 기간 1556~1605를 비롯한 몇몇 인상적인 통치자들이 그의 뒤를 이었다. 행정제도를 개선하고, 힌두교도들이 자유롭게 예배 드리는 것을 허락한 위대한 전사인 샤자한Shāh Jahān, 재위 기간 1628~1658은 아그라Agra의 타지마할과 델리의 붉은 요새를 건설했다. 16세기 나나크Nanak는 무굴제국 지배의 몇 가지 측면들, 특히 카스트제도에 저항하여 시크교를 창시했다. 그러나 이란 아프샤르Afshār 왕조의 창시자인 나디르 샤Nādir Shāh가 이끄는 페르시아인들에 의해 1739년 참담한 패배를 경험한 후, 무굴제국은 힘을 잃었다. 마지막 무굴 황제 바하두르 샤 2세Bahadur Shah II는 1857년 세포이 항쟁을 지원하다가 영국인들에 의해 퇴위되고, 1862년 유배 중에 죽었다.

☀ **별별 지식**

....

★ 무굴제국의 초대 황제인 바부르의 아버지는 티무르의 4대손이었고, 그의 어머니는 칭기즈 칸의 15대손이었다.

식민주의

식민주의Colonialism, 16세기~18세기가 불타오르기 시작한 것은 16세기부터였다. 오스만제국을 가로지르지 않고 유럽 너머 동쪽으로 가는 새로운 무역로의 필요성을 느낀 포르투갈 사람들은 16세기 초 동인도제도와 아메리카 대륙으로 가는 해상로를 찾아냈다. 그리고 고아Goa, 모잠비크Mozambique, 마카오Macao에 무역 거점을 세움으로써 선두에 섰다. 스페인이 그 다음을 이었는데, 서인도제도, 중앙아메리카, 남아메리카 정복은 실로 엄청난 부를 가져다주었다.

17세기에 네덜란드인, 프랑스인, 영국인들은 자신들도 한몫 챙기기를 원했다. 그중 네덜란드는 매우 수익이 좋은 네덜란드 동인도회사를 설립하고, 남아프리카, 남아시아, 극동 지역에 교역소를 세웠다. 더불어 네덜란드 서인도회사를 설립하고, 서인도제도와 남아프리카에 교역소를 세웠는데 이 또한 동인도회사와 마찬가지로 수익이 많았다. 프랑스인들은 캐나다를 포함한 북아메리카, 캐리비안해, 인도에 엄청난 양의 땅을 확보했다. 영국인들은 인도, 서인도제도, 북아메리카에 정착하고, 캐나다에 수익성이 좋은 허드슨 베이회사를 설립했다.

부와 권력에 대한 이 모든 탐욕은 전 세계에서 경쟁하고 있는 식민주의자뿐만 아니라 식민주의자들이 채운 족쇄에서 벗어나기를 원하는 식민지인들 사이에서 잇따른 갈등을 일으켰다. 이 갈등들 중 가장 주목할 만한 것이 미국독립전쟁American War of Independence으로 알려진 미국혁명전쟁American Revolutionary War, 1775~1783이었다. 이 전쟁은 영국 식민지였던 미국의 13개 주가 영국의 조세 정책 등에 반발해 일어났고, 1776년 7월 4일에 독립선언을 했다. 이 전쟁은 간접적으로

나마 프랑스혁명에 영향을 주었다.

프랑스혁명

프랑스혁명The French Revolution, 1789~1799은 민중들이 이뤄낸 혁명이었다. 루이 14세Louis XIV, 1643~1715가 수많은 전쟁과 건축 사업을 벌인 결과, 프랑스는 빚이 산더미처럼 쌓였다. 더불어 그의 오랜 치세 동안 계속된 베르사유Versailles에서의 사치스런 궁정 생활 때문에 개혁에 대한 요구가 날로 높아졌다. 하지만 뒤를 이은 루이 15세와 16세 역시 그와 비슷한 방식으로 통치했다. 그들은 비용이 많이 드는 전쟁을 치르고, 가난한 자들이 굶어죽는 동안 귀족들은 면세 특권을 누렸다.

오랜 세월 동안 쌓였던 고통과 불만은 마침내 1789년 7월 14일 곪아 터졌다. 성난 민중들이 파리의 바스티유Bastille 감옥을 습격했고, 프랑스 전역에서 연속적으로 농민 봉기가 일어났다. 1792년 왕정이 폐지되면서 1793년 루이 16세Louis XVI, 1754~1793와 그의 아내 마리 앙투아네트Marie Antoinette, 1755~1793가 단두대에서 참수되었다. 매우 이름이 길어 다 적지 못하는 아쉬움을 뒤로 해야 하는 로베스피에르Robespierre, 1758~1794는 급진파인 자코뱅파Jacobins를 통해 공포정치를 실시하였으며, 상황은 점점 더 극단으로 치달았다. 그들은 다음 해에 약 4만 명의 농민과 노동자들을 처형했다.

프랑스혁명 전쟁과 나폴레옹 전쟁

프랑스는 프랑스혁명으로 공화국이 되었다. 하지만 유럽의 왕정들 프랑스 왕당파, 오스트리아, 프로이센, 영국, 러시아 등은 프랑스가 공화주의가 되는 것이 싫었다. 왜냐하면 어느 나라든 왕정이 굳건하게 버텨줘야 자신들의 입지가 견고해질 테니깐 말이다. 그래서 공화주의를 저지하고 왕정을 복구시키기 위해 간섭을 시작했고, 결국 1792년에 전쟁이 일어났다. 하지만 이것은 오히려 프랑스의 젊은 장군 나폴레옹 보나파르트Napoleon Bonaparte를 자극하는 결과만 초래했다. 나폴레옹은 유럽의 왕정들에게 남의 일에는 참견하지 말고 자신의 일에나 충실히 하라는 가르침을 주기 위해 전 유럽을 정복하기 위해 전쟁을 시작했다. 만약 1798년 나일 해전Battle of the Nile과 1895년 트라팔가 해전Battle of Trafalgar에서 영국의 호레이쇼 넬슨Horatio Nelson, 1758~1805 제독에게 프랑스 해군이 참패하지 않았다면, 그리고 1812년 러시아 겨울의 혹독한 추위를 잘 견뎌냈다면 나폴레옹은 아마 성공했을 것이다. 그는 1815년 전 유럽을 상대로 마지막 전쟁을 했고, 워털루Waterloo에서 대패했다.

미국 남북 전쟁

1860년 에이브러햄 링컨Abraham Lincoln이 미국의 여섯 번째 대통령으로 선출되었을 때, 남부의 주들은 그가 노예제도를 폐지할까 봐 두려워했다. 그래서 그들은 미국 연방에서 탈퇴하고 남부연합을 만들었다. 그 뒤 미국 남북전쟁The American Civil War, 1861~1865이라는 참혹한 상황이 벌어졌고 그 전쟁에서 70만 명이 죽었다. 남부연합은 스톤월 잭슨Stonewall Jackson 장군과 피에르 보우리가드Pierre Beauregard 장군의 지휘 하에 버지니아 주의 머내서스Manassas에서 결정적 승리로 우위를 점했다. 하지만 1863년 북부연방은 조지 미드George Meade 소장의 지휘 하에 게티즈버그 전투Battle of Gettysburg에서 승리한 후 전세의 전환점을 만들어냈고, 1865년 윌리엄 셔먼William Sherman 장군이 조지아Georgia 주의 애틀랜타Atlanta와 사바나Savannah에서 압도적인 승리를 거둠으로써 남부연합을 붕괴시켰다. 그 결과 남부연합 사령관 로버트 리Robert E. Lee 장군은 북부연방의 사령관 율리시스 S. 그랜트Ulysses S. Grant에게 항복해야 했다.

아프리카 분할

19세기 유럽인들은 아프리카 대륙에 대한 탐험을 한 결과 대륙 내부에 손도 대지 않은 풍부한 자원이 있다는 것을 알게 되었다. 우리는 그것이 무슨 의미인지를 알고 있다. 그들은 재빨리 아프리카를 점령했고, 아프리카를 조각조각 내면서 아프리카 분할The Scramble for Africa, 1881~1914이 시작됐다. 이후 30년 동안 유럽의 침략적인 식민지화는 아프리카 대륙에서 당연한 일이 되었다. 1914년 사태가 일단락되고 유럽인들이 제1차 세계대전을 치르기 위해 고국으로 돌아갔을 때, 아프리카 대륙에는 단지 2개 나라만이 식민지 지배를 받지 않았다. 아비시니아Abyssinia, 오늘날의 에티오피아는 이탈리아 인들을 가까스로 물리쳤고, 라이베리아Liberia는 이전에 흑인 해방 노예들을 위한 자유국가라이베리아는 '해방'이라는 뜻로 세워졌기 때문에 식민지 구조가 성립되지 않았다.

제1차 세계대전

20세기 초 세계 여러 나라들은 매우 많은 협정과 조약들로 서로 복잡하게 얽혀 있어서, 단 하나의 사건만으로도 세계대전에 이르는 도미노 현상이 일어날 가능성이 있었다. 그 하나의 사건은 1914년 6월 28일 사라예보Sarajevo에서 발생한 유고슬라비아 민족주의자 가브릴로 프린치프Gavrilo Princep에 의한 프란즈 페르디난트Franz Ferdinand 황태자의 암살이었다. 이로 인해 제1차 세계대전The First World War, 1914~1918이 발발했고, 대략 7천만의 군사력 동원, 참호전의 공포, 1천 6백만에서 8백만에 이르는 사상자를 초래했다. 승리한 연합국은 대영제국, 러시아제국, 프랑스, 이탈리아, 일본, 미국과 작은 몇 나라들로 구성되었고, 패배한 연맹국은 독일, 오스트리아-헝가리제국, 불가리아, 오스만제국으로 이루어졌다.

전쟁이 끝났을 때 제1차 세계대전은 '모든 전쟁을 끝내기 위한 전쟁'으로 선포되었고, 이러한 비극적인 사건이 다시 일어나는 것을 막기 위해 1920년 국제연맹The League of Nations이 만들어졌다. 하지만 이 조직은 그 목적을 달성하지 못했다.

제2차 세계대전

'모든 전쟁을 끝내기 위한 전쟁'이 있은 지 21년 후, 세계의 훨씬 더 많은 나라들이 인류 역사상 가장 참혹한 전쟁을 치르기 위해 훨씬 더 많은 군사 인원약 1억 명을 동원했다. 바로 제2차 세계대전The Second World War, 1939~1945의 시작이다. 추정되는 전체 사상자 수는 5천만에서 8천만에 이르고, 인간에 대한 인간의 잔인함은 새로운 절정에 도달했다. 홀로코스트 그리고 이 전쟁을 종식시킨 일본 히로시마와 나가사키 폭격이, 바로 그것이었다.

주요 전쟁터는 유럽특히 영국 본토 항공전, 영국 대공습, 연합군의 프랑스 북부 디데이 상륙, 북아프리카, 동아프리카, 소비에트연방, 발칸 반도의 나라들, 동남아시아, 극동, 대서양, 태평양이었다. 승리한 연합군은 전 세계 25개국으로 이루어졌다. 가장 중요한 참전국은 영국, 미국, 소련, 중국, 호주와 뉴질랜드의 앤잭군단ANZAC Corps이었다. 패배한 주축국은 독일, 일본, 이탈리아였고, 이들 나라는 전쟁 물자를 지원하기 위해 23개 나라를 정복했다.

독일1945년 5월 8일과 일본1945년 8월 15일의 항복 후 전쟁이 끝났을 때, 국제연맹은 국제연합The United Nations 으로 대체되었다. 그 이후 국제연합은 전 세계에서 발발하고 있는 많은 전쟁들이 3차 세계대전으로 악화되는 것을 막기 위해 최선을 다하고 있다.

냉전의 시대

제2차 세계대전 승리의 희열이 차츰 잦아들자, 미국과 소련은 세계 경찰로서 한 침대를 쓰게 되었다. 그러나 오래지 않아 그들은 자신들이 서로에게 얼마나 어울리지 않는 동료인지를 깨달았다. 그들이 세계 초강대국으로서 힘자랑을 할 때마다, 정치적 그리고 군사적 긴장이 곧바로 증가했다. 1945년 10월 한 신문에서 영국 작가 조지 오웰George Orwell, 1903~1950이 냉전의 도래에 대해 언급했을 때, 그는 이미 미국과 소련의 긴장 상태를 예견했다. 그리고 곧이어 두 나라의 냉전The Cold War, 1947~1991이 시작됐다.

수십 년 동안, 미국과 소련의 핵무기 경쟁은 상호확증파괴Mutually Assured Destruction를 단언했고, 평행을 달리고 있는 우주 경쟁의 최종 승자가 세계 지배자가 될 것으로 여겼다. 그리스, 중국, 한국, 이집트, 베트남, 아프카니스탄에서 많은 대리전이 치러졌다. 심리전, 광범위한 스파이 활동, 1956년 수에즈 운하 위기의 긴박한 교착상태, 1962년 쿠바 미사일 위기는 그 긴장을 폭발 일보 직전까지 몰고 갔다.

그러나 1970년 전략무기제한협정SALT과 함께 긴장이 완화되었다. 소비에트 지도자 미하일 고르바초프Mikhail Gorbachev는 1980년대에 개방glasnost과 재편perestroika의 진보적 개혁 정책을 도입하고, 아프가니스탄에 대한 소련의 개입을 종식시킴으로써 냉전 종식을 향해 한 걸음 더 나아갔다. 동유럽에서 대체로 평화로운 혁명의 파도가 잇따랐고, 이는 1989년 베를린 장벽의 붕괴와 1991년 소비에트연방의 해체로 이어졌다.

4. 영국의 역사British history

영국은 오랫동안 수많은 소국들이 할거했기 때문에 어느 시대에 어느 곳의 왕이 누구였는지 정확하게 추적하기는 매우 어렵다. 예를 들면 데인인들이 영국 북부를 다스리는 동안, 871년부터 899년까지 알프레드Alfred 대왕이 웨식스Wessex를 다스렸고, 924년부터 927년까지 애설스탠Æthelstan 왕이 머시아Mercia와 웨식스를 다스렸다. 그 후엔 영국 전역을, 그 후엔 브리튼 섬을 다스렸다. 1016년부터 1035년까지 크누트 대왕은 영국, 덴마크, 노르웨이를 다스렸다. 오늘날까지 이어지는 여섯 왕조 플랜태저넷Plantagenet 왕조, 튜더Tudor 왕조, 스튜어트Stuart 왕조, 작센코부르크고타Saxe-Coburg and Gotha 왕조, 윈저Windsor 왕조 중 첫 번째인 노르만 왕조가 정복왕 윌리엄 1세에 의해 세워지면서 상황이 정리되었다. 이후 헨리 7세가 즉위하면서 튜더 왕조가 시작되었다. 장미전쟁의 불안한 시기를 거쳐, 그는 재임 기간 24년1485~1509을 영국의 번영과 질서를 회복시키는 일에 바쳤다. 통치자로서의 그는 매우 성공적이었고, 그의 아들 헨리 8세에게 부와 건강한 정부를 물려줄 수 있었다. 무엇이 잘못될 수 있었겠는가?

노르만 왕조의 다사다난

1066년 지금의 프랑스 소속의 윌리엄 1세가 앵글로 색슨의 왕 헤럴드 2세와 맞붙었던 헤이스팅스 전투Battle of Hastings＊에서 승리한 후 잉글랜드 왕이 된 후 노르만 왕조를 세우면서, 그의 냉혹한 통치에 정복당한 이들은 최소한이지만 이전보다 더 세련된 삶을 누릴 수 있게 되었다. 즉, 예절이나 기사도 정신, 마상 창시합 등을 감상할 수 있게 된 것이다. 낮에는 프랑스인 왕을 위해 전투를 치르고, 저녁에는 사슬 갑옷을 벗고 돌로 지은 멋진 성 안에서 연회를 즐겼다. 그들은 음유시인이 들려주는 최신 히트곡을 들으며, 아름다운 아가씨들에게 프랑스식 춤이 서툰 자신을 변명하면서, 구운 사슴 다리를 맛볼 수 있었던 것이다. 그러나 1086년부터는 토지 조사와 조세 징수를 위해 만든 책인 둠스데이 북Domesday Book＊＊의 기록에 따라 지불해야 하는 높은 세금을 납부해야 했고, 십자군 원정대에 끌려갈 가능성도 항상 있었다.

☀ **별별 지식**
....

＊　　전투가 벌어진 곳은 헤이스팅스 북쪽 11km 떨어진 지점이며, 현재 이곳에는 배틀이라는 마을이 들어서 있다.

** 윌리엄 1세가 토지 조사와 조세 징수를 목적으로 만든 책으로, 소수의 노르만인이 다수의 영국인을 지배하기가 어려웠기 때문에 윌리엄으로서는 강력한 수단이 필요했다. 1085년에 사상 최초로 대대적인 토지 조사를 감행해 토지 면적, 인구, 시설물, 가축 수까지 빠짐없이 조사한 것이 둠스데이 북이다. 원래의 의도가 영국에서 최대한 세금을 많이 거두기 위해 만들어진 것이라 상세하게 기록되어 있다.

[**노르만 왕조**1066~1154]

✓ 정복왕 윌리엄 1세William I, 재위 기간 1066~1087

✓ 윌리엄 2세 루퍼스William Rufus, 재위 기간 1087~1100

✓ 헨리 1세Henry I, 재위 기간 1100~1135

✓ 스티븐Stephen, 재위 기간 1135~1154

나름의 소심한 저항

노르만인은 영국을 정복한 이후, 자신들의 언어인 프랑스어로 지배했기 때문에 영국에서 영어가 상당히 많이 사라졌다. 정복왕 윌리엄 1세는 1066년 크리스마스에 웨스트민스터사원에서 열린 자신의 대관식에서 노르만 프랑스어만을 사용했다. 노르만 프랑스어는 곧 법정과 감옥에서부터 평민들의 시장과 부엌에 이르기까지 모든 분야에서 지배적인 언어가 되었다.

원래의 노르만인과 앵글로 색슨인의 구분이 어려워졌을 때쯤에는 고대 영어가 매우 많이 사라져서, 누구도 고대 영어를 말할 수 없게 되었다. 결국 영국인들은 자신들의 정체성과 언어를 다시 만들기 시작했다. 그러나 그들의 새 언어는 대체로 프랑스어를 서투르게 발음하는 것, 프랑스어를 영어식으로 발음하는 것에서 진화하는 정도였다. 무수히 많은 예 중 하나만 들자면, 프랑스어 'justice'의 부드러운 소리와 영어 'justice'의 거친 소리의 차이를 생각해보라. 즉 후에 미국인들이 토마토tomato의 발음에 차이를 두었던 것과 같은 변화를 영국인들은 프랑스어 'justice'에게 주었다.

플랜태저넷 왕조의 다사다난

영국의 플랜태저넷 왕들은 순수한 프랑스식 전통과 언어를 계속 이어갔지만 결국은 프랑스와의 백년전쟁1337~1453이 그것을 어렵게 만들었다. 1339년 헨리 4세는 영어로 대관식 연설을 한 최초의 영국 통치자가 되었다. 1066년 노르만인이 영국을 정복했으니 273년 만이다. 1415년 헨리 5세는 백년전쟁 중반에 일어난 대규모 전투가 있었던 곳인 아쟁쿠르에서 영어로 공문을 보냄으로써 프랑스와의 단절이 더욱 심해졌다. 플랜태저넷 왕조에 관한 몇 가지 유용한 정보는 다음과 같다.

[플랜태저넷 왕조1154~1485]

√ 헨리 2세Henry II, 재위 기간 1154~1189

✓ 리처드 1세, 사자의 심장 Richard I, 재위 기간 1189~1199

✓ 존 John, 재위 기간 1199~1216

✓ 헨리 3세 Henry III, 재위 기간 1216~1272

✓ 에드워드 1세 Edward I, 재위 기간 1272~1307

✓ 에드워드 2세 Edward II, 재위 기간 1307~1327

✓ 에드워드 3세 Edward III, 재위 기간 1327~1377

✓ 리처드 2세 Richard II, 재위 기간 1377~1399

✓ 헨리 4세 Henry IV, 재위 기간 1399~1413

✓ 헨리 5세 Henry V, 재위 기간 1413~1422

✓ 헨리 6세 Henry VI, 재위 기간 1422~1461

✓ 에드워드 4세 Edward IV, 재위 기간 1461~1483

✓ 에드워드 5세 Edward V, 재위 기간 1483년 4월~1483년 6월

✓ 리처드 3세 Richard III, 재위 기간 1483~1485

1) 1170년

캔터베리 Canterbury의 대주교 토머스 베케트 Thomas Becket가 헨리 2세의 간섭에 반발하고 저항하자 헨리 2세를 보호하는 네 명의 기사들은 켄터베리로 달려가 켄터베리대성당에서 그를 살해했다. 토머스 베케트의 무덤은 기적적인 치유의 힘을 가진 곳으로 유명하다.

2) 1185년

지진으로 링컨대성당이 파괴되었다.

3) 1215년

존 왕은 왕의 권한을 제한하고 영국 법의 기반을 마련한 대헌장에 서명했다.

4) 1346~1353년

피부가 검게 변색되어 죽는 흑사병으로 영국 인구의 3분의 1이, 그리고 전 세계적으로 최대 2억 명이 사망했다.

5) 1381년

인두세의 도입으로 와트 타일러Wat Tyler가 이끄는 민란이 일어났다. 하지만 와트 타일러는 왕에 대한 무례함 때문에 살해되었다. 1381년 6월 15일 타일러가 이끄는 중소농민들이 국왕 리처드 2세와 협상하던 중 타일러는 국왕 리처드 2세를 "형제"라 부르면서 비난했다. 더불어 무례하게 음식을 요구하는 가운데 장교들과 다툼이 벌어졌다. 타일러는 리처드에게 다가서려다가 그들의 칼에 찔려 치명상을 입고 체포되었으며 이후 목이 잘렸다.

6) 1483년

12살의 에드워드 5세와 그의 동생 요크 공작 리처드, 일명 런던탑에 갇힌 왕자들은 런던탑에서 삼촌 리처드 3세에 의해 살해되었다. 리처드 3세가 대신 왕위에 올랐다

7) 1485년

리처드 3세는 1455년에서 1485년까지 영국 내란이었던 장미전쟁의 마지막 중요한 전쟁인 보즈워스 전투Battle of Bosworth Field에서 죽었다.

8) 2012년

리처드 3세의 시신은 레스터 시Leicester의 지하 주차장에서 발견되었다.

튜더 왕조의 다사다난

헨리 8세는 결혼을 여섯 번이나 했다. 그의 여섯 아내는 다음 장에서 알아보고, 우선 이 사실만 알았으면 한다. 헨리 8세는 첫 왕비이자 후에 메리 1세의 어머니가 되는 아라곤의 캐서린이 아들을 낳지 못하자 그녀의 시녀였던 앤 불린과 결혼하기 위해 결혼 무효화를 선언했다. 하지만 교황이 이를 허락하지 않자 수도원을 해체했다.

[튜더 왕조^{1485~1603}]

- ✓ 헨리 7세^{Henry VII, 재위 기간 1485~1509}

- ✓ 헨리 8세^{Henry VIII, 재위 기간 1509~1547}

- ✓ 에드워드 6세^{Edward VI, 재위 기간 1547~1553}

- ✓ 레이디 제인 그레이^{Lady Jane Grey, 재위 기간 1553년 7월 10일~1553년 7월 19일}

- ✓ 메리 1세^{Mary I, 재위 기간 1553~1558}

- ✓ 엘리자베스 1세^{Elizabeth I, 1558~1603}

에드워드 6세와 스코틀랜드 메리 여왕

헨리 8세와 제인 시모어 사이에서 태어난 병약한 에드워드 6세는 아홉 살에 왕이 되었고, 열다섯 살에 죽었다. 헨리 8세는 태어나지 얼마 되지 않은 스코틀랜드의 여왕 메리를 자신의 아들 에드워드와 결혼시키려고 노력했다. 왜냐하면 메리 여왕은 태어난 지 6일 만에 아버지 제임스 5세가 전쟁 중에 얻은 병으로 요절하자 왕 후계자가 되었기 때문이다. 메리 여왕의 어머니인 마리 드 기즈는 헨리 8세에게 딸이 납치당하지 않도록 스털링 섬에 메리를 숨기고 생후 9개월이 되었을 때 대관식을 치러 왕으로 즉위시켰다. 메리 여왕이 세상 밖으로 나온 것은 헨리 8세가 죽은 뒤였다. 이후 프랑스의 앙리 2세가 자신의 맏아들인 프랑소와와 결혼시키기 위해 프랑스로 데려갔고 그녀는 그곳에서 프랑소와 2세와 결혼했다. 결국 그녀는 프랑스의 왕비이면서 스코틀랜드의 여왕이었던 것이다. 하지만 그녀는 1587년에 참수를 당했다. 지나치게 가톨릭적이고, 지나치게 프랑스적이고, 지나치게 음모와 관련되어 있었기 때문이다. 그녀는 아마도 스코틀랜드, 프랑스, 영국의 여왕이 되는 해트 트릭hat trick, 한 경기에서 한 선수가 3골 이상을 넣는 것을 말함을 갈망했을 것이다.

블러디메리의 원조 메리 1세

피의 메리로 불리는 메리 1세는 왕위 경쟁자이며 10대인 레이디 제인 그레이를 참수했다. 그리고 어머니인 아라곤 캐서린이 지킨 로마 가톨릭을 옹호하기 위해 엄청난 기세로 개신교도를 박해하고 화형시켰지만 배다른 여동생 엘리자베스를 참수하지는 못했다. 하지만 그녀는 '블러디메리Bloody Mary'라는 정말 멋진 칵테일이 되었다.

중용 노선을 걸었던 엘리자베스 1세

헨리 8세와 앤 불린 사이에서 태어난 엘리자베스 1세는 여왕이 되자마자 개신교를 복권시켰고, 프랜시스 드레이크Francis Drake와 월터 롤리Walter Raleigh 같은 사람들의 신세계 탐험을 장려했고, 예술이 번영하도록 지원했다. 이때 셰익스피어가 인기를 얻었고, 그의 연극을 상연해 유명해진 글로브 극장Globe Theatre, 1599~1642이 개관했다. 그리고 엘리자베스 1세는 개신교회와 로마 가톨릭교회 간의 극단적 대립을 피하는 중용 노선을 걸음으로써 종교문제로 혼란스러웠던 사회를 바로잡았다. 더불어 그녀는 이런 일을 처리하느라 지쳤는지 아침식사로 두 파인트의 맥주를 마셨다.

헨리8세의 여섯 아내들

헨리 8세의 여섯 번 결혼의 결과는 다음과 같다.

아라곤의 캐서린 (Catherine of Aragon)	이혼	메리 1세를 낳았지만 왕위를 물려받을 아들을 낳지 못했다.
앤 불린 (Anne Boleyn)	참수	엘리자베스 1세를 낳았지만 아들을 낳지 못했다. 들리는 소문에 의하면 궁정의 청년들에게 매우 인기가 많았다고 한다.
제인 시모어 (Jane Seymour)	사망	에드워드 1세를 낳은 후 산욕열로 죽었다. 만약 그녀가 그렇게 가지 않았다면 헨리 8세는 여섯 번이나 결혼하지 않았을지도 모른다.
클레베의 앤 (Anne of Cleves)	이혼	헨리 8세는 독일에서 온 그녀를 '플랜더스의 암말'이라고 불렀으며, 외모가 매력적이지 않다는 이유로 쫓아냈다. 그녀는 이혼을 순순히 받아들이며 '왕의 누이'라는 호칭에 만족하고 영국에 머무르며 왕실과 평안한 관계를 유지했다.
캐서린 하워드 (Catherine Howard)	참수	클레베의 앤 왕비의 시중을 들다가 헨리 8세의 눈에 들어 왕비가 되었고, 앤 불린과 외사촌 간이었다. 활기차고 발랄했지만 여러 남자와 자유롭게 연애하다 헨리 8세에게 알려지자 간통죄로 런던탑에 갇혔다가 참수되었다.

캐서린 파 (Catherine Parr)	사망	두 번의 결혼 경력을 가진 왕실의 가정교사였던 그녀는 늙은 헨리 8세를 보살폈으며, 그의 아이들을 잘 돌보았다. 헨리 8세가 애정 공세를 펼치기 전 그녀에겐 연정을 품은 에드워드의 외숙 토마스 시모어가 있었으나 왕에 대한 임무를 선택했다. 그녀는 헨리 8세보다 오래 살았고, 헨리 8세가 사망하자 토머스 시모어와 결혼했다.

스튜어트 왕조의 다사다난

스코틀랜드의 제임스 6세스코틀랜드 여왕 메리의 아들가 영국의 제임스 1세로 즉위한 1603년부터 영국 왕실은 완전히 스코틀랜드 색깔을 띠게 되었다. 그는 스코틀랜드에서 150년 동안 즐겼던 골프 클럽을 런던으로 가져왔고, 인기를 끌었다. 그가 영국의 왕이 된 것은 엘리자베스 1세가 후계자를 남기지 못하고 죽자 그가 지명되었기 때문이다. 스튜어트 왕조에서 최초로 영국 왕이 탄생한 것이다. 그는 가톨릭과 청교도를 억압하며 국교회의 개종을 강요했는데 이는 '화약음모사건Gunpowder Plot'의 촉발점이 되었다.

[스튜어트 왕조1603~1714]

✓ 제임스 1세James I, 재위 기간 1603~1625

✓ 찰스 1세Charles I, 재위 기간 1625~1649

✓ 찰스 2세Charles II, 재위 기간 1660~1685

✓ 제임스 2세James II, 재위 기간 1685~1688

✓ 윌리엄 3세와 메리 2세의 공동 통치William III and Mary II, 1689~1702

✓ 앤Anne, 1702~1714

왕권신수설을 주장한 제임스 1세

1605년 11월 5일, 가이 포크스Guy Fawkes를 비롯한 가톨릭 세력들이 제임스 1세를 암살하려고 그가 의회 개회 선언을 하는 동안 상원 의사당을 폭파하려고 했다. 이것이 앞에서 말한 '화약음모사건'이다. 매년 11월 5일 되면 영국 전역에서 이 사건이 실패한 것을 기념하기 위해 화려한 불꽃놀이가 열린다.

아버지의 뜻을 좇다가 처형된 찰스 1세

제임스 1세의 아들인 찰스 1세는 아버지를 본받아 왕권신수설을 지지했고 절대권력을 얻으려 했다. 당연히 의회와 대립하면서 두 차례나 의회를 조롱하고 해산시켰다. 그러다가 죽었다, 라고 설명하면 너무 밋밋한가? 그렇다면 약간 덧붙이겠다. 찰스 1세는 의회를 11년 동안 열지 않고 마음대로 특별법을 만들어 통치했다. 그리고 통치하는 내내 독재적인 모습을 보였다. 그 사이 영국은 의회파와 왕당파가 각기 병력을 소집하고 전쟁을 벌이게 된다. 이것이 영국 내전의 시작이다. 그렇다면 찰스 1세는 어떻게 되었을까? 의회파의

올리버 크롬웰^{Oliver Cromwell}에 의해 대역죄로 처형되었다.

되레 왕정의 복구를 부른 크롬웰의 공화정

영국 내전은 올리버 크롬웰 활약에 힘을 얻어 의회파가 승리했다. 영국 내전은 1642년에서 1651년까지 진행되었다. 올리버 크롬웰은 공화국을 선포하고 오늘날의 대통령 직함이라고 할 수 있는 '호국경'에 취임하면서 10년 동안 영국을 통치했다. 그의 엄격한 청교도주의로 청교도 정신 즉 성서주의에 근거하여 성탄절조차 금지됐다. 마태복음서, 누가복음서에 예수의 탄생 설화가 나오기는 하지만 예수가 12월 25일에 태어났다는 이야기가 없기 때문일 것이다. 크롬웰은 철권 통치를 하며 독재자와 같은 일면을 보였고, 민심은 그에게 등을 돌렸다. 올리버 크롬웰이 사망한 후, 그의 아들 리처드 크롬웰이 그 지위를 이어받았으나 1660년 메리 마너크^{Merry Monarch,} ^{찰스 2세가} 프랑스 망명에서 돌아온 후, 왕정이 복구되었다. 궁정에는 다시 떠들썩함과 방탕함이 만연했고, 크리스마스는 즉시 회복되었다.

대화재로 대역병을 잡다

1665년 런던 대역병과 1666년 런던 대화재로 인해 영국에 만연하던 그 유쾌함이 조금 훼손되었다. 런던 대역병은 그 당시 런던 인구의 4분의 1인, 약 10만 명의 목숨을 빼앗아갔다. 런던 대화재로 인한 인명 손실은 적었지만 87개의 교구 교회, 세인트폴대성당^{St Paul's} ^{Cathedral}과 13,000여 채 이상의 가옥이 파괴되었고, 도심 지역 대부분의 사람들이 살 집을 잃었다. 그 대화재로 인해 대역병이 재발할 가능성이 사라졌다는 것이 좋은 점이라면 좋은 점이었다.

루이 14세의 도움을 받았던 제임스 2세

찰스 1세의 차남이며 찰스 2세의 동생인 제임스 2세는 찰스 2세의 뒤를 이어 왕을 이어받았다. 하지만 1688년 명예혁명이 일어나면서 프랑스로 망명했다. 루이 14세의 도움으로 프랑스군을 이끌고 영국에서 재기를 꿈꾸었으나 병사했다.

권리장전 통과

명예혁명으로 폐위된 제임스 2세의 후임인 윌리엄 3세와 사촌이기도 한 그의 아내 메리 2세는 1689년 공동 왕위에 올랐다. 그들이 왕위에 오르자 어수선했던 상황이 어느 정도 회복되었다. 같은 해 왕의 권한을 제한하고, 의회의 정기적인 선거 개최와 발언의 자유를 허락하고, 개신교도들이 호신용 무기를 휴대하는 것을 허락하고, 가톨릭 신자는 왕위에 오를 수 없다는 것을 명문화한 권리장전이 통과되었다.

앤 여왕의 단일왕정

1707년 연합법Acts of Union 1707은 잉글랜드와 스코틀랜드 왕국이 합병하여 그레이트브리튼 왕국이 될 것을 결의한 법이다. 이 결과 왕국이 합병되었고 영국 의회도 단일화가 되었다. 이 모든 것이 앤 여왕의 단일왕정 하에 이뤄진 것이다. 1714년 앤 여왕이 죽었을 때, 그녀의 몸은 통풍으로 매우 부어 있었다.

하노버 왕조의 다사다난

앤 여왕의 뒤를 이어 영국의 왕이 된 사람은 독일계 하노버 왕조의 조지 1세였다. 우선 그가 어떻게 영국의 왕이 될 수 있었는지를 생각해보자. 그는 스튜어트 왕조 제임스 1세의 외증손자다. 앤 여왕이 후사 없이 사망하자 그가 왕을 이어받은 것이다. 조금 더 복잡하게 설명하면 이렇다. 제임스 1세의 맏딸 엘리자베스가 팔츠pfalz의 선제후 프리드리히Friedrich와 결혼해 딸 소피아를 낳았고, 그 딸이 하노버의 선제후 에른스트 아우구스트Ernst August와 결혼해 조지를 낳았다. 54살이라는 나이에 영국 땅을 처음 밟은 조지 1세는 독일어만을 사용하면서 영국을 통치했기 때문에, 곧 조롱의 대상이 되었다. 그가 데리고 온 두 명의 정부情婦는 풍자가들에 의해 '메이폴Maypole, 5월제 기념 기둥'과 '코끼리와 성Elephant and Castle'이라는 별명을 얻었다. 즉 한 사람은 대벌레를 닮았고, 다른 한 사람은 비만이었다고 한다.

[하노버 왕조 1714~1901]

✓ 조지 1세 George I, 재위 기간 1714~1727

✓ 조지 2세 George II, 1727~1760

✓ 조지 3세 George III, 1760~1820

✓ 조지 4세 George IV, 1820~1830

✓ 윌리엄 4세 William IV, 1830~1837

✓ 빅토리아 Victoria, 재위 기간 1837~1901

외교 실리를 챙긴 조지 2세

조지 2세는 아버지 조지 1세를 따라 31살에 처음 영국 땅을 밟았다. 조지 2세는 오랫동안 영국을 통치하면서 외교 전쟁을 통해 실리를 추구했다. 9년 전쟁 1688~1697 * 으로 시작된 영국과 프랑스 사이의 전쟁은 7년 전쟁 1754~1763에서 본격적으로 격돌했다. 제임스 울프 James Wolfe 장군이 프랑스군에 승리하며 퀘백을 점령한 후, 영국은 프랑스령 캐나다를 차지했고, 영국 사령관 로버트 클리브 Robert Clive 의 노력 덕분에 스페인령 플로리다와 동인도의 벵갈 Bengal을 지배하게 되었다.

광기를 숨겨두었다 계기를 만나 풀어헤친 조지 3세

조지 2세의 손자인 조지 3세가 통치하는 동안, 영국은 미국 독립
전쟁1775~1783에 패배했지만 나폴레옹 전쟁1803~1815에 승리하여 자
존심을 회복했다. 그러나 조지 3세는 미국독립전쟁에서의 패배를
매우 치욕적으로 여겼다. 심지어 퇴위까지 고려했으며, 나폴레옹
전쟁의 승리를 만끽하기도 전에 그의 광기는 시작되었다.

여성편력 속에 숨은 조지 4세의 한풀이

조지 4세는 조지 3세가 정신병으로 힘들어할 때 섭정 역할을 하다
가 왕이 되었다. 조지 4세는 조지 3세의 광기어린 행동으로 불행한
어린 시절을 보냈다. 그래서 그는 음주와 복잡한 여성편력을 일삼
았다. 그의 치세에 기억할 수 있는 것은 리젠시 건축 양식이 유행했
다는 것과 아내 캐롤라인을 대관식에 참석하지 못하게 했다는 것
그리고 그가 뚱뚱했다는 것이다. 나는 그가 다음과 같은 동요에 영
감을 주었을 거라는 생각이 든다.

'조지, 포지, 달콤한 유혹,
소녀들에게 키스를 하고 그녀들을 울려버리지.
Georgie, Porgie, pudding and pie,
kissed the girls and made them cry.'

얼떨결에 왕이 된 윌리엄 4세

윌리엄 4세는 자신이 왕이 될 줄 모르고 단순하게 삶을 즐기며 살다가 왕위 계승 서열에서 그보다 앞서 있던 사람들이 다들 사망하자 왕이 되었다. 그는 영국의 '제1차 선거법 개정'에 적극적으로 협력해 영국 의회 발전에 큰 기여를 했으나 1833년 노예제도 폐지법은 반대했다. 그 법은 하원의원 도덕성 회복 운동에 헌신한 윌리엄 윌버포스William Wilberforce 노력 덕분에 통과되었다.

모든 권리를 누린 여왕이라 여성의 기본 권리를 몰랐던 걸까?

빅토리아 여왕은 영국의 최전성기 시대라고 불릴 정도로 안정된 왕권을 수립했다. 그녀가 통치하던 64년간을 '빅토리아시대'라고 부른다. 빅토리아 여왕은 조지 3세의 넷째인 에드워드의 딸이다. 조지 4세의 외동딸인 샬럿Charlotte 공주가 자식 없이 요절하자 왕위 계승 서열에 따라 그녀가 왕위를 계승했다. 빅토리아시대에 영국은 막대한 양의 철, 석탄, 모직물을 생산하면서 세계적인 산업 강국이 되었다.

비록 미국을 잃었지만 영국은 여전히 캐나다, 호주, 뉴질랜드, 인도, 아프리카와 캐리비언 해, 그 밖에 여러 많은 지역을 식민지로 갖고 있었다. 빅토리아 여왕은 세계 인구와 육지의 4분의 1 이상을 지배하며, 태양이 결코 지지 않는 제국을 통치했다. 다만 그녀는 여성의 권리에 반대했는데 아마 그녀에겐 모든 권리를 누릴 수 있는 권한을 갖고 있었기 때문이었을 것이다. 빅토리아시대에 탄생한 세계 최초의 것들은 우표, 전보, 전화, 무료 교육, 노동조합, 그리니치 표준시GMT이다.

작센코부르크고타 왕조의 다사다난

빅토리아 여왕과 부군 앨버트 공의 장남인 에드워드 7세는 어머니의 통치가 끝나기를 기다리면서 웨일 공으로서 플레이보이 생활을 누렸다. 그는 특히 경마, 사격, 좋은 와인, 여배우들, 그중에서 릴리 랭트리Lillie Langtry와 다른 남자들의 아내들을 즐겼다.

공과 사를 구분했던 에드워드 7세

에드워드 7세는 플레이보이 생활을 즐겼지만 왕을 이어받자 태도를 바꿔 무장 군대를 현대화하고, 영국과 프랑스 사이에 앞으로 있을지 모를 전쟁을 예방하기 위해 1904년 프랑스와 평화 협정을 맺었다.

엄격히 말하면

조지 5세는 재임 기간의 첫 7년 동안은 작센코부르크고타 왕조의 군주였다. 제1차 세계대전 동안 영국 국민의 반독 감정을 고려해 왕조를 윈저로 바꾸었다.

[작센코부르크고타 왕조1901~1910 **]**

✓ 에드워드 7세Edward VII, 1901~1910

윈저 왕조의 다사다난

조지 5세는 에드워드 7세의 차남으로, 형의 죽음으로 왕위를 이어받았다. 제1차 세계대전에 대한 엄청난 부담감을 갖고 있었고, 전선을 여러 차례 방문했다. 1917년 그는 현명하게 작센코부르크고타에서 윈저로 성을 바꾸었고, 독일과의 모든 연관을 단절했다.

[윈저 왕조1910~현재 **]**

✓ 조지 5세George V, 재위 기간 1910~1936

✓ 에드워드 8세Edward VIII, 1936

✓ 조지 6세George VI, 재위 기간 1936~1952

✓ 엘리자베스 2세Elizabeth II, 재위 기간 1952~현재

왕의 말 아래로 뛰어들어 여성 권리를 주장하다

1913년 여성참정권 운동을 열렬히 벌이던 에밀리 데이비슨Emily Davison은 엡섬Epsom의 경마장에서 조지 5세의 말 아래로 목숨을 걸고 뛰어들었다. 그녀는 말발굽에 밟혔고 머리에 큰 부상을 입어 나흘 만에 숨졌다. 그 후, 여성참정권 운동은 더욱 활발해졌다. 1919년 애스터 부인으로 불린 낸시 애스터Nancy Astor가 남편의 하원의원직을 이어받아 여성 최초 하원의원이 되었고, 1928년 영국에선 21세 이상의 모든 여성이 투표권을 갖게 되었다.

스페인독감

1918년 미국 시카고에서 발생한 '스페인 독감'은 2년 동안 전 세계 인구의 4%에 해당하고, 제1차 세계대전에서 죽은 사람 수의 3배에 이르는 약 5천만 명의 목숨을 앗아갔다. 정확히 말하면 스페인 독감은 바이러스 진원지가 스페인은 아니었으나 유독 스페인 언론에서 깊이 다루면서 이렇게 불려졌다.*

☀ **별별 지식**
....

＊   한국에선 '무오년독감'이라 불렸고 약 740만 명이 감염되었고 약 14만 명의 사람이 죽었다.

필립 왕자의 운명

1922년 조지 5세는 혁명군들로부터 그리스 왕가를 구하기 위해 배를 보냈다. 그 배에는 한 살 된 필립 왕자가 타고 있었고, 훗날 그는 엘리자베스 2세의 남편이 된다.

사랑을 위해 왕위를 버리다

1936년 12월 10일, 조지 5세의 장남인 에드워드 8세는 두 번의 이혼 경력이 있는 월리스 심프슨Wallis Simpson과 결혼하기 위해 왕위를 버렸다.

왕으로서 최선을 다한 조지 6세

1936년 왕위 대신 사랑을 선택한 에드워드 8세가 물려준 왕위를 이어받은 조지 6세는 영국을 통치하기 위해 언어장애말더듬이를 극복했다. 그는 제2차 세계대전의 참상을 목격했지만 런던 대공습 기간에 런던을 떠나지 않았다. 그와 그의 아내 메리는 버킹엄 궁전에 머물며 영국 국민의 정신적 지주 역할을 충실히 수행했다.

전쟁에서 승리하고, 그것으로 노벨문학상도 타고

영국의 총리 윈스턴 처칠Winston Churchill은 제2차 세계대전에서 아돌프 히틀러Adolf Hitler의 나치 독일을 물리친 것뿐만 아니라 6년간 집필해온 『제2차 세계대전』으로 1953년 노벨문학상도 탔다. 1965년 그가 사망한 후, 2010년 영국 본토 항공전 70번째 기념을 축하하기 위해 그의 연설에 음악을 가미한 음반이 음악 차트에 진입하기도 했다.

16개국의 국가 원수인 엘리자베스 2세 여왕

많은 사람들이 영국은 잉글랜드, 스코틀랜드, 북아일랜드, 웨일스의 4개국이 이룬 연합왕국이라고 알고 있다. 하지만 이것 또한 알아두어야 한다. 1949년 대영제국은 영국이 지배했던 나라들이 잇따라 독립을 했기 때문에 영국연방Commonwealth of Nations이 되었다. 오늘날 영국연방은 53개 회원국을 갖고 있다. 엘리자베스 2세 여왕은 영국연방의 수장일 뿐만 아니라 16개국의 국가 원수이다. 그중 브루나이Brunei, 레소토Lesotho, 말레이시아, 스위스, 통가의 5개 회원국은 자신들의 국왕을 갖고 있다. 나머지 나라들은 공화국이다. 영국과 어떠한 식민지적 또는 헌법적 연관이 없음에도, 모잠비크와 르완다Rwanda는 회원국으로 인정되었다.

정확한 선택을 하지 못하고 애매하게 남아버린 북아일랜드

영국령 아일랜드의 북동부 지방에 있는 북아일랜드는 30년1968~1998 동안 분쟁을 이어갔다. 주된 문제는 그 나라가 영국의 일부로 남아야 하는지 혹은 아일랜드공화국에 합류해야 하는지였다. 결국 북아일랜드는 의회의 권력 분담 자치정부로 남았다. 그리고 1997년 스코틀랜드와 웨일스는 자체적인 의회를 갖는 것에 찬성 투표를 했다.

대처의 대찬 영토 반환

영국의 첫 번째 여성 수상인 마가렛 대처Margaret Thatcher의 지도하에 영국은 1982년 아르헨티나를 공격한 후 포클랜드Falkland 제도를 되찾았다.

영국 역사상 가장 오래 통치하는 엘리자베스 2세 여왕

고조모 빅토리아 여왕의 재임 기간 63년 7개월 3일 후, 엘리자베스 2세는 왕위를 물려받았고, 현재 영국 역사상 가장 오래 통치하는 영국의 군주가 되었다.

알고 있으면 쓸 데가 많은 지식

사형보다 더 무거운 호주 유배

18세기와 19세기 영국에서 호주 유배형의 형벌을 받는 범죄에 해당하는 것은 아래와 같다. 건초더미에 불을 지르는 것, 결코 좋은 생각이 아니라고 생각되는 캐나다의 핼리팩스Halifax 시에서 줄무늬 면직물을 훔치는 것, 아일랜드 반군이 되는 것, 머리빗을 훔치는 것, 유배지에서 도망치는 것 등이다. 그 당시, 많은 사람들은 사형이 호주 유배형보다 가벼운 형벌이라고 여겼다. 사형에 해당하는 범죄는 첼시 연금 수급자를 사칭하는 것, 집시와 한 달 동안 동거하는 것, 7~14세의 아이들을 대상으로 한 살의殺意의 '명백한 증거'가 있는 것 등을 들 수 있다.

5. 긍정의 역사 Positive history

인류 역사는 갖가지 전쟁, 전염병, 인권 침해로 가득 차 있다. 그러므로 인류에 대한 믿음을 완전히 잃어버리지 않기 위해, 긍정적인 사건들 중 몇 가지를 기억하는 것은 중요하다. 기운을 북돋워주는 몇 가지 사건들은 다음과 같다.

간디의 비폭력운동

인도제국의 압제와 만행에 맞서, 마하트마 간디Mahatma Gandhi는 수년 동안의 평화적 시위, 비협력, 자발적 빈곤을 실천한 후 1947년 인도의 독립을 확보했다.

마틴 루터 킹의 비폭력적 저항

미국인 인권운동가 마틴 루터 킹Martin Luther King Jr.은 인종차별에 대해 비폭력적 저항과 1963년 8월 28일 '나에겐 꿈이 있습니다I have a dream'이라는 유명한 연설로, 미국에서 인종 평등의 길을 닦았다. 워싱턴 D.C. 링컨기념관에 모인 25만 명의 시위 군중에게 행한 그의 연설은 전 세계에 파문을 불러일으켰다. 1968년 흑인 환경미화원의 파업을 지원하기 위해 멤피스Memphis를 방문했다가 암살당한 후 그를 기리기 위해 '마틴루터킹 주니어데이'를 만들기 위한 오랜 운동이 시작되었다. 결국 그 운동은 1986년에 성공해 매년 1월 15일은 그를 위한 날이 되었다. 1월 15일은 마틴 루터 킹의 생일이다.

발트의 길

1989년 8월 28일 발트 3국인 에스토니아 Estonia, 라트비아 Latvia, 리투아니아 Lithuania의 국민 200만 명이 구소련으로부터 독립을 쟁취하기 위해 서로 손을 맞잡고 인간 사슬을 만들었다. 인간 사슬은 650km 이상을 뻗어나갔다.

넬슨 만델라와 '진실과 화해 위원회'

넬슨 만델라는 남아프리카공화국의 인종차별 정책에 맞서 투쟁했기 때문에 국가반역죄로 로벤 섬 Robben Island에서 18년, 폴스모어 교도소 Pollsmoor Prison에서 6년, 빅터 버스터 교도소 Victor Verster Prison에서 2년을 합쳐 총 27년 동안 교도소에서 생활해야만 했다. 1990년 그가 석방된 후 최초로 남아프리카공화국의 흑인 대통령이 되었고, '진실과 화해 위원회'를 구성해 과거의 인권 침해 범죄를 낱낱이 밝혔지만 '용서하되 잊지 않는다'는 슬로건 아래 단 한 명도 과거사로 인해 처벌하지 않았다. 더불어 평화로운 정권 이양을 보장하기 위해 다인종 정부를 만드는 데 5년을 보냈다.

에티오피아 기아 문제 해소

1984년 아일랜드 뮤지션 밥 겔도프 Bob Geldof와 영국 뮤지션 밋지 유르Midge Ure는 에티오피아 기아 문제를 해소하기 위한 기금 마련을 위해 영국의 뮤지션들에게 '그들은 크리스마스라는 것을 알고 있나요Do They Know It's Christmas?'를 같이 부르자고 요청했다. 이 곡은 영국에서 1주 만에 100만 장이 판매되었고, 5주간 1위를 차지했다. 더불어 800만 파운드를 모을 수 있었다. 이 음반에 참여한 뮤지션은 조지 마이클George Michael, 필 콜린스Phil Collins, 보이 조지George Alan O'Dowd, 스팅Sting 등이 있다. 이에 자극을 받은 미국이 발표한 곡은 마이클 잭슨Michael Jackson과 라이오넬 리치Lionel Richie가 주도한 '우리는 세계We are the world'이다. 훗날 영국과 미국은 대규모 공연 '라이브 에이드live Aid'를 개최해 1억 5천만 파운드를 모금했다.

아웅 산 수 지의 가택연금

미얀마 독립의 영웅인 아버지 아웅 산과 고위직을 지낸 어머니 킨 치 사이에 태어난 아웅 산 수 지Aung San Suu Kyi는 독립 2년 전에 아버지가 정적에 의해 암살당하자 어머니와 함께 외국에서 생활했다. 옥스퍼드대학교에 진학해 영국인과 결혼했던 그녀는 어머니가 뇌졸중으로 쓰러지자 병 간호를 위해 귀국했다 국가적 민주화 운동을 무참하게 진압하는 군부의 모습을 목격한다. 제2의 인생을 미얀마 군사독재의 철권통치에 대항하는 민주화 투사로 나선 수 지는 21년의 가택연금에 처해진 후 15년을 보냈다. 그녀는 영국인 남편과 아이들을 만나기 위해 언제든 그 나라를 떠나는 것이 허락되었지만 거절했다. 대신 민주주의와 인권을 위해 맞서기로 결심했다. 2010년 그녀는 마침내 가택연금에서 해제되었고, 그녀의 민주당은 그 이후 선거에서 압승을 거두었다.

마누엘 씨, 당신이 축출되었다는 소식을 들어 유감입니다

10살 된 미국인 소녀 사라 요크Sarah York는 파나마Panama의 독재자 마누엘 노리에가Manuel Noriega의 모자를 좋아했다. 그녀는 아버지의 격려를 받은 후, 마누엘 노리에가와 편지를 주고받기 시작했다. 그녀와 노리에가는 펜팔 친구가 되었고, 그로 인해 그녀와 그녀의 가족은 파나마로 휴가를 보내러 갈 수 있었다. 그곳에서 그들은 군인들의 에스코트를 받으며 가이드가 있는 여행을 했다. 1년 후인 1989년, 미국은 파나마를 침공했고 노리에가를 축출했다.

진정한 앎은
자신이 얼마나 모르는지를 아는 것이다.

공자

문화

A bit of culture

CHAPTER 5

문화는 우리를 이롭게 한다. 그것은 우리의 지성을 넓혀주고, 우리가 벗어나야 하는 것으로부터 벗어날 수 있도록 도와준다. 우리는 고전문학과 거장들의 그림 그리고 TV 드라마와 리얼리티 TV쇼에 이르기까지 다양한 종류의 문화생활을 누릴 수 있다. 오늘날에 와서는 문화의 범위는 넓고 넓어서 선택할 수 있는 폭이 다양하다. 카페, 패스트푸드 체인점, 최신 유행의 레스토랑에 이르기까지 가격에 따라 고를 수 있다. 언제 어디서든 이용 가능한 SNS, 온라인 쇼핑으로 인해 우리는 의자에서 엉덩이를 떼지 않고도 세계와 쉽게 만날 수 있다. 이것보다 더 좋은 것은, 한 권의 책이다. 그러므로 책에 대한 주제부터 살펴보자.

1. 문학 Literature

1440년 독일에서 요하네스 구텐베르크 Johannes Gutenberg가 금속활자를 발명하면서 인쇄술이 발달했다. 문학은 고대의 이야기꾼들이나 양피지에 글을 쓰던 작가들이 상상할 수 있었던 것보다 훨씬 더 많은 수의 사람들에게 깨달음과 즐거움을 제공해왔다. 이제는 문학 전집 전체를 전자책 단말기에서 단 몇 초 만에 다운받을 수 있을 정도로 문학은 점점 더 대중들의 삶 속으로 들어와 있다.

가장 많이 팔린 책 10권

판매 부수가 기록되기 전부터 수십억 권씩 팔렸을 『코란Koran』과 『성경The Bible』 그리고 마오쩌둥의 『어록The Little Red Book』을 제외하고, 역대 가장 많이 팔린 책 10권은 다음과 같다. 연대별로 정리한 것으로 순위와는 상관이 없다.

연도	책 이름	작가	판매 부수
1791년작	『홍루몽(紅樓夢)』	조설근 (曹雪芹)	1억
1887년작	『그녀:감행의 연대기 (She:A History of Adven- ture)』	헨리 라이더 해거드 (H. Rider Haggard)	1억

1937년작	『호빗(The Hobbit)』	J.R.R. 톨킨 (J.R.R. Tolkien)	1억 4천 2백만
1937년작	『생각하고 성장하라 (Think and Grow Rich)』	나폴레옹 힐 (Napoleon Hill)	7천만
1939년작	『그리고 아무도 없었다 (And Then There Were None)』	아가사 크리스티 (Agatha Christie)	1억
1943년작	『어린왕자(Le Petit Prince)』	앙트안 드 생텍쥐페리 (Antoine de Saint- Exupery)	1억 4천만
1950년작	『나니아 연대기 (The Lion, the Witch and the Wardrobe)』	C.S. 루이스 (C. S. Lewis)	8천 5백만
1955년작	『반지의 제왕 (The Lord of the Rings)』	J.R.R. 톨킨	1억 5천만
1997년작	『해리포터와 마법사의 돌 (Harry Potter and the Philosopher's Stone)』	J.K. 롤링 (J. K. Rowling)	1억 7백만
2003년작	『다빈치 코드 (The Da Vinci Code)』	댄 브라운 (Dan Brown)	8천만

J.K. 롤링의 『해리포터와 혼혈왕자Harry Potter and the Half-blood Prince』와
J.D. 샐린저J. D. Salinger의 『호밀밭의 파수꾼The Catcher in the Rye』 그리고
파울로 코엘료Paulo Coelho의 『연금술사The Alchemist』는 상위 10권 안
에는 들지 못했으나 그 주변에 근접해 있다.

상위 10위 안에 들었을 고전

『코란』과 『성경』 그리고 마오쩌둥의 『어록』을 비롯해 믿을 만한 판매 부수 기록이 남아 있다면 상위 10권의 후보가 되었을 다른 옛 책들은 다음과 같다.

연도	책 이름	작가
기원전 8세기	『일리아드와 오딧세이 (Iliad and Odyssey)』	호머 (Homer)
1615년작	『돈키호테(Don Quixote)』	미겔 데 세르반테스 (Miguel de Cervantes)
1813년작	『오만과 편견 (Pride and Prejudice)』	제인 오스틴 (Jane Austen)
1844년작	『삼총사 (The Three Musketeers)』	알렉상드르 뒤마 (Alexandre Dumas)
1859년작	『두 도시의 이야기 (A Tale of Two Cities)』	찰스 디킨스 (Charles Dickens)
1862년작	『레미제라블 (Les Miserables)』	빅토르 위고 (Victor Hugo)
1865년작	『이상한 나라의 앨리스 (Alice's Adventures in Wonderland)』	루이스 캐럴 (Lewis Carroll)
1883년작	『피노키오의 모험 (The Adventures of Pinocchio)』	카를로 콜로디 (Carlo Collodi)

시리즈로 역대 최고 베스트셀러는 J.K. 롤링의 『해리포터』이고, 그 다음은 R.L. 스타인R. L. Stine의 어린이를 위한 공포 소설 『구즈범스Goosebumps』, 에를 스탠리 가드너Erle Stanley Gardner의 추리소설 『페리 메이슨Perry Mason』, 스탠과 잰 베렌스타인Stan and Jan Berenstain의 아동물 『베렌스타인 베어스Berenstain Bears』이다.

역대 최고 베스트셀러 작가는 윌리엄 셰익스피어와 아가사 크리스티이다. 두 작가 모두 약 40억 권의 판매 부수를 갖고 있다. 3위인 연애소설의 대가인 바버라 카틀랜드Barbara Cartland의 판매 부수는 약 10억 권이다. 바버라 카틀랜드는 흰색 모피 양탄자가 깔려 있고, 보온 물주머니가 있는 소파에 비스듬히 기대앉아 자신의 모든 소설을 비서에게 받아쓰게 했다.

셰익스피어가 처음 만들어낸 표현들

윌리엄 셰익스피어가 글을 쓰는 과정에서 처음으로 생각해냈으며, 오늘날에도 흔히 사용되고 있는 수백 개의 영어 표현들 중 단지 몇 개는 다음과 같다.

작품	표현
『윈저의 즐거운 아낙네들 (The Merry Wives of Windsor)』	The world's my oyster (세상은 너의 것이다)

『말괄량이 길들이기 (The Taming of the Shrew)』	Refuse to budge an inch (꿈쩍도 않다)
『맥베드 (Macbeth)』	The milk of human kindness(따뜻한 인정)/ Once fell swoop(단번에, 일거에)/ The be-all, end-all(전부, 가장 중요한 것)
『헨리 4세 (Henry VI)』 2부	Dead as a doornail(완전히 죽은)
『존 왕 (King John)』	Elbow room (몸을 편히 움직일 수 있는 공간)
『헨리 8세 (Henry VIII)』	For goodness' sake (제발, 아무쪼록)
『줄리어스 시저』	It was all Greek to me (나는 뭐가 뭔지 하나도 모르겠다)
『오델로 (Othello)』	Foregone conclusion(피할 수 없는 결과)/ Jealousy is the green-eyed monster (질투의 화신)/ Wear your heart on your sleeve (감정을 노골적으로 드러내다)
『트로일러스와 크레시다 (Troilus and Cressida)』	Good riddance (보기 싫은 것이 없어서 속이 시원하다)
『로미오와 줄리엣 (Romeo and Juliet)』	Wild goose chase(부질없는 시도)

『뜻대로 하세요 (As You Like It)』	Too much of a good thing (좋은 것도 한두 번이지)
『안토니와 클레오파트라 (Antony and Cleopatra)』	Salad days (풋내기 시절)
『심벨린(Cymbeline)』	Not slept a wink (한숨도 못 자다)
『베니스의 상인 (The Merchant of Venice)』	Love is blind (사랑을 하면 눈이 먼다)
『템페스트 (The Tempest)』	In a pickle (곤경에 처한)
『헨리 5세(Henry V)』	Heart of gold (순수한 마음)

셰익스피어는 오늘날에도 많이 사용하고 있는 약 1700개의 새로운 단어를 만든 것으로 추정하고 있다. 예를 들어, 만약 당신이 "뻔뻔하게 친한 척 하는 기술은 토할 만큼 역겹다the art of barefaced hobnobbing is obscene enough to make you puke＊"라고 말한다면, 당신은 그 전체 문장의 상당히 많은 부분을 셰익스피어에게 빚지고 있는 것이다.

* 셰익스피어의 작품에는 약 2만 개의 단어가 등장하는데, 그중 약 2천 개의 단어가 신조어라는 연구 결과가 있다. 이 문장에서 'barefaced, obscene, puke, hobnob'는 셰익스피어의 신조어이다.

알고 있으면 쓸 데가 많은 지식

머리 없는 그의 시체가 불편하게 누워 있다

스트랫퍼드어폰에이번(Stratford-upon-Avon)에 있는 셰익스피어의 무덤을 고고학적으로 정밀하게 촬영한 결과, 그의 머리가 사라졌음이 드러났다. 이 같은 결과는 1794년 도굴꾼들이 머리를 파내 훔쳐갔다는 오래된 믿음에 신빙성을 더해주고 있다. 난 이 뉴스를 보고 햄릿이 오필리아의 장례식에 참석했다가 궁정 광대였던 '요릭'의 머리뼈를 보며 인생의 덧없음을 이야기한 대목이 생각났다. 셰익스피어의 해골도 어딘가를 응시하고 있겠지?

"아아, 불쌍한 요릭. 나는 그를 안다네, 호레이쇼. 끝없는 재담과 기막힌 상상력을 가진 친구였지. 천 번을 그의 등에 업혀 다녔지만 지금은 이렇게 되어버렸다니. 생각만 해도 소름이 끼치는군. 구역질이 날 것 같네. 여기에 달려 있을 입술에 나는 얼마나 입을 맞추었을지 모르네. 좌중을 웃음바다로 만들던 그대의 익살, 광대 춤, 노래, 신명 나던 재담은 모두 어디로 가버린 건가?"

문학에 관한 몇 가지 놀라운 사실들

50단어만을 사용한 동화책

1960년대 작가이자 랜덤하우스의 설립자인 베네트 서프^{Bennett Cerf}는 미국의 작가이자 만화가인 닥터 수스^{Dr Seuss}에게 50단어만을 사용해서 책을 쓸 수 있는지에 대해 내기를 걸었다. 닥터 수스는 이 내기에 응했고, 그래서 나온 책이 『초록 달걀과 햄^{Green Eggs and Ham}』이다. 이 동화책은 현재까지 가장 많이 팔리는 동화책 중 하나가 되었다.

프랑스에서 가장 많이 팔린 책

프랑스에서 가장 잘 팔리는 소설은 빅토르 위고^{Victor Hugo}, 기 드 모파상^{Guy de Maupassant}, 조르주 심농^{Georges Simenon} 혹은 대문호들의 작품이 아니었다. 미국 작가인 댄 브라운이 쓴 『다빈치 코드』였다. 프랑스 인구 4분의 1 이상이 이 소설을 읽었다.

스파이 소설과 동화책

영국 작가 이안 플레밍^{Ian Fleming}은 '제임스 본드'가 등장하는 스파이 소설을 1953년부터 1962년까지 매년 출간했다. 그는 또한 아들을 위해 동화책 『치티 치티 뱅뱅^{Chitty Chitty Bang Bang}』도 출간해 많은 사랑을 받았다. 이 책은 영화와 연극으로 각색되었다.

여성 작가에 대한 불평등한 처사

19세기 영국에선 여성 작가에 대한 편견이 심했다. 그래서 브론테 자매는 필명으로 글을 썼다. 그들은 최소한 본명의 머리글자만 필명 속에서 유지할 수 있었다. 참고로 레프 톨스토이Lev Nikolayevich Tolstoy의 아내 소피야는 남편을 위해 『전쟁과 평화War and Peace』의 초고를 썼다.

작가	필명	가장 유명한 소설
샬럿 브론테 (Charlotte Bronte)	커러 벨(Currer Bell)	『제인 에어(Jane Eyre)』
에밀리 브론테 (Emily Bronte)	엘리스 벨(Ellis Bell)	『폭풍의 언덕 (Wuthering Heights)』
앤 브론테 (Anne Bronte)	액턴 벨(Acton Bell)	『와일드펠 홀의 소작인 (The Tenant of Wildfell Hall)』

핀란드에서 가장 인기 있는 만화 잡지

핀란드에서 가장 인기 있는 주간 만화 잡지는 핀란드어로 「아쿠 안카Aku Ankka」이다. 영어로는 「월트 디즈니의 도날드 덕Walt Disney's Donald Duck」으로, 이 잡지는 미국보다 핀란드에서 더 인기가 많다.

낙타가 책을 배송해준다고?

케냐의 이동도서관은 외딴 지역의 학교들과 유목민 부족에게 책을 배달하기 위해 낙타를 이용한다. 낙타 1마리당 400권을 싣는다.

친구들이 선물한 일 년치 봉급

1956년 미국인 작가 하퍼 리^{Harper Lee}는 친구들로부터 크리스마스 선물로 일 년치 봉급을 받았다. 그녀는 그 일 년 동안 소설 『앵무새 죽이기^{To Kill a Mockingbird}』를 썼다. 이 책은 1960년에 출간하는 동시에 큰 인기를 모았으며 1961년 퓰리처상을 수상했다. 1962년 영화로 만들어져 오스카상을 수상하기도 했다.

아들의 소설이 창피했던 헤밍웨이의 어머니

어니스트 헤밍웨이^{Ernest Hemingway}의 무서운 어머니는 그의 소설 『태양은 다시 떠오른다^{The Sun Also Rises}』를 매우 창피하게 여겨서, 그 책이 토론 과제로 주어졌을 때 독서 클럽에 가기를 거절했다. 때때로 그녀는 헤밍웨이를 여장시키기도 했다.

잔혹한 동화 피노키오

카를로 콜로디^{Carlo Collodi}의 동화책 『피노키오의 모험^{Le adventure di Pinocchio}』에서 피노키오는 거짓말을 한 대가로 두 발이 모두 불에 타면서 교수형을 당했다. 하지만 애니메이션 「피노키오」는 이 부분을 많이 순화했다. 더불어 공공도서관에서 가장 자주 도난당하는 책이라는 세계 기록을 갖고 있는 책은 『기네스 세계 기록Guinness World Records』이다.

2. 음악 Music

음악은 인간의 삶에서 항상 중요한 역할을 해왔다. 오늘날 우리는 수백 년 동안 이어져 내려온 대단한 작품을 즐길 특권을 누리고 있다.

클래식 음악

오늘날 우리가 알고 있는 클래식 음악은 17~18세기, 즉 비발디Antonio Vivaldi나 바흐Johann Sebastian Bach나 헨델Georg Friedrich Händel과 파헬벨Johann Pachelbel과 같은 위대한 작곡가들이 활동한 바로크시대에 시작되었다. 18세기 고전주의에 들어서면서 우리에게 하이든Franz Joseph Haydn, 모차르트W. A. Mozart, 베토벤Ludwig van Beethoven, 슈베르트Franz Peter Schubert 같은 거장들을 데려다주었고, 19세기 낭만주의 음악은 쇼팽Fryderyk Franciszek Chopin, 요한 슈트라우스 1세와 요한 슈트라우스 2세 Johann Strauss, 차이코프스키Peter I. Chaikovskii, 브람스Johannes Brahms, 프란츠 리스트Franz Liszt 등 수많은 위대한 음악가들을 낳았다.

모차르트의 천재성과 다양성은 독일과 여러 나라에서 오페라를 대중화시켰고, 이탈리아에서는 위대한 작곡가 베르디Giuseppe Fortunino Francesco Verdi, 푸치니Giacomo Puccini, 로시니Gioacchino Rossini의 오페라가 큰 성공을 거두며 대중들에게 막강한 영향을 끼쳤다. 그 결과 오늘날 오페라는 이탈리아에서 생활의 본질이 되었고, 전 세계적으로 인기를 얻고 있다.

현대 음악

20세기에 들어와 음악은 완전한 혁명을 이루었다. 라디오가 음악을 대중화시켰고, 기존의 음악들과 새로운 장르의 음악들을 담아내고, 녹음하고, 배급하는 새로운 매체가 개발되었다. 클래식과 오페라에서부터 대중문화인 포크, 팝, 록, 일렉트로닉, 힙합, 컨트리 음악, 재즈에 이르기까지 선택의 폭은 경이롭게 넓어졌다. 각각의 새로운 세대는 자신만의 음악적 정체성을 원했기 때문에 펑크, 레이브, 하우스뮤직, 가라지 록 같은 과도기적인 음악들이 일시적으로 나타났다가 사라졌다.

사용 가능한 매체는 축음기, 레코드, 테이프, CD, MP3를 거치며 발전을 거듭하여 스포티파이Spotify, 애플 뮤직Apple Music, 디져Deezer, 아마존 프라임 뮤직Amazon Prime Music, 티달Tidal, 판도라Pandora와 같은 현재의 다운로드와 스트리밍 서비스에 이르렀다. 반면에 라이브 음악은 슈퍼스타 DJ, 경기장 공연, 주말 축제 등 경이적인 수준에 도달했다. 오늘날 수십억 파운드를 벌어들이는 거대 산업으로 성장한 음악 분야에서 정상에 도달하기 위해서는 우선 음반을 팔아야 한다. 전체적인 음반 판매량에 있어서는, 비틀즈^{The Beatles} 가 당연히 넘버원이다. 지금까지 2억 7천만 장을 팔았고, 지금도 그 기록은 갱신 중이다. 아티스트들이 주장하는 숫자가 아닌 음악계가 정기적으로 발표하는 공인된 판매 숫자에 따르면 역대 최고 음반 판매량을 기록한 25명의 뮤지션은 다음과 같다.

가수	국적	판매량
비틀즈(The Beatles)	영국	2억 7천만
엘비스 프레슬리(Elvis Presley)	미국	2억 1천 1백만
리한나(Rihanna)	바베이도스	1억 9천 7백만
마이클 잭슨	미국	1억 8천만
마돈나(Madonna)	미국	1억 7천만
엘튼 존(Elton John)	영국	1억 6천 7백만
테일러 스위프트(Taylor Swift)	미국	1억 4천 7백만
가스 브룩스(Garth Brooks)	미국	1억 4천 4백만
레드 제플린(Led Zeppelin)	영국	1억 3천 9백만
머라이어 캐리(Mariah Carey)	미국	1억 3천 2백만

이글스(Eagles)	미국	1억 2천 9백만
셀린 디온(Céline Dion)	캐나다	1억 2천 4백만
에미넴(Eminem)	미국	1억 2천 3백만
핑크 플로이드(Pink Floyd)	영국	1억 1천 8백만
케이티 페리(Katy Perry)	미국	1억 1천 7백만
AC/DC	호주	1억 1천 2백만
휘트니 휴스턴(Whitney Houston)	미국	1억 1천 2백만
퀸(Queen)	영국	1억 9백만
U2(U2)	아일랜드	1억 6백만
빌리 조엘(Billy Joel)	미국	1억 2백만
브루스 스프링스틴(Bruce Springsteen)	미국	1억
카니예 웨스트(Kanye West)	미국	1억
바브라 스트라이샌드(Barbra Streisand)	미국	9천 7백만
롤링 스톤즈(The Rolling Stones)	영국	9천 5백만
레이디 가가(Lady Gaga)	미국	9천 5백만

※ 역대 가장 많이 팔린 앨범은 마이클 잭슨이 1982년에 발표한 '스릴러Thriller'이고, 역대 가장 많이 팔린 싱글은 빙 크로스비Bing Crosby가 1942년에 발표한 '화이트 크리스마스White Christmas'이다.

음악에 관한 몇 가지 놀라운 사실들

오빠! 캬! 리스트

오늘날 아이돌 팬심이 있다면 120년 앞선 1841년에도 팬심이 있었다. 장소는 베를린, 열광의 대상은 헝가리의 작곡가 프란츠 리스트였다. 아마도 그는 무대에서 공연하는 동안 여성 팬들이 그를 향해 속옷을 던지게 만든 최초의 음악가일 것이다.

모차르트 누나도 음악 천재?

모차르트의 누나인 마리아 안나Maria Anna 또한 음악가였다. 그녀는 피아노 연주자이자 하프시코드 연주자로 모차르트와 함께 음악 신동으로 유럽 순회공연을 하기도 했다.

악보를 볼 줄 몰랐던 비틀즈

비틀즈의 멤버 모두는 악보를 기록하거나 볼 줄 몰랐다. 새로운 악상이 떠오르면 데모 테이프에 기타로 주선율이나 리프riff를 녹음한 뒤에 그걸 바탕으로 멤버들이 연주하며 다듬어 완성했다. 특히 폴 매카트니Paul McCartney는 교향곡 '고인돌Standing Stone'을 작곡했을 때 자신이 연주하는 음악을 컴퓨터를 이용하여 오선지에 기록했다.

비행기 사고로 죽은 뮤지션들

돈 맥클린Don McLean이 작곡하고 노래한 1972년 히트 싱글 앨범「아메리칸 파이American Pie」의 '음악이 죽은 날the day the music died'은 1959년 미국에서 4인조 로큰롤 밴드를 결성해 후에 롤링 스톤스The Rolling Stones 등 후대 록 밴드에 영향을 미친 버디 홀리Buddy Holly, '라 밤바La Bamba'를 부른 리치 밸런스Ritchie Valens, 더 빅 보퍼The Big Bopper로 알려진 미국의 음악가이자 작곡가인 'J.P.' 리차드슨 주니어Richardson Jr.가 비행기 사고로 한꺼번에 죽은 날을 의미한다. 비행기 사고로 죽은 다른 유명한 뮤지션들은 1944년 재즈 트롬본 연주자인 글랜 밀러Glenn Miller, 1964년 컨트리 가수 짐 리브스Jim Reeves, 1967년 소울 가수 오티스 레딩Otis Redding, 1997년 포크 싱어 존 덴버John Denver, 2001년 R & B 가수 알리야Aaliyah다.

배리 매닐로우가 작곡하지 않은 곡

배리 매닐로우Barry Manilow의 히트곡 'I Write the Songs'는 배리 매닐로우가 작곡한 것이 아니다. 1975년 비치 보이스Beach Boys의 브루스 존스턴Bruce Johnston이 작사하고 작곡한 노래다.

오아시스의 밴드 이름

오아시스Oasis의 갤러거 형제는 자신들의 침실에 걸려 있던 인디 록 밴드 '인스파이럴 카페츠Inspiral Carpets'의 투어 포스터에서 공연 장소 'the Oasis Leisure Centre in Swindon'을 보고 밴드 이름을 지었다.*

☀ **별별 지식**

....

＊   '오아시스'는 90년대를 대표하는 잉글랜드 맨체스터 출신의 얼터너티브 록 밴드로 히트곡은 'Supersonic', 'Don't Look Back in Anger' 등이 있다.

유로비전 송 콘테스트의 뒷이야기

유로비전 송 콘테스트는 1956년 스위스에서 처음 개최된 이후로 60년 넘게 인기를 이어오고 있으며, 매년 유럽에서 가장 인기 있는 TV 쇼이다. 유로비전 송 콘테스트에 대해 당신이 어쩌면 알고 있을 수도, 혹은 모를 수도 있는 몇 가지 사실들은 다음과 같다.

❶ **아바**Abba

스웨덴의 인기그룹 아바는 1974년 영국에서 개최한 유로비전 송 콘테스트에서 우승한 후 유명해졌다.

❷ **요르단의 방송**

1978년 이스라엘이 우승했을 때, 중동 국가 요르단의 텔레비전 방송사는 이스라엘이 공연하는 동안 꽃다발 사진만을 영상으로 보여주면서 당시 2등이었던 벨기에가 우승했다고 발표했다.*

❸ 셀린 디온 Celine Dion

캐나다의 인기 가수 셀린 디온은 1988년 유로비전 송 콘테스트에서 우승했다. 하지만 캐나다 가수로 참가한 것이 아니라 스위스 대표로 참가해서 프랑스어로 노래했다.

❹ 사회운동가이자 뮤지션 루슬라나 Ruslana

루슬라나는 당시 우크라이나에서 일어난 오렌지 혁명에 헌정한 노래를 가지고 2004년 콘테스트에서 우승했다. 그녀는 우크라이나 하원, 유니세프 친선대사가 되었고, '국제 용기 있는 여성상'을 수상했다.

❺ 최고령 뮤지션 잉글버트 험퍼딩크 Engelbert Humperdinck

그가 영국을 대표해 2012년 유로비전 송 콘테스트에 참가했을 때, 그는 76세의 최고령 참가자였을 뿐만 아니라 참가하고 있는 나라들의 수보다 나이가 많았다.

❻ 오스트레일리아와 뉴질랜드가 환호하는 유로비전 송 콘테스트

이 프로그램은 오스트레일리아와 뉴질랜드에 거대한 팬층을 갖고 있다. 특히 오스트레일리아는 2015년에 참가 자격을 얻었는데 이때 5위를 차지했다.

❼ 대신 개최해주는 나라, 영국

유로비전 송 콘테스트의 개최국은 전통적으로 전년도 우승국이다. 하지만 전년도 우승국이 콘테스트를 개최할 여력이 안 되는 경우엔 영국이 대신 개최했다, 그것도 네 번이나. 1971년 모나코가 우승했으나 사정상 반납해 1972년 영국이 대신 개최했고, 1973년 룩셈부르크가 우승했으나 개최 비용이 막대해 영국과 협의해 1974년 영국이 대신 개최했다.

❽ 점점 실력이 떨어지는 영국

영국은 1999년 이전까지 콘테스트에서 크게 위세를 떨쳤다. 다섯 번을 연속 우승하고, 2등도 다섯 번이나 했다. 하지만 그 이후 현재까지 오랫동안 저조한 실적을 보이고 있다. 영국의 우승 곡은 다음과 같다.

연도	가수	노래
1967년	샌디 쇼 (Sandie Shaw)	Puppet on a String
1969년	룰루 (Lulu)	Boom Bang-a-Bang
1976년	브라더후드 어브 맨 (Brotherhood of Man)	Save Your Kiesses for Me
1981년	벅스 피즈 (Bucks Fizz)	Making Your Mind Up
1997년	카트리나 앤 더 웨이브스 (Katrina and the Waves)	Love Shine a Light

* 이스라엘은 1978년 유로비전 송 콘테스트에서 처음으로 우승했지만 참가하지는 않았다. 당시 팔레스타인과 이스라엘의 갈등이 고조되었을 때라서 이스라엘의 우승이 확실해지자 무슬림 국가들은 방송 송출을 중단했다.

알고 있으면 쓸 데가 많은 지식

가라오케

가라오케는 '비어 있는 오케스트라'는 뜻의 일본말이다. 중국에는 10만 개 이상의 가라오케 바가 있다. 2003년 이후로 핀란드의 헬싱키Helsinki와 에스토니아의 탈린Tallinn 사이를 오가는 엠에스 갤럭시MS Galaxy 여객선 선상에서, 혹은 아일랜드의 킬라니Killarney 시 등 다양한 장소에서 세계 가라오케 선수권대회가 열리고 있다. 오락의 한 형태로서 가라오케는 오늘날 수십억 달러 규모의 산업이 되었다. 그러나 가라오케가 모든 사람에게 인기 있는 것은 아니다. 가라오케로 인해 필리핀에서는 많은 사람들이 죽었는데 일면 '마이웨이 살인'으로 알려져 있다. 프랭크 시나트라Frank Sinatra의 인기 있는 그 노래를 한 번 더 부르고 싶었지만 그럴 수 없었던 손님들이 저지른 살인 사건이었다.

3. 미술 Art

당신의 취향이 옛 네덜란드 대가의 예술품인지 혹은 프랑스 인상파 화가들인지 아니면 트레이시 애민Tracey Emin의 정돈되지 않은 침대인지는 아무래도 상관없다. 미술에 관한 다음 몇 가지 사실을 알게 된다면 당신의 발걸음은 미술관으로 향하게 되고 당신의 손은 이젤을 향해 뻗게 될 것이다.

미술에 관한 몇 가지 놀라운 사실들

화가가 아니라 조각가였던 미켈란젤로

1508년 미켈란젤로 부오나로티Michelangelo Buonarroti가 시스티나 성당Sistine Chapel의 천정화를 그려달라는 부탁을 받자 그는 벽화를 그린 적이 없었기 때문에 거절했으나 허용되지 않았다. 그는 4년 동안 발판 위에 누워 경직된 자세로 일해야 했기 때문에 관절염과 근육경련을 앓아야 했고, 천정에서 떨어지는 물감으로 인해 눈병이 생기는 육체적인 고통을 견뎌내며 1512년 마침내 걸작을 완성했다.

미완성작인 모나리자

레오나르도 다빈치는 '모나리자'를 15년 동안 작업했다. 1519년 세상을 떠날 때까지도 그는 '모나리자'를 완성했다고 여기지 않았다. 어쩌면 모나리자 얼굴의 눈썹이 없는 이유는 이것으로 설명이 될 수 있을지 모른다.

용의자 중 한 명이었던 피카소

1911년 파리의 루브르 박물관Louvre Museum에서 '모나리자'가 도난을 당했다. 대대적인 조사가 벌어졌고, 시인 기욤 아폴리네르Guillaume Apollinaire와 화가 파블로 피카소Pablo Picasso도 조사를 받았다. 그 이유는 아폴리네르의 조수가 루브르 박물관에서 흉상을 훔쳐 판매한 전력이 있고, 그것을 피카소가 구입한 적이 있기 때문이다. 이 둘은 증거 불충분으로 풀려났고, 2년 후에 진범이 잡혔다.

너무 예쁘게 그린 초상화

1539년 헨리 8세는 궁정 화가 한스 홀바인Hans Holbein der Ältere*이 그린 초상화를 기반으로 클리페의 앤과 결혼하기로 합의했다. 헨리 8세가 앤을 실제로 만나 본 후 초상화보다 형편없다고 말했을 때, 한스 홀바인의 머리가 그의 어깨에 붙어 있을 수 있었다는 사실은 엄청나게 운이 좋았다고 볼 수 있다.

☀ 별별 지식

* 독일의 화가로, 종교개혁으로 교회 장식이 금지되면서 일자리를 잃게 되자 영국으로 이주해 헨리 8세의 궁정화가가 되었다. 역사상 가장 위대한 초상화가로 평가받고 있다.

루벤네스크

17세기 플랑드르파 화가인 페테르 파울 루벤스Peter Paul Rubens는 풍만한 여성들을 그린 것으로 유명하다. 이런 이유로 '풍만하고 관능적'이라는 뜻을 가진 단어 '루벤네스크Rubenesque'가 생겨났다.

진주 귀걸이를 한 소녀

17세기 네덜란드 화가 요하네스 베르메르Johannes Vermeer는 평생 동안 델프트Delft에서 살면서 가장으로서 대가족을 부양하기 위해 애썼다. 할리우드는 콜린 퍼스Colin Firth와 스칼렛 요한슨Scarlett Johansson이 주연한 2003년 영화 「진주 귀걸이를 한 소녀Girl with a Pearl Earring」에서 그의 삶을 요약해 보여주었다. 지금은 가격을 매길 수 없을 정도로 고가인 그 그림은 1881년 경매에서 2길더 30센트에 팔렸다. 현재 화폐 가치로 약 20파운드에 해당하는 금액이다.

지폐에 새기게 된 그림

영국의 화가 조지프 말로드 윌리엄 터너J.M.W. Turner는 빛과 색의 대가였다. 그는 풍경, 바다, 날씨를 묘사하는 데 빛과 색을 매우 효과적으로 사용했다. 그의 가장 유명한 그림 중 하나인 '전함 테메레르The Fighting Temeraire'는 영국은행이 2020년에 발행할 예정인 새 20파운드 지폐 뒷면에 그의 초상화 배경으로 사용될 것이다.

복권에 당첨된 거장

1861년 클로드 모네Claude Monet는 프랑스 복권에 당첨되어서, 상금 10만 프랑을 받았다. 현재 영국 화폐 가치로 약 8천 파운드이다. 이후 그는 생업을 그만두고 인상주의 스타일을 완성하는 데 전념했다.

자신을 형의 환생이라고 믿었던 달리

초현실주의자이면서 병적일 정도로 자기중심주의자였던 살바도르 달리Salvador Dali는 자기 자신을 형의 환생이라고 믿었다. 달리의 형 이름 또한 살바도르로, 1904년 그가 태어나기 9개월 전에 죽었기 때문에 달리의 부모는 그가 형의 환생이라고 믿으며 그에게 같은 이름을 지어주었던 것이다.

잭슨 폴록의 드립 페인팅

미국의 추상 표현주의 화가 잭슨 폴록Jackson Pollock은 '드립 페인팅drip painting' 기법을 통해 무질서하지만 화려한 색채와 이미지를 캔버스에 담았다.

5개의 버전이 존재하는 뭉크의 '절규'

노르웨이의 화가 에드바르 뭉크Edvard Munch의 '절규The Scream'는 버전이 다른 다섯 작품이 있다. 유화 2점, 파스텔화 2점 그리고 석판화 1점. 네 점의 유화들 중 한 점은 2012년 경매에서 1억 2천만 달러에 팔렸다.

거꾸로 전시됐던 그림

프랑스의 화가 앙리 마티스Henri Matisse가 종이를 오려 붙여 만든 '보트 Le Bateau'는 1961년 뉴욕 현대미술관에 위아래가 뒤바뀐 채 걸려 있었다. 47일 이후, 한 방문객이 그 실수를 발견했다.

하나의 별을 유난히 밝게 그렸던 고흐

고흐의 그림 '별이 빛나는 밤The Starry Night'은 고흐가 자신의 왼쪽 귀의 일부를 자르고 난 뒤 얼마 후, 1889년 자발적으로 들어간 생 레미 드 프로방스Saint-Remy-de-Provence에 있는 정신병원의 창문에서 본 풍경을 그린 것이다. 고흐는 하나의 별을 다른 별들보다 유난히 밝게 그렸다. 그것에 대해 밝히고자 연구를 했는데 그 결과에 의하면 당시 남부 프로방스에서 금성이 특히 눈에 띄게 밝았다는 사실을 확인해주었다.

미술 사조의 전문적인 표현

만약 당신이 박물관 혹은 미술관을 방문했을 때 다른 사람과 정말 유식하게 대화할 수 있기를 원한다면, 혹은 당신의 부모가 당신의 교육에 들인 시간과 돈이 헛된 낭비가 아니었다고 생각하기를 바란다면, 지난 세기 동안 나타났던 많은 미술 사조들 중 몇 개에 관한 전문적인 표현들을 기억해두었다 사용하면 좋을 것이다. 그것을 정리해보았다.

미술 사조 (시기는 대략적)	당신을 현명하게 만들어줄 대화 표현들 (그냥 따라해보세요)
석기시대 (기원전 30,000~2,500)	나는 그들이 동굴을 장식하기 위해 해놓은 벽화, 조각, 부조 등을 좋아합니다.
고전주의 (기원전 5~4세기)	원기둥들이 정말 완벽하게 균형을 이루고 있군요. 나는 이것이 도리아식, 이오니아식, 코린트식일 거라고 확신합니다.
비잔틴과 이슬람 (476~1453)	모자이크들이 정말 놀랍지 않요? 이 모자이크들은 나에게 그라나다의 알람브라 궁전을 떠올리게 합니다.
중세 (500~1500)	당신은 노트르담 성당의 프랑스 고딕 양식을 좋아하시나요? 아니면 런던 탑의 신고딕 양식을 좋아하시나요?
르네상스 (1400~1550)	무조건 "도나텔로, 미켈란젤로, 라파엘, 다빈치"를 암송한 후 "이 시기의 작품들은 그 어느 때보다도 사실적"이라는 표현을 던지면 된다.
매너리즘 (1527~1580)	미켈란젤로는 시스티나 성당의 역동적인 천장화를 완성할 즈음, 획일화된 규격미에서 벗어났지요. 다비드 상의 비율에 대해선 말도 꺼내지 마세요.
바로크 (1600~1750)	베르사이유 궁보다 더 장엄한 건축물이 존재한다고요? 저는 그렇게 생각하지 않아요.

신고전주의 (1760~1850)	유럽인들이 고대 그리스와 로마의 균형미로 회귀하려던 노력을 나는 인정합니다. 그랜드 투어가 상류층 계급에게 인기 있었던 것은 당연한 결과죠.
낭만주의 (1780~1850)	나는 이 시대의 감성과 개성이 마음에 들어요. 우리는 잉글랜드 마게이트 미술관(Turner Contemporary Gallery in Margate)을 방문해야 합니다.
라파엘 전파 (1848~1860)	라파엘로 이후로 서양 미술의 전통 전체가 오염되어 왔으므로, 라파엘로 이전 르네상스의 순수함으로 회귀하자는 의미였지요.
사실주의 (1848~1900)	농민과 노동자들이 하루 일과를 시작하는 모습을 보고 있으면 나는 겸허해집니다.
인상주의 (1865~1885)	마네가 프랑스의 풍경에 빛이 주는 효과를 묘사하면서 이 운동을 시작했지요.
후기 인상주의 (1885~1905)	엄격한 형태와 강렬한 색채의 사용은 인상주의의 부드러움에 비교하면, 분명히 산업적입니다.
아르누보 (1890~1910)	난 찰스 레니 매킨토시가 윌리엄 모리스의 예술공예운동을 새로운 수준으로 끌어올렸다고 생각합니다.
표현주의 (1900~1935)	뭉크의 '절규'는 매우 주관적인 그림이죠. 이 그림을 볼 때, 우리는 우리 내면의 고통을 보게 됩니다.
입체파 (1905~1920)	나는 이때 피카소가 사실주의를 버리고, 입체감 그 자체에 집중했던 때라고 생각합니다.
초현실주의 (1917~1950)	나는 살바도르 달리의 상상력이 정말 기발하다고 생각합니다.

추상 표현주의 (1943~1965)	만약 당신이 로스코 또는 폴록의 그림에서 어느 쪽이 위쪽인지를 안다면, 그들은 당신도 추상 표현주의 화가라고 생각할 거예요.
팝 아트 (1955~1970)	대중에게 친숙한 유명인, 광고, 만화를 소재로 재미있고 이해하기 쉽게 묘사한 앤디 워홀을 나는 좋아합니다.
포스트 모더니즘 (1970~)	매우 실험적이고 혁신적이죠. 무엇이든 허용됩니다.

4. 영화와 연극 Film and theatre

연극은 고대부터 존재했지만 영화는 그것과 비교하면 역사가 짧은 편이다. 하지만 영화는 현재 수십 억 달러 규모의 거대 산업으로 성장했다. 20세기 초 무성영화시대를 맞아 초라한 출발을 한 것 치고는 장족의 발전이다. 그렇다면 연극은 어떠한가? 영화보단 그 규모가 작지만 여전히 건재함을 과시하며 영화와 어깨를 나란히 하고 있다.

그럼 역대 가장 높은 수익을 거둔 영화들과 런던 웨스트엔드에서 가장 오랫동안 상연되고 있는 연극들을 먼저 살펴본 후, 연예계의 몇 가지 재미있는 사실들을 알아보자.

역대 가장 높은 수익을 올린 영화들

영화 / 감독	출연진	수익 (US $)
「바람과 함께 사라지다 (Gone with the Wind, 1939)」 : 빅터 플레밍(Victor Fleming)	클라크 게이블(Clark Gable), 비비안 리(Vivien Leigh) 등	34억
「아바타 (Avatar, 2009)」 : 제임스 캐머런 (James Cameron)	샘 워싱턴(Sam Worthington), 조 샐다나(Zoe Saldana), 시고니 위버(Sigourney Weaver) 등	30억
「스타워즈 Ep4 – 새로운 희망 (Star Wars Episode IV – A New Hope, 1977)」 : 조지 루카스(George Lucas)	마크 해밀(Mark Hamill), 해리슨 포드(Harrison Ford), 캐리 피셔(Carrie Fisher) 등	28억
「타이타닉(Titanic, 1997)」 : 제임스 캐머런	레오나르도 디카프리오 (Leonardo DiCaprio), 케이트 윈슬렛(Kate Winslet) 등	25억
「사운드 오브 뮤직 (The Sound of Music, 1965)」 : 로버트 와이즈(Robert Wise)	줄리 앤드루스(Julie Andrews), 크리스토퍼 플러머 (Christopher Plummer) 등	24억
「이티(E.T., 1982)」 : 스티븐 스필버그 (Steven Spielberg)	헨리 토머스 (Christopher Plummer), 드류 베리모어 (Drew Barrymore) 등	23억
「십계(The Ten Commandments, 1956)」 : 세실 B. 데밀(Cecil B. DeMille)	찰톤 헤스턴(Charlton Heston), 율 브리너(Yul Brynner), 앤 백스터(Anne Baxter) 등	22억
「닥터 지바고 (Doctor Zhivago, 1965)」 : 데이비드 린(David Lean)	오마 샤리프(Omar Sharif), 줄리 크리스티(Julie Christie), 톰 코트니(Tom Courtenay) 등	21억

「죠스(Jaws, 1975)」 : 스티븐 스필버그	로이 샤이더(Roy Scheider), 로버트 쇼(Robert Shaw) 등	20억
「백설공주와 일곱 난쟁이들 (Snow White and the Seven Dwarfs, 1937)」 : 윌리엄 코트렐(William Cottrell), 데이비드 핸드(David Hand)	아드리아나 카셀로티 (Adriana Caselotti), 해리 스톡웰 (Harry Stockwell) 등	18억

※ 수익은 물가상승률을 고려해 수익 금액 조정

런던 웨스트엔드에서 가장 오랫동안 상연되고 있는 연극들

연극	저작권자 (각본, 음악 등)	(2016년 기준)
「쥐덫 (The Mousetrap, 1952)」	아가사 크리스티	64년
「레 미제라블 (Les Misérables, 1985)」	클로드미셸 쇤베르그 (Claude-Michel Schönberg), 알랭 부블리유(Alain Boublil), 장 마르크 나텔(Jean-Marc Natel)	31년
「오페라의 유령 (The Phantom of the Opera, 1986)」	앤드루 로이드 웨버(Andrew Lloyd Webber), 찰스 하트(Charles Hart)	30년
「우먼 인 블랙 (The Woman in Black, 1989)」	수잔 힐(Susan Hill), 스티븐 말라트라트(Stephen Mal- latratt)	27년

「블러드 브라더스 (Blood Brothers, 1998~2012)」	윌리 러셀(Willy Russell)	24년
「캣츠 (Cats, 1981~2002)」	앤드루 로이드 웨버 (Andrew Lloyd Webber) -T.S. 엘리 엇의 '지혜로운 고양이가 되기 위한 지침서'를 기반으로 작곡	21년
「스타라이트 익스프레스 (Starlight Express,1984~ 2002)」	앤드루 로이드 웨버, 리차드 스틸고(Richard Stilgoe)	18년
「맘마미아! (Mamma Mia!, 1999)」	캐서린 존슨(Catherine Johnson), 베니 앤더슨(Benny Andersson), 비요른 울바에우스(Björn Ulvaeus)	17년
「라이온 킹 (The Lion King, 1999)」	엘튼 존(Elton John), 팀 라이스(Tim Rice)	17년
「우리는 신사예요 (No sex Please. We're British, 1971~1987)」	알리스테어 풋(Alistair Foot), 안소니 메리어트(Anthony Marriott)	16년

영화와 연극에 관한 몇 가지 놀라운 사실들

64년 동안 상연되는 연극

1952년에 처음 상연한 「쥐덫」은 세계에서 가장 오랫동안 상연되고 있는 연극이다. 런던 웨스트엔드에서 2만 6천 번 이상 공연되었으며 현재도 계속되고 있다. 아가서 크리스티가 직접 각색한 희곡으로 리처드 애튼버러Richard Attenborough와 그의 아내 쉘리아 심Sheila Sim 이 주연을 맡았다.

4시 20분에 멈춰 있는 시계

쿠엔틴 타란티노Quentin Tarantino 감독의 영화 「펄프 픽션Pulp Fiction」에서 대부분의 시계들은 4시 20분에 멈춰 있다.*

☀ 별별 지식
....

* '420'은 대마초를 뜻하는 은어로 사용되는 숫자다. 1970년대 미국의 히피들은 학교가 끝나는 시간인 4시 20분에 한 장소에 모여 대마초를 피웠다. 히피들에게 있어 4시 20분은 대마초를 피우는 시간이었기 때문에 대마초를 420으로 부르게 되었다. 이 은어는 전 세계로 퍼졌고, 420은 대마초의 상징이 되었다.

피로 가장한 초콜릿 시럽

알프레드 히치콕 감독의 1960년 흑백 영화 「싸이코Psycho」에서 유명한 샤워 장면의 음향 효과는 메론을 반복적으로 찔러 만든 것이었다. 피는 초콜릿 시럽이었다.

할리우드보다 규모가 더 큰 발리우드

발리우드^{Bollywood}라고 알려진 힌디어 영화 산업은 할리우드보다 규모가 크다. 할리우드보다 2배 더 많은 영화를 만들어내고, 매년 할리우드가 25억 개의 영화표를 팔면 발리우드는 35억 개의 영화표를 판다.

100%의 리얼리티

고대 로마의 연극에선 등장인물 중 누군가가 죽어야 한다면 유죄 판결을 받은 살인범이 대신해서 무대에 올랐다. 그리고 실제 처형이 이뤄졌다. 이것은 오늘날의 연극에서 따라잡기 어려운 리얼리티라고 할 수 있다.

자신을 자신이 따라잡지 못한 배우

1915년 찰리 채플린^{Charlie Chaplin}은 '찰리 채플린 닮은꼴 대회'에 참가했지만 결승에 진출하지 못했다.

아킬레스 역을 맡아 아킬레스 건을 다치다

브래드 피트는 영화 「트로이」에서 '아킬레스' 역을 맡아 촬영 도중에 아킬레스 건을 다쳤다. 그로 인해 촬영이 몇 주 지연되었다. 그리고 리처드 기어^{Richard Gere}의 중간 이름은 티파니^{Tiffany}이다.

여섯 개 손가락

영국의 여배우 젬마 아터튼^{Gemma Arterton}은 양손 모두 여섯 개의 손가락을 갖고 태어났다. 그녀의 탄생을 도왔던 의사가 여분의 손가락을 수술로 제거했다. 그녀의 손을 자세히 보면 그 상처를 볼 수 있다. 하지만 상처가 더 뚜렷하게 남는 경우들도 많기 때문에 그녀는 매우 다행스런 경우라고 할 수 있다.

오스카상을 수상한 오스카

'로저스와 햄머스타인^{Rodgers and Hammerstein}'으로 불리는 음악가인 오스카 햄머스타인 2세는 오스카 상을 탄 유일한 오스카이다. 1940년대 그는 오스카 주제가상을 두 번이나 받았다.

5. 텔레비전과 라디오 Television and radio

영국에서 역사상 가장 많은 사람들이 시청한 TV 프로그램들은 다음과 같다. 스포츠와 뉴스 프로그램은 제외한다.

프로그램	시청자 수	방송 날짜
「이스트엔더스 (EastEnders)」	3천 20만	1986년 12월 25일
「이스트엔더스」	2천 8백만	1986년 1월 1일
「코로네이션 스트리트 (Coronation Streets)」	2천 6백 70만	1987년 12월 25일
「온리 풀 앤 호스 (Only Fools and Horses)」	2천 4백 40만	1996년 12월 29일
「이스트엔더스」	2천 4백 30만	1992년 1월 2일
「로열 버라이어티 퍼포먼스 (Royal Variety Performance)」	2천 4백 20만	1965년 11월 14일
「이스트엔더스」	2천 4백 10만	1988년 1월 7일
「투 더 매너 본 (To the Manor Born)」	2천 4백만	1979년 11월 11일
「미스 월드(Miss World)」	2천 3백 80만	1967년 11월 19일
「이스트엔더스」	2천 3백 60만	1985년 12월 26일

영국에서 봐야 할 버킷리스트

영국에서 가장 많은 사람들이 시청한 TV 프로그램은 「이스트엔더스」*의 '크리스마스 에피소드'인데, 극중의 인물인 더티 덴이 알코올중독자인 아내 엔지에게 이혼 서류를 건넬 때 시청률이 정점을 찍었다고 한다. 더불어 「온리 풀 앤 호스」는 주인공 델 보이와 로드니가 우연히 백만장자가 된 시트콤이다. 이 드라마는 영국에서 꼭 봐야 할 버킷리스트 50위 안에 들어 있다.

☀ 별별 지식

....

* 1985년 2월 19일 BBC One에서 방송을 시작해 현재까지 방영하고 있는 연속극이다. 런던 이스트엔드 지역에 사는 사람들의 이야기를 그린 드라마로 꾸준하게 인기를 얻고 있다.

다이애나의 장례식을 가까스로 이긴 월드컵 중계방송

영국에서 가장 많은 사람들이 시청한 방송은 1966년 월드컵 결승전이었다. 이때 영국은 연장전 후 서독을 4 대 2로 이겼다. 그리고 이 광경을 3천 2백 30만의 시청자들이 보았다. 이것은 1997년 웨일스 공작부인 다이애나의 장례식을 가까스로 앞섰다. 다이애나의 장례식은 3천 2백 1십만 명이 시청했다.

TV와 라디오에 관한 몇 가지 놀라운 사실들

솝 오페라

1930년대 미국 라디오 연속극들은 프록터 앤드 갬블Proctor & Gamble, 콜가게팔모비Colgage-Palmolive, 레비 브라디스Lever Brothers 같은 비누 제조업체들의 후원을 받았다. 이 업체들은 라디오 연속극 전후에 자신들의 제품을 광고했다. 이후 사람들은 그 연속극들을 솝 오페라 soap opera라고 부르게 되었고 텔레비전 드라마에도 적용했다.

영국판 라디오 「전원일기」

농촌에 사는 사람들의 일상을 그린 연속극이 재미있을 거라고 생각하지 못할 테지만 BBC 라디오 채널 4의 프로그램 「아처스Archers」는 1950년대에 방송을 시작해 현재까지 오랫동안 이어지고 있다. 12분짜리의 각 에피소드는 여전히 5백만의 청취자를 모으고 있다.

16,000번의 모의 살인이 가능한 TV 프로그램

미국의 평범한 어린이는 18살이 될 때까지 TV를 통해 16,000번의 모의 살인을 보게 된다.

알렉시스 텍사스와 한나 몬타나

마일리 사이러스Miley Cyrus가 주인공을 맡은 디즈니사의 뮤지컬 시트콤 「한나 몬타나Hannah Montana」의 이름은 '알렉시스 텍사스Alexis Texas'였다. 하지만 디즈니사는 어떤 포르노 배우가 이미 그 이름을 사용 중이라는 것을 알게 되었고, 바로 이름을 바꾸었다. 이 시트콤으로 디즈니의 암흑기를 해결할 수 있었다.

아이의 이름은 「왕좌의 게임」에서

2011년 TV 블록버스터 시리즈 「왕좌의 게임Game of Thrones」이 방송을 시작한 이후로, 등장인물들의 이름은 신생아를 두고 있는 부모에게 점점 인기를 얻게 되었다. 아리아, 산사, 테온, 티리온이라는 이름이 세계의 부모들에게 많은 선택을 받고 있는 것이다. 많은 신생아들이 '폭풍이 치던 날 태어난 타가리엔 가문의 대너리스, 대초원 바다의 칼리시, 속박의 해방자, 용들의 어머니'라고 지어졌지만 다행히 대부분의 부모들은 아이의 미래를 위해 '칼리시'라는 축약된 이름을 선택했다.

버락 오마바의 위력

2006년 「아메리칸 아이돌American Idol」 시리즈 마지막 회는 시청자들로부터 6천 3백만 표를 모았다. 그때까지 미국의 어느 대통령도 그런 표를 받은 적이 없다. 다만 2년 후 버락 오바마Barack Obama가 6천 9백 50만 표를 받은 뒤 대통령에 당선되었다.

죽은 이들을 위한 특별한 만찬

미국의 공포 드라마 「워킹 데드^{The Walking Dead}」의 출연진들은 극 중에서 죽은 남녀 배우들에게 '죽은 이들을 위한 특별한 만찬'을 제공했다. 이 행사는 죽은 이들이 정말 많이 참석한 만찬이었다. 이 드라마는 좀비로 가득한 세상에서 생존자들의 사투를 그리고 있다.

「심슨」의 손가락과 발가락

「심슨^{The Simpsons}」의 등장인물들은 모두 네 개의 손가락과 발가락을 갖고 있다. 카메오 역할을 한 야훼에 대해서만 특이하게 예외가 만들어졌다.

편물 점퍼의 위력

스칸디나비아의 누아르 드라마인 「더 킬링^{The Killing}」에서 형사 새라 린든^{Sarah Lund}이 입었던 두툼한 편물 점퍼가 덴마크와 영국에서 열풍을 일으켰다. 하지만 그 점퍼를 제작한 페로 제도^{Faroe Islands}의 의류업체들은 밀려드는 수요를 맞출 수 없었다. 결국 그 스타일을 복제해 팔거나 혹은 소비자가 직접 짜 입을 수 있도록 키트를 제공했던 다른 회사들과 권리에 대한 법적인 분쟁에 휘말렸다.

6. 유명인들 Celebrities

오늘날 유명인들은 여러 부류가 있다. 훌륭한 배우나 뛰어난 스포츠 선수처럼 각 분야에 적합한 재능을 가진 사람들이 있는가 하면 리얼리티 TV 쇼에 출연해 많은 팬들을 갖게 된 일반인도 있다. 유명인의 지위를 다시 찾으려는 필사적인 희망에서 「난 유명인, 여기서 내보내줘!I'm a Celebrity, Get Me Out of Here!」와 같은 리얼리티 프로그램에 출연해 캥거루의 성기를 먹는 과거의 유명인들도 있다. 사교계 인물들 혹은 축구선수의 아내들처럼 단지 유명하기 때문에 유명한 사람들도 있다. 유명인들에 대해 살짝만 알아보자.

유명인들에 대한 몇 가지 놀라운 사실들

당신의 인생은 단 한 번뿐이다

「당신의 인생은 단 한 번뿐이다You Only Live Once」는 케이티 프라이스Katie Price의 4번째 자서전 제목이다.

잭 니콜슨의 잔심부름꾼이었던 사이먼 코웰

「아메리칸 아이돌」에서 악평을 쏟아 많은 비난을 받은 음악 프로듀서인 사이먼 코웰Simon Cowell은 공포영화인 「샤이닝The Shining」 촬영 동안 배우 잭 니콜슨Jack Nicholson의 도끼를 닦는 잔심부름꾼이었다.

노르망디 상륙작전에 동원됐던 배우

「스타트랙」에서 기관장 스캇 역할을 한 캐나다 배우 제임스 두언 James Doohan은 불우한 가정환경으로 19세에 집을 나와 군에 입대했다. 장교 시험에서 높은 점수를 얻은 그는 노르망디 상륙작전에 동원되어 두 명의 독일 저격수를 죽였고, 매우 겁이 많은 동료 병사가 발사한 브렌 경기관총에 여섯 발을 맞았다.

청부 살인업자를 아버지로 둔 우디 해럴슨

미국 배우 우디 해럴슨 Woody Harrelson의 아버지는 청부 살인업자였다. 그의 아버지는 범죄 조직의 하수인으로 돈을 받고 판사를 살해한 혐의로 종신형을 받고 복역하다가 2007년 교도소에서 69세로 사망했다.

저격수였던 섹스 치료사 닥터 루스

미국의 유명한 섹스 치료사 루스 웨스테리머 Ruth Westheimer는 이스라엘 방위군의 숙련된 저격수였다. 그녀는 1928년 독일에서 정통 유대교인 부모 사이에서 외동딸로 태어났고, 1939년 그녀의 아버지는 독일 나치에게 끌려간 후 홀로코스트에서 죽었다. 그녀는 스위스 한 고아원에서 자라나 팔레스타인으로 이주한 후 팔레스타인 유대인 지하 민병 조직인 히가나 Haganah에서 저격수로 훈련을 받았다. 그녀에 의하면 자신은 저격수로 활동했지만 아무도 죽인 적은 없었다고 한다. 이후 그녀는 미국에서 닥터 루스라고 불리며 섹스 치료사로 활동했다.

러시아 혈통을 가진 헬렌 미렌

영국 배우 헬렌 미렌Helen Mirren의 본명은 엘레나 리디아 바실리에바 미로노프Ilyena Lydia Vasilievna Mironova이다. 그녀의 아버지가 러시아인이었다.

아델의 전체 이름

가수 아델의 전체 이름은 '아델 로리 블루 애드킨스Adele Laurie Blue Adkins'이다.

광대 공포증을 앓고 있는 조니 뎁

미국 배우 조니 뎁Johnny Depp은 광대 공포증을 앓고 있다.

「해리 포터」의 주인공이 된 아들에게 부모가 준 선물

영화 「해리 포터」 시리즈의 주인공 다니엘 래드클리프Daniel Radcliffe는 11살 때 자신에게 해리 포터 역할이 주어졌다는 소식을 부모에게 전했다. 그의 부모는 상으로 1970년대에 방송된 텔레비전 시트콤인 「펄티 타워즈Fawlty Towers」를 볼 수 있도록 30분 더 깨어 있는 것을 허락했다.

데이비드 베컴의 문신 속 숨은 이야기

전설적인 축구선수 데이비드 베컴David Beckham은 40개 이상의 문신을 갖고 있다. 문신은 계속 늘어나고 있다. 그것은 대략 다음과 같다.

✓ 산스크리트어로 된 아내 빅토리아 아담스David Beckham의 이름

✓ 세 아들브룩클린, 로미오, 쿠르즈의 이름과 외동딸하퍼의 이름

✓ 라틴어 숫자 7 - 맨체스터 유나이티드에서 그가 입었던 셔츠 번호

✓ 숫자 23 - 리얼 마드리드와 LA 갤럭시에서 그가 입었던 셔츠 번호

✓ 숫자 99 - 그가 아내와 결혼한 해이며, 맨체스터 유나이티드 팀에서 3연승프리미어리그, FA컵, UEFA 챔피언스리그을 한 해를 나타낸다.

✓ '두려워하는 한 증오하도록 하소서Let Them Hate, As Long As They Fear'라는 글자들. 이것은 로마의 황제 칼리굴라가 가장 좋아했던 말

✓ '꿈은 크게, 비현실적으로Dream Big, Be Unrealistic' - 미국의 래퍼 제이지Jay-Z가 콘서트에서 했던 말

✓ 세 명의 천사들이 무덤 밖으로 예수를 들어 올리고 있는 모습. 세 명의 천사들은 그의 아들들을 의미하며, 예수는 베컴 자신을 의미

가장 많은 수입을 올리고 있는 죽은 유명인들

유명한 사람들은 죽은 다음에도 돈을 많이 번다. 죽어서도 유명한 사람들의 연간 수입은 다음과 같다.

유명인	수입
마이클 잭슨	1억 1천 5백만 달러
엘비스 프레슬리(Elvis Presley)	5천 5백만 달러
「피너츠(the Peanuts)」의 만화가 찰스 M. 슐츠(Charles M. Schulz)	4천만 달러
밥 말리(Bob Marley)	2천 1백만 달러
엘리자베스 테일러(Elizabeth Taylor)	2천만 달러

7. 음식과 음료수 Food and drink

음식과 음료수는 사람이 건강하게 살기 위해서도 꼭 필요하지만 사교적인 관점에서 점점 더 중요해지고 있다. 따라서 우리는 음식과 음료수에 대해서 가능한 한 많이 알아야 한다.

음식과 음료수에 관한 몇 가지 놀라운 사실들

단지 음료수였던 맥주

러시아는 2011년 이전까지 맥주를 술로 분류하지 않았다. 맥주는 보드카와 비교하면 단지 음료수였던 것이다.

초콜릿을 많이 먹으면 죽을 수 있다고?

사람에게 치명적인 초콜릿의 양은 사각형의 캐드베리 데어리 밀크 초콜릿 40개이다.

아마추어 요리사로 남고 싶었던 로시니

스테이크 요리 '투르네도스 로시니Tournedos Rossini'는 조아키노 안토니오 로시니Gioachino Antonio Rossini가 발명한 요리다. 39편의 오페라와 종교음악 등을 작곡하면서 젊은 시절에 거부가 된 그는 1829년 37세에 은퇴한 후 프랑스에 머물면서 요리에 대한 자신의 열정을 불태웠다. 그는 훌륭한 아마추어 요리사였다.

쿠웨이트에서의 드라이브 스루 인기

드라이브 스루drive-through 맥도날드가 처음 쿠웨이트에서 문을 열었을 때, 대기 행렬을 이룬 자동차들이 꼬리에 꼬리를 물고 7miles까지 이어졌다.

설탕에 조린 메뚜기

설탕에 조린 메뚜기는 일본에서 인기 있는 간식이다. 따라서 다른 것들도 인기 있는 간식이 될 수 있을 것이다.

토마토에 관한 지식과 지혜

토마토가 과일과 채소의 두 가지 특성을 다 갖추고 있다는 것을 아는 것은 지식이다. 토마토를 과일 샐러드에 포함하지 않는 것은 지혜다.

기네스 세계 기록에 없는 것

기네스 맥주를 가장 많이 마신 것에 대한 기네스 세계 기록은 없다. 더불어 다른 종류의 술을 가장 많이 마신 것에 대한 기록도 없다. 어쩌면 다행스런 일이다.

HP 소스의 유래

20세기 초, 런던 의회House of Parliment의 레스토랑에서 자주 사용한 갈색 소스는 HP 소스로 불렸다.

고양이에 대한 안타까운 사실

아시아에서는 매년 4백만 마리의 고양이가 식용으로 사용된다.

700알의 포도

와인 한 병을 만들기 위해서는 대략 700알의 포도가 필요하다.

서로인 스테이크의 유래

등심 스테이크를 '서로인 스테이크sirloin steak'라고 부르게 된 유래에 대한 진실과 어느 왕이 관련이 있는지는 역사가들의 의견이 다 다르다. 다만 가장 자주 언급되는 왕은 헨리 8세, 엘리자베스 1세, 제임스 1세이다. 이 이야기에 따르면, 저녁 만찬에서 왕이 자신 앞에 놓인 소고기의 측면에 검을 대고, 기사 작위를 수여하면서 "일어서시오, 로인 경Arise, Sir Loin"라고 말하면서 만찬이 시작되었음을 선언했던 것에서 이 단어가 유래했다고 한다. 하지만 어원학을 좋아하는 역사가들은 '등심sirloin'이라는 단어가 '허리 살 위'라는 뜻의 옛 프랑스 단어 'surloigne'에서 유래했다고 주장한다. 솔직히 왕이 나오는 전자가 더 재미있다.

기운을 차리게 해주는 것

티라미수Tiramisu는 이탈리아어로 '기운을 차리게 해주는 것pick me up'이라는 뜻이다.

파스타 면의 이름 알기

만약 파스타의 다양한 이탈리아어 이름들이 무슨 뜻인지 궁금하다면, 면의 모양을 보면 그들 중 몇 개는 알 수 있다. 당신의 이해를 돕기 위해, 중요한 이름들 중 몇 개의 의미를 살펴보면 다음과 같다.

❶ 스파게티Spaghetti 가는 실

❷ 버미첼리Vermicelli 가는 지렁이들

❸ 링귀네Linguine 작은 혀

❹ 까네로니Cannelloni 큰 갈대

❺ 제멜리Gemelli 쌍둥이

❻ 펜네Penne 깃털 펜

❼ 콘치글리Conchiglie 조개

❽ 파팔레Farfalle 나비넥타이 또는 나비

❾ 오르키에테Orecchiette 작은 귀

❿ 토르텔리Tortellie 작은 파이

점점 증가하는 채식주의자

잡지 「비건 라이트Vegan Life」에 따르면 영국에서만 엄격한 채식주의자의 수는 지난 10년 동안 360% 증가했다. 영국에서 50만 이상의 사람들이 동물로부터 온 모든 식품을 피하고, 식물을 기반으로 하는 식단을 따르고 있다.

글루텐 불내증

밀가루 음식에 거부 반응을 보이는 '글루텐gluten 불내증'으로 고통을 받는 환자들의 숫자는 세계적으로 증가하고 있다. 그래서 그들은 어쩔 수 없이 글루텐 프리 음식을 찾고 있다. 글루텐은 밀과 보리, 귀리, 오트 같은 기타 곡류에서 발견되는 단백질을 나타내는 일반적인 용어다. 일반적으로 '글루'는 라틴어 'gluten'에서 왔으며 글루텐은 밀가루 음식의 모양을 만들어주고 쫄깃한 식감을 주면서 맛을 더욱 살려주는 역할을 한다. 따라서 지금의 식품 과학자들은 진짜와 비슷한 맛이 나는 대체 글루텐을 찾을 필요가 있다.

도난당한 아보카도

오늘날 매우 비싼 과일인 아보카도는 2016년 전반기에 흉작이 들면서 뉴질랜드 전역의 과수원에서 1만 4천 개 이상이 도난당했다. 도난당한 아보카도는 암시장에서 팔렸다.

8. 패션 Fashion

당신이 패션에 대해 매우 관심이 많다고 하더라도 아마도 잘 모르는 몇 가지가 있을 것이다. 그것에 대해 알아보자.

패션에 관한 몇 가지 놀라운 사실들

드님에서 데님으로

데님 청바지는 당신이 생각하는 것만큼 미국적이지 않다. 리바이스트라우스Levi Strauss는 미국 개척시대의 서부에서 일하는 사람들을 위해 천이 매우 질긴 직물을 원했다. 그래서 그는 프랑스의 님Nimes에 있는 한 가족을 찾아갔다. 그 가족이 '서지serge'라고 알려진 질긴 직물을 개발했기 때문이다. 리바이 스트라우스는 구할 수 있는 한 많은 '서지 드님serge de Nimes'을 수입했다. 그 이후 프랑스어 '드님de Nimes'은 미국 영어에서 '데님denim'으로 바뀌어 발음되었다.

누군가에게 환심을 사고 싶다면

북한에서 청바지와 피어싱은 너무 자본주의적이라는 이유로 금지되어 있다. 헤어스타일의 경우, 국가가 허가한 헤어컷 목록에서만 선택해야 한다. 만약 누군가에게 좀 더 환심을 사고 싶다면 김정은이 하고 있는 '로드킬 당한 동물을 머리 위에 얹어 놓은 듯한' 헤어스타일을 따라할 수도 있다.

다탕 구에서 만들어지는 양말

세계에서 유통되는 양말의 3분의 1은 중국 주지 시诸暨市 다탕 구에서 만들어지고 있다. 그들은 매년 세계의 모든 사람들이 두 켤레씩 신을 수 있을 만큼의 양말을 만들고 있다.

원자폭탄만큼 큰 충격을 줄 것 같았던 비키니

비키니 수영복을 처음 만든 프랑스 디자이너 루이 레아Louis Reard는 그 수영복이 제2차 세계대전 후 태평양의 비키니 환초에서 행해졌던 미국의 원자폭탄 실험만큼 사람들에게 큰 충격을 줄 거라고 생각했기 때문에 그 수영복의 이름을 '비키니'라고 지었다.

매일 더러운 땅바닥과 접촉하는 구두 밑창

아랍 문화에서는 상대방에게 자신의 구두 밑창을 보이는 것을 모욕적인 행동이라고 여긴다. 왜냐하면 구두 밑창은 항상 더러운 땅바닥과 접촉하고 있기 때문이다.

소매로 코 닦지 말라고!

재킷 소매에 장식 버튼이 있는 이유는 나폴레옹이 병사들이 소매로 코를 닦는 것을 싫어했기 때문이다.

아버지 선물은 그냥 넥타이로 하지 뭐!

전 세계에서 '아버지의 날'에 가장 흔한 선물은 '넥타이'다.

잔첸 다음엔 라코스테

의류 브랜드 '라코스테lacoste'는 프랑스 테니스 선수 르네 라코스트Rene Lacoste의 이름을 따서 명명되었다. 1920년대, 토너먼트에서 7번의 그랜드 슬램을 달성했던 그에게 동료들은 '르 크로코다일le crocodile'이라는 별명을 붙여주었다. 라코스테 로고인 악어 그림은 의류 품목에서 상표 로고를 사용한 두 번째 사례이다. 첫 번째 사례는 수영복 회사 잔첸Jantzen의 상징인 '다이빙하는 소녀' 그림이다.

에콰도르에서 만들어진 파나마 모자

파나마 모자는 파나마에서 만들어지지 않고, 만들어진 적도 없다. 이 모자는 항상 에콰도르에서 만들어졌다. 19세기 에콰도르에서 판매가 저조하자 모자 제조업자들은 자신들의 상품을 파나마로 가져갔다. 에콰도르와는 달리 그곳에서 많은 양의 판매가 이루어졌다. 그 후 파나마에서 그 모자를 산 사람들은 어디서 구입했냐는 물음에 "파나마"라고 답했다.

9. 소셜미디어와 인터넷 쇼핑
Social media and online shopping

요즘은 어떤 물품이든 온라인에서 주문하면 하루나 이틀 만에 집 앞으로 배달이 된다. 이렇듯 우리의 삶과 인간관계는 인터넷을 통해 이루어져 있다. 만약 당신이 21세기 은둔자의 삶을 살기로 바란다면 그렇게 사는 것도 가능하다. 그것을 가능하게 하는 옵션들을 살펴보자.

소셜미디어와 인터넷 쇼핑에 관한 몇 가지 놀라운 사실들

부유하지만 기부도 많이 하는

세계에서 가장 부유한 인물에 속하지만 세계에서 기부를 많이 하는 인물에도 속하는 빌 게이츠 Bill Gates 는 1975년에 마이크로소프트사를 설립했다. 주력상품은 오피스와 게임기를 비롯해서 PC, 소프트웨어, 전자제품인데 세계에서 가장 큰 업체다.

가장 큰 소매점 아마존

1994년 제프 베조스 Jeff Bezos 가 온라인 서점으로 설립한 아마존은 현재 2억 5천만 명의 실사용자에게 책뿐만 아니라 거의 모든 종류의 상품을 팔고 있다. 아마존은 현재 미국에서 인터넷을 기반으로 하는 가장 큰 소매점이다.

아마존에선 매 시간마다 12권의 새로운 책이 추가되고 있다. 지금 당신이 읽고 있는 이 책도 아마존에서 구입할 수 있는 약 4백만 권의 책들 중 하나다. 만약 당신이 그 많은 책들 중에서 이 책을 찾아내 구매했다면, 당신의 능력은 칭찬받을 만하다. 그리고 나는 당신의 그 능력이 매우 흐뭇하다.

하지만 세계에서 가장 큰 전자상거래 회사인 알리바바 Alibaba 와 비교하면 아마존은 난쟁이에 불과하다. 중국의 알리바바는 약 3천억 개의 상품을 전 세계에 팔고 있다. 2016년 3월 31일, 알리바바는 월

마트를 2위로 밀어내면서, 세계에서 가장 큰 종합 소매점이 되었다.

9시 41분이 의미하는 것

1976년 스티브 잡스Steve Jobs, 스티브 워즈니악Steve Wozniak, 로널드 웨인Ronald Wayne에 의해 설립된 애플사는 기술면에서 세계 최고라 할 수 있다. 애플사는 컴퓨터, 노트북, 태블릿, 전화기에서부터 음악, 비디오, 애플리케이션, 일상적인 욕구를 충족시켜주는 전자기기들에 이르기까지 모든 제품을 제공한다. '애플'은 세계에서 가장 비싼 상표, 즉 약 1200억 달러의 가치에 달하며 본사의 주소도 상당히 멋진 편에 속한다.

Apple Campus, 1 Infinite Loop, Cupertino, Califonia

애플사의 현재 모든 광고는 아이폰, 아이패드, 맥 컴퓨터의 화면에서 9시 41분이라는 시간을 보여준다. 전에는 이 시간이 9시 42분이었다. 이 시간은 2007년 스티브 잡스가 42분 동안 프레젠테이션을 한 후, 최초의 아이폰을 발표한 시간이었다. 그런데 2010년, 애플사는 최초의 아이패드의 발표를 조금 빨리 마쳤기 때문에 그 시간을 1분 앞당기기로 결정했다.

아이튠즈 앱 업데이트를 수락할 때, 아무도 읽지 않는 그 약관에는 사용자가 핵무기, 미사일, 생화학 무기의 개발과 디자인, 또는 제조

생산을 위해서 그 앱을 사용하지 않는다는 조건이 포함되어 있다.

프랑스인의 사업 기질

프랑스에서 태어난 미국인 기업가 피에르 오미디야르Pierre Omidyar는 1995년, 소비자 및 기업 간 경매 업체인 이베이eBay를 설립했다. 그 이후 사업 영역을 확장한 이베이는 30개 이상의 나라에서 경매뿐만 아니라 '바로구매하기' 쇼핑을 제공하고 있다. 2015년 이베이의 수익은 80억 5천 9백만 달러였다. 프랑스인은 사업 기질이 없다는 말을 누가 할 수 있겠는가?

다 볼 수 없는 동영상

유튜브에는 매 1분마다 5~8시간 분량의 동영상이 추가되기 때문에 유튜브에 있는 모든 동영상을 보기 위해서는 수천 년의 시간이 필요하다. 만약 당신이 오래 살 거라는 생각이 들지 않는다면, 혹은 다른 일로 매우 바쁘다면 선택해야 할 것이다. 다 볼 것인가? 짤막하게 볼 것인가?

16억 이상의 실사용자를 갖고 있는 페이스북

마크 주커버그Mark Zuckerberg는 2004년 하버드대학교 내에 있는 캠퍼스에서 페이스북Facebook 서비스를 시작했다. 3년 만에 페이스북은 전 세계 13세 이상의 유효한 이메일 계정이 있는 모든 사람들이 이용하게 되었다. 현재 페이스북은 16억 이상의 실사용자를 갖고 있다. 페이스북 설립 과정에 관한 스토리는 2010년 「소셜 네트워크 The Social Network」라는 영화로 만들어졌다. 주커버그 역은 제시 아이젠버그 Jesse Eisenberg가 맡았다.

방금 내 트위터를 열었음

트위터의 공동 설립자인 잭 도시 Jack Dorsey가 2006년 역사상 최초의 트윗을 보냈다. 그 내용은 '방금 내 트위터를 열었음 just setting up my twttr'이었다. 현재 트위터에는 약 3억의 사용자에 의해 약 5억 개의 트윗과 1천만 페이지 분량의 책에 달하는 글자가 매일 포스팅되고 있다.

눈 깜짝할 새에 돈을 잃는 곳

온라인 도박 사이트에서는 포커, 경마, 크리스마스에 눈이 올 확률 등 거의 모든 것에 대한 투기가 가능하다. 당신은 그저 온라인으로 돈을 걸면 되고, 얼마 후에는 그 돈의 전부 혹은 대부분을 잃게 될 것이다. 실제로 도박장에 잠깐 다녀오는 것과 별다르지 않다.

영국도박위원회에 따르면 2015년 9월까지 열두 달 동안 영국의 온라인 도박은 전국 126억 파운드에 달하는 도박 산업에서 3분의 1을 차지했다.

복권 판매 수익금 정산

2016년 3월 31일 기준 회계연도에, 영국 국립 복권의 판매 수익금은 75억 9천 5백만 파운드였고, 그 금액은 다음과 같이 정산되었다.

❶ 41억 9천 8백만 파운드 당첨 상금 지급
❷ 19억 1백만 파운드 국립 복권 사업에 할당
❸ 9억 1천 1백만 파운드 정부에 복권세 지급
❹ 3억 3천 3백만 파운드 소매점에 판매 위탁 수수료 지급

국립 복권 사업에 할당된 19억 1백만 파운드 중 40%는 보건, 교육, 환경, 자선사업 등에 사용되었고, 나머지 60%는 스포츠, 예술, 문화재 분야에 똑같이 나뉘어 쓰였다.

내 애인도 뺏길 수 있는 데이트 사이트

온라인 데이트사이트는 다양한 취향과 연령대로 데이트를 가능하게 해주는 서비스로 크게 성공했다. 그 사이트가 없었다면 다양한 인간관계와 결혼이 이뤄지지 않았을 것이다. 그러나 조심해야 한다. 매치닷컴match.com.의 설립자인 게리 크레맨Gary Kremen은 바로 그 매치닷컴 때문에 자신의 애인을 다른 남자에게 빼앗겼다.

머리가
어지러운 주제들

Things that do your head in

CHAPTER 6

Science

Physics

Chemistry

Biology and medicine

Mathematics

Technology

Politics

Banking

삶에는 과학, 기술, 수학, 정치처럼 약간 이해하기 어려운 것들이 있다. 아는 척하기를 좋아하는 사람들이 회의 혹은 세미나에 모여서 이런 주제에 관해 토론하는 것은 괜찮지만 때때로 그들은 파티에서 이런 주제로 토론을 하기도 한다. 그것도 매우 평범한 사람들 사이에서 자기 지식을 펼쳐놓는 것을 좋아한다. 부지불식간에 이뤄지는 일이기에 그들이 눈에 잘 띄는 하얀 코트나 파카를 입어 표시를 하지 않는 한 우리는 그들의 지적 자랑질에 당할 수밖에 없다. 그저 어느 순간 우리 곁에 와 자연스럽게 대화에 섞여들면서 아는 척을 한다.

이 장에서 나는 이러한 사람들과 대화를 나눌 때 써먹을 수 있는 몇 가지 지식을 당신에게 알려주려고 한다. 이 지식만 안다면 아마도 그들은 당신을 매우 똑똑하다고 생각할 것이다. 하지만 이 지식을 한 번에 하나 이상은 사용하지 말기 바란다. 그저 무심하게 툭

내뱉으면 된다. 그리고 파고들려 하면 자연스럽게 화장실을 가는 척하면서 자리를 피하라. 이것이 당신을 신비롭게 만드는 또 다른 방법이다.

1. 과학 Science

과학자들은 때때로 우리의 삶에 대해, 우리가 살고 있는 세계에 대해, 그리고 알려진 우주에 대해 우리가 더 많은 것을 이해할 수 있게 해주는 새로운 사실들을 발견한다. 이것은 정말 바람직한 일이다. 또한 그들은 때때로 인간의 삶에 커다란 질적 변화를 만드는 과학적 발견을 하기도 한다. 이것 때문에 우리는 과학자들이 계속 연구할 수 있도록 격려하는 것이다.

폴란드 출신의 프랑스인 화학자이며 물리학자인 마리 퀴리Marie Curie는 라듐을 발견하긴 했지만 훗날 수백만 명의 암환자들에게 치료의 혜택을 줄 거라고 생각하지 못했다. 영국의 과학자 마이클 페러데이Michael Faraday는 전자기학과 전기화학에 대한 자신의 연구가, 전구에서부터 산업용 중장비에 이르기까지 모든 기계에 전원을 넣을 수 있게 할 거라고 짐작조차 하지 못했다. 과학 분야에 대해 살펴보기 전에, 과학자들에 관한 몇 가지 흥미로운 사실들은 다음과 같다.

거울 없이는 읽을 수 없는 글

이탈리아의 레오나르도 다 빈치는 '모나리자'와 '최후의 만찬'을 그렸을 뿐만 아니라 역사상 어느 누구보다 다재다능한 사람이었다. 그는 예술가, 발명가, 과학자, 수학자, 기술자, 작가, 음악가였다. 그는 동시에 한 손으로 글을 쓰고 다른 손으로 그림을 그릴 수도 있었다. 그는 오른쪽에서 왼쪽으로 글을 썼기 때문에, 그가 쓴 글을 보기 위해서는 거울이 필요하다. 사실 다 빈치에 대한 나의 유일한 비판은, 거울이 없이는 그의 정교한 과학 논문을 이해할 수 없다는 것이다.

참고로 레오나르도 다 빈치, 미켈란젤로, 뉴턴Isaac Newton, 베토벤 Ludwig van Beethoven, 에디슨Thomas Alva Edison, 피카소, 마크 트웨인Mark Twain, 벤저민 프랭클린Benjamin Franklin은 왼손잡이였다.

위조 방지 동전을 제작한 뉴턴

영국의 물리학자이며 수학자인 아이작 뉴턴은 사과가 중력에 의해 나무에서 떨어진다는 것을 발견했을 뿐만 아니라 관성의 법칙, 뉴턴식 망원경*을 생각해냈고, 영국 왕립 조폐국의 국장이었을 동안 위조 방지가 된 최초의 동전을 디자인하고 제작했다.**

★　최초의 망원경은 1608년 네덜란드의 안경제조업자인 리퍼세이 Lippershey가 발명했는데 볼록렌즈를 사용하고 눈 쪽으로 오목렌즈를 사용한 최초의 굴절망원경이다. 이 망원경은 물체의 상을 똑바로 볼 수 있는 것으로 배율은 약 3배 정도였다. 1609년 갈릴레이가 배율 약 30배 정도의 망원경을 제작했다. 그런데 굴절망원경에는 몇 가지 단점이 있었으므로 또 다른 형태의 망원경 발명이 필요했는데, 이러한 필요성을 제일 먼저 인식한 사람이 바로 영국의 뉴턴이었다. 그는 1668년 빛이 렌즈를 통과하지 않고 거울에 반사되는 반사식 망원경을 제작했다.

★★　당시 영국에는 많은 양의 위조 화폐가 유통됐다. 더불어 금화나 은화의 가장자리를 깎아낸 후, 동전은 그대로 사용하고 깎아낸 금이나 은은 따로 내다팔아서 부수입을 챙기기도 했다. 뉴턴은 이를 방지하고자 동전 옆 테두리에 톱니바퀴 모양을 새기도록 했다. 이는 육안으로 쉽게 구분할 수 있기 때문에 그 효과는 매우 컸다. 그 이후 사람들은 테두리에 톱니바퀴가 없는 돈을 받지 않게 되었다.

알고 있으면 쓸 데가 많은 지식

뉴턴의 관성의 법칙

당신이 대화를 계속할 만큼 똑똑한 사람인지 아닌지를 확인하기 위해, 과학자가 당신에게 관성의 법칙을 어떻게 생각하느냐고 물어볼 경우를 대비해서, 나는 당신에게 뉴턴의 관성의 법칙에 관한 실제적인 예를 들어주는 것이 도움이 될 거라고 생각한다.

1. 만약 당신이 죽은 오소리를 발로 차지 않으면 그 오소리는 그 어느 곳에도 가지 않는다. 만약 당신이 공항의 무빙 보도 위에 놓인 죽은 오소리를 발

로 차지 않는다면, 죽은 오소리의 이동 속도는, 적어도 무빙 보도 끝에 이를 때까지 변하지 않는다.

2. 만약 당신이 죽은 오소리를 발로 찬다면, 그것의 속도도 바뀔 것이고 방향도 바뀔 것이다. 힘껏 차면 찰수록, 어떤 방향으로든 더 빠르게 날아갈 것이다.

3. 만약 당신이 죽은 오소리로 가장한 큰 돌을 발로 찬다면, 그 돌은 당신의 발을 아프게 할 것이다. 왜냐하면 그 돌은 당신에게 똑같은 충격으로 반응할 것이기 때문이다.

노벨상을 두 번이나 받은 유일한 사람

1903년 마리 퀴리는 노벨물리학상을 받은 최초의 여성이 되었고, 1911년에는 노벨화학상까지 받음으로써 과학의 두 분야에서 노벨상을 받은 유일한 사람이 되었다. 그녀의 과학에 대한 공헌은 그녀 자신만으로 끝나지 않았다. 그녀의 딸 이렌 졸리오퀴리Irène Joliot-Curie 또한 1936년에 노벨화학상을 받았다.

E=ms²가 첼레리타스로 불리는 이유

독일 태생의 이론 물리학자 알버트 아인슈타인Albert Einsten은 현대 물리학의 기념비 중 하나인 '일반 상대성이론'으로, 그리고 세계에서 가장 유명한 등식인 $E=mc^3$, 즉 '에너지는 질량 곱하기 빛의 속도의 제곱과 같다'를 만들어냈다. 이 공식이 $E=ms^2$가 아닌 이유는 아인슈타인이 속도를 뜻하는 라틴어 '첼레리타스celeritas'를 사용했기 때문이다. 과학자들은 때때로 그와 같은 일을 한다.

더불어 아이슈타인은 마이클 패러데이의 업적을 매우 경외해서 그의 사진을 항상 서재 벽에 걸어두었다.

신이 창조했다는 것에 이의를 제기한 다윈

영국의 동식물연구가 찰스 다윈은 인류가 스스로에 대해 생각하는 방식을 영원히 바꾸었다. 진화와 자연도태에 관한 그의 연구는, 모든 생명은 신이 창조했기 때문에 존재하는 것이라는, 오랫동안 지속되어 온 관점에 이의를 제기했다.

우유를 안전하고 맛있게

프랑스의 미생물학자 루이 파스퇴르Louis Pasteur는 저온살균법을 사용해 우유를 마시기 안전하고 맛있게 만들었다. 이 방식은 현재 그를 기념하여 '파스퇴르라이제이션pasteurisation'이라는 명칭으로 알려져 있다. 별도로 나는 우유를 좋아하지 않는다. 따라서 이 주제에 관해서는 나의 개인적인 의견을 쓸 수가 없다. 그는 또한 최초의 광견병 백신을 만들었으며, 다른 질병 치료에 있어서도 무수한 발전에 기여했다.

노벨평화상이 만들어진 이유

스웨덴의 박식가 알프레드 노벨Alfred Nobel은 후세에 '노벨상'을 안
겨주었다. 그는 여러 언어를 유창하게 구사할 수 있었고, 시인이자
극작가였으며, 화학자, 발명가 그리고 매우 성공한 사업가였다. 그
는 자신의 이름으로 된 355개의 특허권을 갖고 있었는데, 그중 하
나가 다이너마이트 발명에 대한 것이었다. 하지만 그는 다이너마이
트를 발명했지만 오직 산업적인 목적으로 사용되기를 원했다. 그
리고 간절히 세계 평화를 열망했다. 그래서 화학, 물리, 의학, 문학
과 더불어 노벨평화상을 만들었던 것이다.

여자라는 이유만으로
연구는 할 수 있지만 연구 모임에 참석하지 못하는

영국의 생화학자 도로시 호지킨Dorothy Hodgkin은 단백질 결정학의 창
시자로 알려져 있다. 쉽게 풀어 표현하면, 그녀는 페니실린과 비타
민 B_{12}의 구조를 비롯한 여러 단백질의 구조를 발견했다. 이 공로
로 그녀는 1964년에 노벨화학상을 받았다. 그녀의 연구는 주로 옥
스퍼드대학에서 이루어졌고 교수진의 일원으로 그곳에서 강의를
했다. 다만 여자라는 이유로 연구 모임에 참석하는 것은 허락되지
않았다. 하지만 그녀가 가르쳤던 학생들 중 마가렛 로버츠Margaret
Roberts, 훗날 마가렛 대처가 되는 여학생이 있었다. 마가렛 로버츠는
영국의 수상으로서 그녀가 원하는 수많은 모임에 참석했고, 그 모

임들의 의장이 되었다.

2. 물리학 Physics

물질과 에너지는 상호작용하면서 반응하기 때문에 이것들은 물리학자에게 매우 중요하다. 그렇다면 물리학에 관한 중요한 몇 가지 사실들에 대해 알아보자.

추위를 느끼지 않는 방법

차가움은 물질의 자연 상태다. 따라서 당신이 분자들을 불안정하게 만들지 않는다면, 당신은 추위를 느낄 수 없다. 만약 파티에서 만난 과학자에게 당신이 깊은 인상을 주고 싶다면, 단지 그에게 이렇게 말하라. "이것 참, 저는 자연 상태로 돌아간 것 같습니다." 만약 당신이 운이 좋다면, 그 물리학자는 당신의 분자를 불안정하게 만들 것을 제안할 것이다.

화성에서 다이어트 하기

만약 살을 빼고 싶다면 화성으로 가라. 그곳에서 당신의 몸무게는 지구에서의 반도 안 나갈 것이다.*

인간의 몸은 공간의 낭비

만약 원자 안의 빈 공간을 모두 제거하면 전체 인류는 각설탕 크기로 줄어들 것이다. 아마도 이 각설탕은 현재 살아 있는 모든 인간보다 10배나 더 무게가 나갈 것이다. 한마디로 인간의 몸은 공간의 낭비이기도 하다.* 그리고 대서양의 물을 떠낸 티스푼의 개수보다 한 개의 티스푼에 담겨 있는 물 분자의 수가 더 많다.

☀ 별별 지식

★　　원자 중심에는 핵이 있고, 핵을 중심으로 돌고 있는 것이 전자인데 핵과 전자 사이에 빈 공간이 아주 많다. 그것으로 이뤄진 원자 속은 거의 텅 비어 있는 것이나 마찬가지임을 의미하는 문장이다.

아이슈타인의 애너그램

'알버트 아인슈타인'의 애너그램anagram, 철자를 바꾸는 놀이은 '열 명의 엘리트 두뇌들ten elite brains'이다.

왜 무서운지 고민해보라

휘핑크림, 거품목욕 비누, 맥주의 거품은 95%의 공기와 5%의 액체로 이루어져 있다. 만약 물리학자가 당신에게 밖에 나가서 바람을 쐬고 싶은지 묻는다면 그건 매우 무서운 말이다.

물속에서 사랑 고백하기

소리는 공기 중보다 물속에서 더 빠르게 이동한다. 왜냐고? 물은 공기보다 밀도가 높아 공기보다 약 4배 정도 소리가 빨리 전달된다. 만약 내 말이 믿기지 않는다면 실내와 수중에서 기타로 똑같은 음을 연주한 후 각각 들어보라. 그리고 그 차이를 구분해보라. 만약 당신이 물속에서 전자 기타로 이 사실을 실험했다면 더 이상 이 책을 읽지 못할 것이다. 귀 통증으로 누워 있어야 할 테니깐.

3. 화학 Chemistry

화학이 물리보다는 훨씬 쉽겠지만 화학은 매우 어렵고 중요하다. 당신이 알아야 할 흥미로운 기초 지식은 다음과 같다.

자연적으로 발생한 원소와 합성된 원소

우주에 존재하는 모든 것은 원자로 이루어져 있으며, 그 원자들이 결합해서 분자를 이루고, 그 분자들이 결합해서 118개의 원소들 중 하나를 이룬다. 그중 94개는 자연적으로 발생한 원소이고 24개는 합성된 원소이다. 원소는 존재하는 모든 것의 기반이 된다.

멘델예프, 고마워!

어떤 원소는 티타늄 같은 고체 상태이고, 어떤 원소는 수은 같은 액체 상태이고, 어떤 원소는 헬륨 같은 기체 상태이기 때문에 원소들의 다양한 성질과 서로간의 관계를 파악하기는 매우 어렵다. 그렇기에 우리는 러시아의 화학자 드리트리 멘델예프Dmitri Mendeleev에게 고마워해야 한다. 그가 각 원소들의 주기적인 성질을 이용해 원소들의 화학적 특성을 정리한 주기율표*을 만들었기 때문에 조금은 이해하기 쉬워졌다.

☀ **별별 지식**

....

* 원자를 원소 번호순으로 배열할 때 일정한 가격을 두고 비슷한 성질을 갖는 원소가 주기적으로 나타나는데 이러한 성질을 주기율이라고 한다. 주기율표는 주기율에 따라 원소를 배열한 표다.

슈퍼맨에게 들켜서는 안 되는 행동

금이나 은, 탄소 같은 원소들은 대략 몇 천 년 전에 알려졌고, 우누녹튬ununoctium과 가장 최근에 발견된 우눈셉튬ununseptium 같은 원소들은 최근에 발견되었다. 가장 최근에 발견된 원소가 제 이름을 찾기 전에는 매우 우스꽝스러운 이름이 붙여졌다. 과학자들은 우누녹튬에 원소 발견에 참여한 러시아 과학자의 이름을 딴 오가네손organesson이라는 이름을 붙이고, 우눈셉튬에 연구의 많은 부분이 행해진 테네시 주의 이름을 따서 테네신tennessine이라는 이름을 붙이자고 제안했다. 이것은 과학 분야에서 일반적인 규칙이다.

만약 당신이 우누녹튬을 집에서 만들고 싶다면, 약간의 납과 크립톤을 섞어라. 하지만 슈퍼맨에게 그 현장을 들켜서는 안 된다. 왜냐하면 그가 당신이 렉스 루터Lex Luthor에게 협력하고 있다고 오해할 수도 있기 때문이다.

서먹한 분위기를 녹이는 방법

원자와 분자가 결합하면, H_2O 물와 CO_2이산화탄소처럼 우리가 알고 있는 물질이 만들어진다. 만약 당신이 파티에서 화학자와 어울리게 된다면, 가능한 한 항상 화학기호를 사용해서 말하라. 이 방법은 서로간의 서먹한 분위기를 녹이는데break the frozen H_2O 도움이 된다. 그리고 상대방은 웃음을 멈출 수 없을 것이다.

나트륨과 염화물

디너파티의 분위기를 띄우기 위해서는 화학기호조차 사용할 필요가 없다. 당신은 단지 식탁 위에 놓여 있는 혼합물의 원소들만 알고 있으면 된다. 예를 들어 식용 소금의 구성 성분을 알고 있다면, 당신은 누군가에게 동일한 양의 나트륨과 염화물을 갖다 달라고 요청하면 된다. 이 한 마디로 당신은 파티에서 화제의 주인공이 될 것이다. 나는 약속할 수 있다.

자동차 배기가스에 포함되어 있는 것

CO_2이산화탄소의 2, 즉 다옥사이드^{dioxide,} 이산화물의 di는 우리를 살아 있게 한다. 하지만 CO일산화탄소, 즉 카본 모노사이드$^{carbon\ monoxide}$는 우리에게 전혀 이롭지 않다. 자동차 배기가스에 포함되어 있는 것이 이것이며, 세계 각국은 이것을 줄이고자 노력하고 있다.

철 덩어리 위에 서서 질소를 받아들이면서 사는 우리들

지구의 핵은 대체로 철로 이루어져 있으며, 공기는 주로 질소로 이루어져 있다. 공기의 21%만이 산소다. 모든 생명체는 탄소를 그 기반으로 하고 있다. 그러므로 파티에서 만난 화학자에게 당신이 깊은 인상을 남길 수 있는 멋진 한 마디는 다음과 같다.

"나는 조금 어지러워요. 철 덩어리 위에 서 있는 동안 나의 탄소가 충분하게 질소와 호흡하고 있다는 확신이 드질 않네요."

이 말을 듣는 순간, 분명 화학자의 얼굴에는 눈물이 떨어지고 있을 것이다.

* 지구는 지표로부터 지각, 맨틀, 외핵과 내핵으로 구성되어 있다. 지각은 가장 얇으며 단단한 규산염 암석들로 되어 있는데 수 킬로미터에서 최대 수십 킬로미터에 이른다. 맨틀은 지구의 가장 많은 부분을 차지하는 고철질 규산염 암석 덩어리로 약 2800~2900km의 두께를 갖는다. 핵은 철, 니켈 등의 합금으로 되어 있으며, 약 3500km의 두께를 갖는다. 핵은 액상으로 된 외핵과 고체로 된 내핵이 있으며, 외핵이 약 1200km의 두께를 갖는다. 그리고 공기는 대략 78%의 질소, 21%의 산소, 0.93%의 아르곤 그리고 이산화탄소와 수증기로 이루어져 있다.

지구에서 가장 비싼 원소

지구에서 가장 비싼 원소는 칼리포르늄californium이다. 만약 칼리포르늄으로 만든 보석이 있다면 당신은 그것 한 개의 가격조차도 지불할 능력이 없을 것이다. 칼리포르늄은 금으로 된 보석보다 백만 배 더 비싸다. 하지만 칼리포르늄 보석 따위는 존재하지 않는다. 칼리포르늄은 원자로를 가동하기 위해 사용될 뿐, 아무도 그것을 손가락에 끼려고 하지 않는다.

4. 생물학과 의학 Biology and medicine

인간을 비롯한 생물에 대한 이해의 많은 부분을 우리는 다음과 같은 위대한 생물학자들에게 빚지고 있다. 찰스 다윈과 그의 동시대 사람인 알프레드 러셀 월리스Alfred Russel Wallace, 생물 분류법인 이명법의 기초를 다진 분류학의 아버지인 칼 폰 린네Carl Linnaeus, 농부의 아들로 태어나 유전학을 최초로 이해한 사람인 그레고어 멘델Gregor Mendel, DNA 구조의 발견자들인 프랜시스 크릭Francis Crick과 제임스 왓슨James Watson, 돌리라고 불리는 양을 복제해서 논란이 되었던 키스 캠벨Keith Campbell과 이안 월무트Ian Wilmut. 당신이 생물학과 의학에 대해서 박학다식한 것처럼 대화를 나눌 수 있게 도와줄 생각의 씨앗들은 다음과 같다.

새롭게 교체되는 우리들

사람의 몸을 구성하고 있는 대부분의 성분들은 매우 규칙적으로 새롭게 교체되고 있다. 따라서 사람의 몸은 자기 나이보다 평균 10년 미만으로 젊은 상태를 유지한다고 생물학자들은 생각한다. 만약 당신의 몸이 나이와 같지 않다고 느낀다면, 그 생각은 옳은 것이다. 현재 당신이 누군가를 사랑하고 있다면 지금 그 혹은 그녀는 처음 만났던 그 사람이 아니다. 뒤를 조심하라.

한 달에 한 번의 선물

사람은 일생 동안 평균 900번 피부가 벗겨지고 새 피부가 돋는다. 이 새 피부는 매우 축하받을 일이다. 우리는 900번의 '행복한 피부'

를 선물로 받는 것이다. 결과적으로 한 달에 한 번꼴로 선물을 받는 셈이다.

DNA 암호와 페이스북 이력

인생을 살면서 바꾸기 가장 어려운 것들 중 2가지를 꼽는다면, 그 것은 당신의 DNA 암호와 페이스북 이력이다. DNA 암호는 당신 몸의 원자들을 똑같은 것으로 교체할 수 있게 만들며, 페이스북 이력은 당신이 술에 취했을 때의 인격에 대한 영구적인 기록을 만 든다. 아마도 이것은 당신에게 도움이 안 될 것이다.

의학 윤리 기준을 세워준 히포크라테스

아리스토텔레스가 철학을 집대성했다면 히포크라테스는 서양의 학을 집대성했다. 아직도 그리고 아마 먼 훗날까지 의과대학을 졸 업하는 의사들은 의학의 윤리 기준을 세우는 히포크라테스 선서를 하고 있으며, 앞으로도 할 것이다. 그 선서의 기원은 기원전 5세기로 거슬러 올라가는데 히포크라테스의 제자들은 반드시 그 맹세를 한 뒤 의술을 펼칠 수 있었다. 오늘날 '정골 의사의 맹세Osteopathic Oath'와 같은 변형들도 있지만 여전히 대표적인 의학 윤리 선서는 히포크라 테스 선서다.

당신의 이해를 돕기 위해 조금 더 부연설명을 하자면 이렇다. MD 는 'Doctor of Medicine'의 줄임말이며 의대를 졸업하여 취득한 박사학위를 의미하고, DO는 'Doctor of Osteopathic Medince'의 줄임말로 정골 의학을 전공한 의사가 취득한 박사학위를 의미한다. MD가 미국 내 의사 중 80%를 차지하고 나머지 20%가 DO이다. DO도 4년간의 의대 교육을 받고 의사 면허 시험을 통과한 MD와 다를 바 없는 합법적이고 정상적인 의사다.

어느 발가락이 찔렸는지 모르는 상태

만약 눈을 감은 상태에서 누군가 당신의 발 가운데 하나를 쿡 찌른다면, 어느 발가락이 찔렸는지 알기 어렵다. 나는 나를 대상으로 이 실험을 몇 번 해봤는데 50 대 50 확률로 맞출 수 있었다.

아기가 성인보다 더 많은 것은 무엇?

성인의 몸을 이루는 뼈는 206개지만 아기의 몸을 이루는 뼈는 270개이다. 성인이 되면서 64개가 빠지는데 이것은 성장 과정에서 많은 뼈들이 서로 붙어 합쳐지기 때문이다. 아기가 태어났을 때 성인보다 더 많은 뼈를 갖고 있는 이유들 중 하나는, 여분의 관절을 몇 개 더 가지고 있으면 태어날 때 산도를 꿈틀거리며 지나가기가 더 쉽기 때문이다. 이 뼈들이 없다면 우리의 몸은 토요일 밤 이비사 섬에서 광란의 파티를 즐기는 10대들처럼 형체 없이 이리저리 휘청거릴 것이다.

엉덩이와 어깨 절구 관절

사람의 관절은 대부분 문의 경첩처럼 한 방향으로만 움직인다. 그러나 엉덩이와 어깨의 절구 관절*은 역동적인 움직임이 가능하다. 만약 이러한 절구 관절이 없다면 우리는 유연한 스포츠를 즐길 수 없을 것이고, 춤 레퍼토리는 오른손을 안에 넣고 오른손을 밖에 내고 오른손을 안에 넣고 힘껏 흔드는 호키포키로 한정될 것이다.

☀ 별별 지식
....

★   공 모양의 한쪽 부분이 오목한 면에 들어가 회전하는 식으로 된 관절을 의미한다.

남성 독감에 걸린 여성

지구상에서 가장 많이 존재하는 것은 미생물이다. 그것들은 매우 작아 육안으로 볼 수 없고 대체적으로 인간에게 무해하다. 하지만 그것 중 어떤 것들은 질병을 일으키는 세포 박테리아고, 인간 같은 다른 생물의 세포를 이용해 번식해야 하는 바이러스다. 특히 인류에게 알려진 최악의 바이러스는 남성 독감man flu이다. 그것은 산통보다도 훨씬 더 아프다. 만약 여성이 남성 독감에 걸렸다면 그녀의 생명은 단 몇 분 만에 끝날 것이다. 여성이 남성 독감에 걸려 죽는다는 것은 무지 슬픈 일이다.*

★   같은 감기에 걸려도 남자가 여자보다 심하게 앓는다는 설이 있다. 남성 독감은 옥스퍼드 사전 등에도 올랐는데 여자와 달리 남자는 독감 등으로 아플 때 과장하면서 매우 엄살을 떤다는 비꼬는 뜻이 담겨 있다.

지금 당장 필요 없지만 미래를 생각하면 꼭 필요한 것

우리가 생물로서 생존하려면 꼭 해야 하는 일곱 가지 행위가 있다. 숨쉬기, 움직이기, 성장하기, 먹기, 배설하기, 반응하기, 번식하기. 이 중에서 번식은 한 개인의 생존을 위해서는 할 필요가 없는 유일한 것이지만 종의 생존을 보장하기 위해서는 꼭 필요하다.

하임리히법을 소개한 하임리히

1974년 헨리 하임리히Henry Heimlich 박사는 목에 걸린 음식이나 이물질을 제거하기 위해 주먹을 가슴 아래에서 위쪽으로 밀어 올리는 '하임리히법'을 소개했다. 그가 현역 의사로 활동하는 동안 직접 그 방법을 사용한 적은 없지만 그가 죽은 후 수천 명의 생명을 구한 것으로 인정받고 있다. 2016년 5월 어느 날 저녁, 96세의 나이로 오하이오Ohio 신시네티Cincinnati 양로원에 있던 하임리히 박사는 저녁 식탁에서 옆자리의 연로한 여성 한 명이 질식해가는 것을 발견했다. 모든 사람의 시선이 그에게 쏠린 가운데 그는 하임리히 요법을 성공적으로 해냈다. 목에 걸린 햄버거 조각을 제거하면서 그녀의 생명을 구한 것이다. 내 개인적인 생각으로는, 그는 그 순간의 영광을 누릴 충분한 자격이 있다.

5. 수학 Mathematics

고대 그리스에서 피타고라스Pythagoras가 수학을 경외敬畏하는 과목으로 바꾼 이후, 아르키메데스Archimedes가 몇 개의 모래알로 우주를 채울 수 있는지를 해결한 이후, 세계는 수학을 좋아하는 사람들과 두려워하는 사람들로 나누어졌다. 수학에 관해서 현명하게 대화할 수 있도록 당신을 도와줄 몇 가지 내용은 다음과 같다. 하지만 이해하지 못한다고 해서 자신을 자책하지 말기 바란다. 왜냐하면 수학을 좋아하는 사람들은 거의 파티에 가지 않는다. 그러니 당신이 그들을 만날 걱정은 하지 않아도 된다.

직육면체를 벽돌이라고 부르고 싶은 이유

면, 선, 각도에 관한 학문인 기하학은 건축가와 엔지니어에게 쓸모가 있다. 특히 삼각형은 매우 유용하다. 직육면체들은 서로 대단히 잘 맞춰지기 때문에, 건설업자들도 기하학적 모양의 물체들을 좋아한다. 하지만 수학을 좋아하는 사람들은 직육면체를 보면서, 무슨 이유인지는 모르지만 '벽돌'이라고 부르고 싶어한다.

만물의 근원 '數'

피타고라스는 천문학, 자연, 음악을 포함해서 모든 것을 숫자로 나눌 수 있다고 생각했다. 만약 누군가 당신에게 자신이 피타고라스 광팬이라고 말한다면, 우선 달아나라.*

☀ 별별 지식

＊   피타고라스는 만물의 근원이 숫자라고 주장했다. 피타고라스 학파는 무한 앞에서, 즉 한계를 규정지을 수 없는 것 앞에서 일종의 신성한 공포를 느꼈다. 그래서 현실의 경계를 정하고, 질서를 부여하며, 현실을 이해할 수 있는 규칙을 숫자에서 찾았다.

가장 아름다운 기하학적 비율인 황금비

이탈리아 수학자 피보나치^{Fibonacci}가 발견한 피보나치 수열은 바로 앞의 두 수를 서로 더함으로써 다음 수를 계산할 수 있는 수열이다. 예를 들면 1, 1, 2, 3, 5, 8, 13…을 말한다. 이 수열이 해바라기 씨앗들과 솔방울 같은 원추형으로 된 사물들에서 많이 보인다는 사실을 깨닫게 되면, 상당히 흥미롭다. 이것은 순전히 우연일까, 아니면 다른 어떤 의미가 있는 것일까?*

정사면체가 서로 맞물리는 형태로 결혼하다

다이아몬드의 원자들은 정사면체가 서로 반복적으로 맞물리는
형태로 배열되어 있다. 이런 구조로 인해 다이아몬드는 세계에서
가장 단단한 물질들 중 하나가 되었다. 기하학 전공 졸업자끼리 결
혼한다면 그들의 서약에는 항상 다음과 같은 표현이 사용될지도
모른다.

'정사면체가 서로 맞물리는 형태로, 나와 당신은 결혼했습니다.
With this pattern of interlocking tetrahedrons, I thee wed.'＊

한 표현이다.

숫자보다 문자를 더 좋아한다면

만약 당신이 숫자보다 문자를 좋아한다면, F$_{중력의 세기}$ =m$_{물체의 질량}$ g$_{중력 가속도}$ 같은 등식들이 있는 대수학은 당신에게 멋진 학문일 것이다. 뉴턴의 중력이론을 나타내는 등식 F=mg에 따르면, 중력의 세기는 낙하하는 물체의 질량에 중력 가속도를 곱한 값과 같다. 만약 당신이 담장에서 떨어지고 있는데 아래 포장도로와 충돌했을 때 얼마나 아플지를 알고 싶다면, 이 만유인력의 법칙은 꽤 유용하다. 또한 만약 당신이 미국에 있고, 담장에서 떨어지고 있다면 아래 인도와 충돌할 때 얼마나 아플지도 궁금할 것이다.

Pi × Z × Z × A의 부피

반지름이 Z이고 높이가 A인 피자는 Pi × Z × Z × A의 부피를 갖는다.

카망베르

원그래프를 뜻하는 프랑스어는 카망베르^{Camembert}이다.

미래를 예측할 수 있는 가장 쉬운 방법

통계학은 과거에 일어난 일을 기반으로 미래를 예측할 때 유용하다. 지난 20년 동안의 플로리다 키웨스트 섬의 5월 날씨와 러시아 시베리아 지방의 5월 날씨를 서로 비교해보라. 내년 5월에 키웨스트 섬에 있는 것이 시베리아에 있는 것보다 십중팔구 더 따뜻할 것이라는 것을 알게 될 것이다.

여기서 그만

미적분에 대한 멋진 설명을 첨가할까 하는 생각도 들었지만 옆길로 새고 싶지는 않다. 여기서 그만한다.

6. 기술 Technology

만약 당신이 40세 미만이고 컴퓨터와 노트북, 태블릿과 휴대전화에 대해 익숙해 있다면 현대 기술의 진보는 당신 삶에 깊숙이 침투해 있을 것이다. 그렇다 하더라도 컴퓨터를 발명한 앨런 튜링Alan Turing, 월드 와이드 웹을 발명한 팀 버너스리Tim Berners-Lee, 개인 컴퓨터 혁명의 주역인 빌 게이츠, 마이크로컴퓨터 혁명의 주역인 스티브 잡스, 페이스북 설립자인 마크 주커버그, 전기자동차와 우주 수송 기술의 선구자인 엘론 머스크Elon Musk 같은 기술 귀재들의 천재성 덕분에 우리가 오늘날의 위치에 이르렀다는 것을 잊지 말아야 한다. 이 귀재들에 관한 그리고 그들이 세상에 소개한 기술에 관한 멋진 사실들은 다음과 같다.

애니그마 암호 해독이 불러온 세계 평화

영국의 수학자 앨런 튜링은 컴퓨터를 발명한 후, 제2차 세계대전 동안 독일 애니그마 암호를 해독하는 데 착수했다. 그의 암호 해독은 전쟁을 몇 년 단축시켰고, 수백만 명의 생명을 구했다.

철도에서 월드 와이드 웹에 이르기까지

영국의 컴퓨터 과학자 팀 버너스리는 어렸을 때 대단한 철도 마니아였다. 그는 모형 철도를 어설프게 손보면서 전자공학의 기초지식을 습득했다. 모형 철도를 어설프게 손보다가 훗날 월드 와이드 웹을 발명하게 되는 것은 대단한 비약이다.

1달러의 급여

애플사의 CEO인 스티브 잡스는 1997년부터 2011년까지 1년에 1달러의 급여를 받았다. 하지만 그 기간 동안, 그가 소유하고 있는 애플사의 주식 550만 주의 주가는 3.19달러에서 365달러로 올랐다. 얼마가 뛰었는지는 당신의 계산기로 직접 확인해보시길.

화성의 식민화

남아프리카에서 태어난 미국계 캐나다인 거물 기업가 앨런 머스크의 야심은 크다. 그가 공언한 목표들 중 하나는 화성을 식민화하는 것이다. 그가 소유하고 있는 우주 화물 벤처기업과 전기자동차 벤처기업을 기준으로 판단한다면, 그는 이미 이 목표를 이루었다. 그는 이미 슈퍼마켓의 가정배달과 유사한 방식으로 국제우주정거장에 화물 운반을 제공하고 있다.

발전인가? 퇴보인가?

예전의 직소 퍼즐, 루도Ludo, 클루Cluedo, 뱀과 사다리, 모노폴리 등의 보드 게임과 버킹 브롱코Bucking Bronco, 젠가Jenga, 트위스터Twister 등의 수동 게임이 차지하고 있던 자리를 오늘날에는 컴퓨터 게임 네크로댄서의 지하묘지Crypt of NecroDancer, 더 위처The Witcher, 그림 판당고Grim Fandango Remastered, 그랜드 테프트 오토Grand Theft Auto, 캔디 크러쉬 사가Candy Crush Saga, 마인크래프트Minecraft 등이 차지하고 있다. 이것은 발전일 수도 있고, 또는 발전이 아닐 수도 있다. 토론해보라.

굳이 집계할 필요가 없는 것

역사상 가장 많이 팔린 비디오 게임은 테트리스이다. 1984년 이 게임이 출시된 이후로 대략 5억 개가 팔렸다. 이 수치는 지난 세기의 베스트셀러 보드 게임인 모노폴리의 판매량을 훨씬 넘어선다. 그것은 대략 2억 5천만 개가 팔렸다. 그 전에는 수천 년 동안 체스, 체커 그리고 주사위 게임을 즐겼다. 아마 테트리스보다 더 많이 판매됐을 것이다. 하지만 정확한 기록이 집계되지 않았던 것은 어느 누구도 그것이 얼마나 팔렸는지 알 필요가 없었다는 것이다. 더불어 그 누구의 머릿속에도 떠오르지 않았기 때문이다. 세계 인구가 침대를 얼마나 보유하고 있는지 집계하지 않듯이 말이다.

휴대전화의 진화

오늘날의 휴대전화는 1969년 아폴로 11호의 미션인 '사람을 달에 착륙시키는 것'에 사용된 컴퓨터들보다 훨씬 더 많은 연산 능력을 갖고 있다.

그리고! 19세기 사람들이 19세기에 찍었던 사진들보다 더 많은 사진을, 오늘날 사람들은 2분 만에 찍는다.

걷기는 두 번째, 찍기는 첫 번째

1969년 달 위를 걸은 두 번째 사람인 버즈 올드린$^{Buzz Aldrin}$은 닐 암스트롱$^{Neil Armstrong}$보다 20분 후에 걸었다. 그래서 항상 달 위를 걸은 두 번째 사람이라는 수식어가 붙는다. 하지만 그는 1966년 우주 유영을 하는 동안 지구를 배경으로 최초로 우주 셀카를 찍은 사람이다.

셀카 찍다가 억울하게 죽어야 했던 속사정

상어 공격을 당해서 죽는 사람보다 셀카를 찍다가 죽는 사람이 더 많다. 그 특별한 순간을 포착하기 위해 노력하는 과정에서 때 이른 죽음을 맞이하게 됐던 몇 가지 사례를 여기에 소개한다.

❶ 장전된 총으로 자신의 머리를 겨냥하는 것 : 그들은 아마 다른 손으로 휴대전화 카메라의 버튼을 누르려고 했을 것이다. 하지만 그 순간, 흥분으로 인해 일이 꼬였을 것이다.

❷ 달려오는 기차에 치이는 것 : 이것은 특히 인도에서 많이 발생한다.

❸ 기차 위에서 포즈를 취하는 동안, 머리 위의 전기가 흐르는 전선과 접촉하는 것 : 이런 일이 얼마나 자주 일어나는지 당신은 믿지 못할 것이다.

❹ 높은 다리, 바위, 댐에서 익사하는 것

❺ 높은 건물 옥상에서 떨어지는 것

❻ 수류탄의 핀을 뽑는 것 : 만약 셀카가 없었다면, 이 특별한 바보들의 시신에서 죽음의 원인을 알아내기는 어려웠을 것이다.

❼ 해마다 열리는 소몰이 행사에서 뒤에서 달려오는 황소의 뿔에 받히는 것 : 급박한 죽음의 순간이 사진 속에 완벽하게 포착됐다. 사망의 원인에 대한 검시관의 소견은 '순전한 어리석음'이었다.

❽ 경비행기를 조종하고 있던 조종사가 셀카를 찍으려 하는 순간 비행기가 균형을 잃는 것

❾ **화산 속으로 떨어지는 것 :** 아마 그 순간 "치~즈"라고 말하고 있었을지도 모른다.

도메인 변경

몬테네그로Montenegro가 유고슬라비아로부터 독립했을 때, 국가 도메인은 .yu에서 .me로 바뀌었다.

555

태국어에서 '5'는 'ha'로 발음되기 때문에, 태국어 문자 채팅에서 LOL Laughing Out Loudly, 큰 소리로 웃다의 줄임말 대신 '555'가 사용된다.

21세기 어휘들

21세기를 성공적으로 살아가기 위해서 당신은 다음과 같은 몇 가지 필수 어휘들을 배워둘 필요가 있다.

1) 프렌도포비아friendorphobia

이 단어는 비밀번호를 잊는 것에 대한 두려움을 뜻한다.

2) 사이버콘드리아Cyberchondria

인류에게 알려진 모든 질병의 증상을 설명하기 위해 우후죽순처럼 생겨난 수많은 온라인 의학 사이트들을 샅샅이 훑어보면서 억

지로 자신의 질병을 찾아내고 잘못된 처방을 하는 '히포콘드리아 hypochondria', 즉 '건강염려증'을 설명하기 위해 사용되는 용어이다. 사이버콘드리아의 가장 흔한 증상은 '불필요한 불안'이다. 내 말이 믿기지 않는다면 이 단어 또한 찾아보라.

3) 에고 서핑egosurfing

인터넷에서 자신의 이름을 검색하면 무엇이 나타나는지 보기 위해 자신의 이름을 검색하는 행동을 뜻하는 말이다.

4) 구글갱어Googleganger

에고 서핑을 할 때 자신의 이름과 같은 사람이 검색되는 것을 말한다. 예를 들면 나를 검색하면 미식축구 팀 워싱턴 레드스킨스의 공격수였던 레이 해밀턴, 오케스트라 단원인 레이 해밀턴, 영화「우리에게 내일은 없다Bonnie And Clyde」에서 보니와 클라이드의 동료였던 조직 폭력배인 레이 해밀턴 등이 나온다. 참고로 내 이름은 레이 해밀턴이다. 이 책을 읽는 당신은 잘 몰랐겠지만 말이다.

5) 인터넷 밈Internet meme

인터넷을 통해 퍼져나가는 이미지, 동영상, 해시태그 등이 급속도로 확산되어 사회 문화의 일부로 자리 잡은 소셜 아이디어, 활동, 트렌드 등을 말한다. 기부 활성화를 위한 페이스북에서 유행한 아이스 버킷 챌린지Ice Bucket Challenge가 대표적이며 공공장소에서 시체놀이를 하면서 찍은 사진을 SNS에 올리거나 할렘 쉐이크춤, '강남스타일'의 말춤 등이 여기에 해당한다. '밈meme'이라는 단어는 리처드 도킨슨Richard Dawkins이 1976년 저서 『이기적인 유전자The Selfish Gene』에서 모방에 의해 문화의 성향과 관행이 전파되는 현상을 설명하기 위해 처음 만들어 사용한 말이다.

알고 있으면 쓸 데가 많은 지식

이모티콘의 효과

2015년 옥스퍼드 사전이 선정한 '올해의 단어'는 처음으로 단어가 아니었다. 그것은 '기쁨의 눈물이 가득한 얼굴'로 알려진 그림문자, 즉 이모티콘이었다. 이 이모티콘은 1963년 메사추세츠의 한 보험 회사가 직원들의 사기를 진작시키기 위해 주문 의뢰했던 것으로 현재 전 세계적으로 사용하고 있다. 그러나 어떤 나라는 이것보다 다른 이모티콘을 더 열정적으로 사용한다. 예를 들어, 영국인들은 문자 메시지를 보낼 때 윙크하는 이모티콘을 다른 나라보다 2배 더 많이 사용한다. 특이할 점은 이것이다. 온라인 데이트 사이트의 최근 조사에 따르면, 이모티콘을 사용하는 사람들이 하지 않는 사람들보다 더 많은 이성을 만난다고 한다. 만약 이성과의 만남이 원활하게 이뤄지지 않는다고 생각한다면 이모티콘을 더 자주 사용하는 것에 대해 검토해봐야 한다.

7. 정치 Politics

정치 얘기를 한다고 그렇게 걱정할 건 없다. 나는 여기서 모든 정당 정치를 다루려고 하는 것은 아니다. 정치는 매우 까다로운 주제고 이것에 대해 토론하는 것에 대해 좋아하지 않고 성가셔 하는 사람들이 있기 때문에 꼭 알아야 할 몇 가지만 알아보려고 한다.

대왕판다곰과 보수당 하원의원의 대결

2011년 에든버러동물원은 두 마리 대왕판다곰 티안 티안^{Tian Tian}과 양 구앙^{Yang Guang}을 배달받았다.* 그때 스코틀랜드에는 대왕판다곰의 수가 보수당 하원의원의 수보다 두 배 더 많다는 농담이 생기기도 했다. 그러나 보수당 하원은 2016년 스코틀랜드 의회 선거에서 재기에 성공해 15석을 확보했다. 그렇다고 두 마리의 대왕판다곰이 스코틀랜드 보수당 하원의원과의 수 경쟁에서 완전히 진 것은 아니다. 왜냐하면 선거가 있었던 그 주에 티안 티안의 인공수정이 성공했기 때문이다. 대왕판다곰과 스코틀랜드 보수당 하원의원 사이의 수 경쟁에서 대왕판다곰이 한 번 더 우위를 점하게 될 것이라는 한 가닥 희망이 있다. 따라서 보수당 하원의원들 중 몇 명을 다시 야생으로 돌려보내야 한다는 이야기도 있다.

    ★   에든버러는 스코틀랜드의 중심 도시고, 에든버러동물원은 중국으로부터 대왕판다곰 티안 티안과 양 구앙을 10년간 임대했다. 암컷인 티안 티안은 중국어로 '스위티 sweetie'라는 뜻이고, 수컷인 양 구앙은 '선샤인 sunshine'이라는 뜻이다.

투표는 할 수 있지만 운전은 할 수 없었던

사우디아라비아의 여성들은 투표권을 갖고 있다. 하지만 투표소까지 차를 운전할 권리는 갖고 있지 않았다.

    ★   여성의 운전을 금지했던 사우디아라비아는 2017년에 여성의 운전을 허용하라는 칙령을 발표했다. 더불어 여성 투표권은 2015년에 부여되었다.

술김에 한 일

영국의 자유민주당 전 당수인 닉 클레그 Nick Clegg는 독일에서 교환 학생으로 체류하던 중 술에 취해 교수가 소중히 여기던 희귀 선인장에 불을 질러서 지역 사회봉사 명령을 받은 적이 있다.

10억의 유권자

다른 관점에서 보면 대략 10억의 유권자가 있는 인도는 세계에서 가장 큰 민주주의 국가다.

무용지물인 표

영국 총선에서 일반적으로 투표자의 50% 이상은 낙선하는 후보를 지지한다. 하지만 최다 득표자를 당선시키는 소선거구제에서 이 표는 무용지물이다.

9개월에 1번꼴

잉카제국의 영토였던 볼리비아는 세계 최다 정변 발생 국가의 기록을 갖고 있다. 1825년 에스파냐에서 독립한 이후로 대략 200번의 정변이 일어났다. 볼리비아는 40년의 민간정부가 통치한 기간을 빼면 군사정권이 군립했는데 이때 190여 번의 정변이 일어났다. 이는 9개월에 1번꼴로 정변이 일어난 셈이다.

대통령에 어울리지 않는 외모를 가진 대통령

영화배우 출신인 로널드 레이건은 1984년 대통령 선거인단 투표에서 역사상 가장 많은 표를 획득했지만 영화배우로 활동한 당시 그는 대통령 역할에 어울리지 않는다는 외모를 가졌다는 이유만으로 캐스팅에서 거절당한 적이 있다.

미친 괴물 괴짜당의 공약

데이비드 '스크리밍 로드 서치Screaming Lord Stuch'는 1983년부터 1999년까지 공식적인 '몬스터 레이빙 루니 당Monster Raving Loony Party' 즉, 미친 괴물 괴짜당의 당의 총수였으며, 영국에서 가장 오랫동안 당수로 재임한 기록을 갖고 있다. 이들이 건 공약은 NHS영국 국가 보건 서비스의 약자를 나타내는 세 문자를 영어 알파벳에서 제외하는 것과 영국 미사일 프로그램을 삼지창 개발로 대체하는 것 그리고 영국을 대표하는 삼사자 마크에 등장하는 사자들을 오소리로 교체하는 것 등이 있다.

이틀 동안만 총리였던 남자

제1대 베스의 백작 윌리엄 풀테니William Pulteney는 영국 역사상 최단 기간 총리였다. 1746년 그는 수상이 된 지 이틀 만에 내각 구성 시도를 포기했다. 내각 구성이 가능한 하원의원들을 설득할 수 없었기 때문이다. 'Having an Early Bath조기 퇴장을 당하다'라는 표현은 오늘날 여전히 많이 사용되고 있다.

모두를 위한 성향?

2015년 앤티가Antigua 섬의 지방선거에서 한 정당은 주민들에게 '교육 개선'을 공약으로 내세웠다. 하지만 그 정당의 선거 홍보 포스터에는 'Leaning for All모두를 위한 성향'이라는 슬로건이 쓰여 있었다. 너무 앞서갔다, 그들은.

연방하원에 선출된 최초의 소수민족 여성

1965년 하와이 주 출신의 변호사이자 정치인 패스티 다케모토 밍크Patsy Takemoto Mink는 연방하원에 선출된 최초의 아시아계 미국인이며 최초의 소수민족 여성이었다. 그녀는 3세대 일본인으로 하와이에서 정치 활동을 했지만 2002년 예비선거 직후 사망했기 때문에 그녀의 이름이 본 선거 투표용지에 지워지지 않은 채 그대로 남아 있었다. 국장으로 치러진 그녀의 장례식이 끝나고 한 달 후, 연방하원은 그녀의 잔여 임기에 대한 보궐선거가 치러지기 전까지 사후 존경의 표시로서 그녀를 재선출했다.

참 대단한 베를루스코니

2010년 이탈리아 정부는 6만 2천 9백 대의 공관 차량을 갖고 있었다. 미국 정부보다 10배가 더 많은 수다. 실비오 베를루스코니Silvio Berlusconi가 총리 노릇을 하느라 고된 하루를 보낸 후, 긴장을 풀기 위해 벌이는 수많은 파티에 그의 여자 친구들을 데려가기 위해서 대략 6만 2천 8백대의 차량이 사용되었다.

100%의 투표율과 찬성률

북한의 1962년 총선에서 투표율은 100%이었고, 조선노동당에 대한 찬성률은 100%였다. 이것은 매우 놀라운 위업이며 결코 깨뜨릴 수 없는 기록이다. 2014년 총선에서 투표율은 99.97%로 떨어졌지만 조선노동당을 포함하는 유일당인 조선통일인민주의전선*에 대한 100% 찬성률은 그대로 유지되었다.

☀ 별별 지식

★   조선통일인민주의전선은 조선노동당을 포함하여 북한의 여러 정당 과 사회단체가 연합하는 형식으로 구성된 정치단체이다.

너무나 발 빠르게 대처했던 대통령

1927년 찰스 D.B. 킹Charles D.B.King은 전체 유권자 수의 15배에 달하는 표를 얻으며 라이베리아Liberia의 대통령으로 선출되었다. 다만 그는 선거 결과 조작으로 인해 탄핵당하는 것을 피하기 위해 다음 선거가 치러지기 전에 대통령직을 사임했다.

대중가요가 정치에 미친 영향

사담 후세인Saddam Hussein은 2002년 이라크 총선에서 유세 노래로 'I Will Always Love You'를 선택했다. 돌리 파튼Dolly Parton이 작곡하고 1992년 영화 「보디가드The Bodyguard」에서 휘트니 휴스턴Whitney Houston이 불러 유명해진 이 노래가 이번에는 시리아의 팝스타에 의해 불려 아침부터 밤까지 이라크 전역에서 연주되었다. 이것은 후세인에게 유리하게 작용했고, 총선에서 그는 100%의 득표율을 기록했다. 만약 그가 덜 인기 있는 다른 노래를 선택했더라면 재선출되지 않았을지도 모른다. 이것에 관해서는 아무도 확신할 수 없다.

8. 은행 Banking

은행원은 정치인과 더불어 사회에서 가장 비난받는 직업들 중 상위에 속한다. 하지만 당신이 은행원을 좋아하든 싫어하든 상관없이 정부기구, 산업, 개인 재정을 원활하게 돌아가게 하기 위해선 은행과 그곳에서 일하는 사람들이 필요하다. 하지만 만약 파티에서 당신에게 불필요한 어떤 것을 팔려고 노력하는 은행원과 만났을 때 대처할 수 있는 몇 가지 사실에 대해 알아보자.

고대 메소포타미아에도 은행은 있었다!

최초의 은행들은 고대 메소포타미아에서 설립되었다. 그 지역의 곡식 상인들은 곡식을 사원에 저장하고, 필요할 때 찾기 위해서 대가를 지불했다. 참고로 사원 안의 시원한 온도는 음식 보관에 이상적이었다. 거래는 무게 단위로 이루어졌고, 영국의 '파운드' 같은 그 당시 사용되었던 전문용어들 중 몇 개는 오늘날까지 남아 사용되고 있다.

폐기하거나 훔치거나

수만 장의 손상된 지폐는 소지자의 비용 부담 없이 매년 교체해준다. 그것들의 대부분은 개에 의해 씹힌 것이겠지만 은행은 너그럽게 교환해준다. 과거 영국은행은 중앙난방시스템을 가동하기 위해 그 지폐들을 소각했다. 하지만 요즘은 매우 친환경적인 방법을 사용한다. 더불어 1988년부터 1992년까지 영국은행 부지에서 노동자들은 폐기가 정해진 50만 파운드를 속옷 안에 넣고 나가는 방법으로 훔치기도 했다.

지폐 통일은 안 돼도, 그걸 쓰는 덴 무리가 없는

엄밀히 따지면 스코틀랜드와 북아일랜드의 지폐는 법정통화가 아니다. 즉, 어느 누구도 빚, 상품, 서비스에 대한 지불금으로 그 돈을 받을 법적인 의무는 없다. 하지만 그 지폐를 사용해도 괜찮다. 왜냐하면 유통되고 있는 전체 지폐의 가치는 영국은행 내부의 타이탄 A4크기의 1억 파운드 금액권과 자이언트 A5크기의 1백만 파운드 금액권에 의해 보증되기 때문이다. 한편, 영국은행의 지폐는 오직 영국과 웨일스에서만 법정통화이고, 스코틀랜드와 북아일랜드에서는 아니다. 전체 은행 시스템이 이 이상한 변칙들에 대해 모른 척하고 있다. 덴마크 은행인 단스케 은행 Danske Bank도 북아일랜드에서 영업을 하면서 덴마크 화폐를 사용한다. 그러므로 당신이 영국의 어느 지역에 있든, 무슨 지폐를 갖고 있든 상관없이 당신이 갖고 있는 지폐를 사용하라. 비록 그 지폐가 멀리 떨어져 있는 HSBC 은행*에서 발행된 것이라도 사용할 수 있다.

☀ 별별 지식
....

* 홍콩앤드상하이은행 Hongkong and Shanghai Banking Corporation의 줄임말로 1865년 토마스 서던랜드 Thomas Sutherland가 영국이 점령했던 홍콩과 상하이에 세운 은행이다. 1990년 HSBC홀딩스가 설립되면서 은행이 자회사가 되었고 그후 여러 은행을 인수 합병하면서 규모를 키웠다. 1993년 본사를 홍콩에서 영국으로 옮겼다.

파산을 경험한 유명인들

'파산'이라는 단어는 자신의 사업에 더 이상 돈을 댈 수 없는 금융업자의 '부서진 의자'를 뜻하는 이탈리아어 '방카 로타 banca rotta'*

에서 유래했다. 에이브러햄 링컨, 오스카 와일드Oscar Wilde, 월트 디즈니, 마이크 타이슨Mike Tyson, 레이디 가가Lady Gaga 등은 파산을 경험한 유명인들이다. 파산할 당시 마이크 타이슨의 빚에는 미지불된 생일파티 비용 26만 4천 파운드와 애완용 사자들을 돌보는 데 들어간 비용 5천 파운드 등이 포함되었다. 마이크 타이슨은 명백한 바보다. 다음에 당신이 그를 만나게 된다면 내가 그렇게 말했다고 전해주길 바란다.

☀ 별별 지식

··

★   은행을 뜻하는 뱅크bank는 이탈리어 'banca'에서 나왔는데, banca는 영어의 '벤치bench' 또는 '카운터counter'란 뜻이다. 중세시대에 베네치아는 지중해 무역의 중심지였는데 당시 베네치아의 금융업자는 광장에 벤치나 카운터를 설치해놓고 세계 각국의 화폐를 교환해주는 일을 했다. 이 상인들은 신용도가 높은 걸로 유명했다. 외국 여행객들이 이들에게 돈을 맡겨두고 떠났다가 나중에 다시 베네치아를 찾으면 어김없이 그 돈을 되찾을 수 있을 정도로 신뢰할 수 있는 사람들이었다. 그러나 때론 망하는 업자들도 나왔는데 채권자들은 업자가 사업을 하지 못하게끔 업자가 쓰던 'banca'를 부수던 것이 관례였다. 그걸 'banca rotta'라 했는데 rotta는 'broken'이라는 뜻이다.

차라리 교도소에 수감되기를

2011년 노스캐롤라이나에서 한 남자가 은행을 찾아가 1달러를 내

놓으라는 쪽지를 창구 직원에게 내민 뒤 체포되기만을 기다렸다. 그는 실직한 상태로 의료보험도 적용되지 않아 교도소에서 무료로 병을 치료받을 수 있을 것이라고 생각했던 것이다. 물론 그는 수감되었다.

새 지폐의 초상화

윈스턴 처칠의 초상화가 영국은행의 5파운드 새 지폐 뒷면에 들어갈 것이다. 이 지폐는 기존보다 15% 더 작고, 내구성이 있어 더 오래 사용이 가능하고, 위조하기 어려운 플라스틱 지폐들 중 첫 번째가 될 것이다. 2017년 10파운드 새 지폐에는 영국 작가 제인 오스틴, 2020년 20파운드 새 지폐에는 영국 화가 윌리엄 터너Joseph Mallord William Turner의 초상화가 들어갈 예정이다.

맘앤대드 은행

맘앤대드 은행The Bank of Mum and Dad은 매년 영국에서만 약 50억 파운드를 대출해주고 있다. 이 은행은 영국에서 열 번째로 큰 대출기관이다.

아무도
가본 적이 없는
스페이스

To boldly go…

CHAPTER 7

The universe

Great astronomers

The exploration of space

To Infinity and Beyond

만약 이 장을 읽으면서 자신이 거대한 우주에 비해 왜소하고 하찮은 존재라고 느껴진다면 당신은 이 장을 제대로 읽은 것이 아니다. 전체 우주의 크기에서 바라보면 우리가 살고 있는 지구는 아주 작은 행성에 불과하다. 이 광대한 우주 안에 놓여 있는 인류는 정말이지 아무것도 아닌 존재다. 만물에게 생명을 부여하고 성장하게 하는 태양이 마침내 에너지를 다 소진하게 되면, 모든 별이 다 그렇듯 태양도 분명 그러할 것으로, 만약 그 전에 소멸되지 않았다면 그 후에 인류도 소멸하게 될 것이다. 그렇다고 우주가 지구가 소멸했다는 것을 알고 슬퍼할까? 아마 많은 별들이 생성됐다 사라지는 것처럼, 인간이 죽음을 맞이하듯 별 의미 없이 받아들일 것이다. 그러나 태양은 앞으로 최소한 50억 년 동안 스스로를 태울 수 있는 충분한 수소를 갖고 있으니 크게 걱정하지는 말자. 그저 우리는 남아 있는 삶을 즐기면서 살아가면 된다. 더불어 태양은 애초에 100

억 년의 수명*을 갖고 있었다. 그렇다면 지난 50억 년은 어디로 가 버린 것일까?

☀ 별별 지식
....

* 　　태양의 수명은 약 123억 6천 5백만 년이고, 핵 우주 연대학에 따르면, 태양은 45억 6천 7백 2십만 년 전에 형성되었다.

---

1. 우주 The universe

우리가 알고 있는 우주, 우리에게 알려진 우주부터 살펴보자. 우주 는 우리가 상상하기도 힘들 만큼 넓어서 우리에게 알려진 우주와 아직 알려지지 않는 미지의 우주로 나눌 수 있다. 지금 우리가 알고 있는 우주도 상상하기 힘들 정도로 넓은데 우리에게 알려지지 않 는 우주를 합하면 그 크기는 어마어마할 것이다. 우리에게 알려진 우주만 해도 무수히 많은 별, 은하계, 블랙홀, 행성, 혜성, 유성이 존재하고 있으니, 그 궁극적인 거대함을 다 알긴 거의 불가능할 것 이다. 어쨌든 한번 시도는 해보자.

별

별stars, 즉 항성은 막대한 에너지, 열, 빛을 발산하는 플라즈마*로 이루어진 거대한 덩어리이다. 플라즈마는 하전 입자로 된 가스이기도 하다. 지구에서 가장 가까운 항성은 태양이다. 그렇기 때문에 우리가 존재하는 행성계를 태양계라고 부른다. 그러나 태양은 하나의 은하계 안에 존재하는 약 2천억 개의 항성들 중 하나에 불과하다. 전체 우주의 관점에서 보면, 그 은하계 또한 정말 작은 존재에 불과하다. 알려진 우주만 해도 지구 모래 알갱이보다 약 10배 더 많은 항성들이 존재한다. 벌써 자신이 하찮은 존재로 느껴지는가?

☀️ **별별 지식**

....

★   물질의 상태는 고체와 액체, 기체 등 3가지로 나뉘는데 초고온에서 음전하를 가진 전자와 양전하를 띤 이온으로 분리된 기체 상태인 플라즈마를 제4의 물질 상태라고 분류한다. 고체에 에너지를 가하면 액체나 기체가 되고 기체 상태에 높은 에너지를 가하면 전자와 원자핵으로 분리되어 플라즈마 상태가 되기 때문이다. 우주에선 거의 모든 물질이 플라즈마 상태며 우리 주변에선 형광등, 네온사인, 번갯불, 오로라 등에서 플라즈마를 볼 수 있다.

은하계

하나의 은하계Galaxies는 수백만 개 혹은 수십억 개의 항성들로 이루어져 있다. 그 항성들은 상호 인력에 의해 서로 묶여 있거나 비어 있는 광대한 공간에 의해 다른 은하계와 분리되어 있다. 우리가 속한 은하계의 이름은 은하수^{Milky Way}이고, 이 은하계는 약 8백억 개의 은하계들 중 하나에 불과하다. 만약 아직 발견되지 않은 다른 행성의 누군가가 지구에 있는, 음… 에클스 씨라고 하자. 그와 통신하려고 할 경우 아마 그 누군가는 이렇게 주소를 쓸 것이다.

받는 사람
TN20 6XY 지구 영국 이스트 서식스 주 캠버 마을
그리프 크레센트가 3번지
미스터 K.G. 에클스 씨에게

보내는 사람
알려진 우주의 은하수 행성 태양계에서

행성

행성^{Planets}은 별 주위를 돌고 있는 암석이나 기체로 된 천체를 의미한다. 다만 그것은 달처럼 어떤 행성의 위성이 아니다. 태양계의 바깥쪽 행성들이 원형을 이루는 궤도 안에 들어오는 작은 물체들을 빨아들이거나 빗나가게 할 수 있을 만큼 충분히 크다는 사실은 우리에게 다행스런 일이다. 어쩌면 우리가 알지 못하는 은하계 주위를 돌고 있는 어떤 행성에 생물이 존재할지는 모르지만 우리가 아는 한에서 지구는 생명이 존재하는 유일한 행성이다. 만약 지구 이외에 생명체가 살고 있는 다른 행성이 존재한다면 그곳에 존재하

는 생명체들은 지구의 어떤 생명체와도 모습이 비슷하지 않을 것 같다. 하지만 이것은 나만의 생각이다. 왜냐하면 처음 기린을 보았을 때 나는 세상에는 어떤 일이든 일어날 수 있을 것 같다는 생각이 들었기 때문이다.

블랙홀

블랙홀Black holes은 내부 압력이 감당할 수 없을 만큼 자체 중력이 매우 강력해져서, 결국 내부의 한 점으로 수축, 붕괴되어버린 별의 잔해를 의미한다. 블랙홀은 '사건 지평선event horizon'이라고 알려진 지역으로 둘러싸여 있고, 사실상 우주의 다른 지역과 단절되어 있다. 이 지역이 사건 지평선이라고 불리는 이유는 어떤 사건이 사건 지평선 내부에서 발생하면, 그 사건은 블랙홀 외부에서 보이지 않기 때문이다. 광입자를 비롯한 어느 것이든 블랙홀 안으로 빨려 들어갈 수 있으며, 그 무엇도, 빛조차도 밖으로 빠져나올 수 없다.

유성, 유성체 그리고 운석

유성meteors은 우리가 '별똥별'이라고 부르는 빛 현상이다. 혜성 혹은 소행성으로부터 떨어져 나온 암석 조각인 유성체meteoroids가 행성의 대기권 안으로 들어와 연소될 때 이 현상이 발생한다. 만약 유성체가 매우 커서 대기권에서 완전히 연소하지 않고 지구 표면까지 도달하는 경우엔 운석meteorites이 된다. 운석은 행성과 충돌할 수도 있는데, 아마도 이것이 지구에서 공룡들을 멸종시켰을 것이다.

소행성과 혜성

소행성asteroids은 태양 주위를 공전하고 있는 행성보다 작은 천체이고, 암석으로 되어 있다. 혜성comets은 얼음, 먼지, 가스로 이루어진 덩어리이며, 솜털 같은 광륜인 코마와 우주 먼지로 된 꼬리를 갖고 있다. 일부 소행성은 자신의 위성을 거느리고 있으며, 가스로 된 코마나 꼬리를 가지지 않는다는 점에서 혜성과 구분된다.

알고 있으면 쓸 데가 많은 지식

핼리 혜성

지구에서 맨눈으로 볼 수 있는 가장 유명한 혜성은 핼리 혜성Halley's comet이다. 이 혜성은 기원전 240년 무렵부터 75년 또는 76년을 주기로 지구에 접근한다. 이 혜성은 영국의 천문학자 에드몬드 핼리Edmond Halley의 이름을 따서 명명되었다. 1705년 그는 이 혜성의 주기와 다음 접근 시기를 최초로 예측했다. 1986년 핼리 혜성이 마지막으로 나타났을 때, 이 혜성을 관찰하기 위해서 수많은 우주 탐사선들이 지구로 보내온 사진들 덕분에 천문학자들은 처음으로 그 혜성을 잘 볼 수 있었다. 천문학자들은 이 혜성이 얼음보다 먼지로 더 많이 이루어져 있다는 사실을 발견했다.

핼리 혜성의 다음 접근 일은 2061년으로 예상된다. 만약 당신이 그때까지 살아 있다면 직접 확인해보라. 역사적으로 이 혜성의 가장 극적인 출현은 1066년에 있었는데, 헤이스팅스 전투가 일어나게 된 일련의 과정을 담아내고 있는 중세의 유명한 자수 작품인 '바이외 태피스트리Bayeux Tapistery'★에 이 사건에 대한 묘사가 수놓아져 있다.

★　역사를 다루고 있는 이 태피스트리는 11세기의 생활을 알 수 있는 중요한 자료다. 여기에는 헤이스팅스 전투에 대한 묘사도 수놓아져 있는데 정복왕 윌리엄이 한창 전투를 벌이는 도중 핼리 혜성이 지나간 것을 보고 잉글랜드 왕위 계승에 문제가 있을 징조라고 주장했다.

태양계

행성계는 하나의 항성과 그것의 주위를 도는 행성, 왜소행성, 소행성, 위성, 혜성, 유성체를 포함한 모든 천체들, 즉 항성의 모든 자연위성들로 이루어진다. 우리가 살고 있는 행성계인 태양계$^{The solar}$ ^{system}는 약 200개의 위성을 갖고 있다. 더불어 태양계는 행성 9개를 가지고 있었지만 2006년 작고 보잘것없는 명왕성이 행성에서 왜소행성으로 하향 분류되었기 때문에, 지금은 8개의 행성을 가진 것으로 되어 있다. 러시아의 면적이 명왕성의 면적보다 크다는 점을 고려하면 그리 놀랍지도 않은 일이다.

태양계의 8개 행성

태양부터 시작해서 밖으로 나가면, 즉 수성부터 해왕성까지 태양계 안의 8개 행성은 다음과 같다.

수성^{Mercury} → 금성^{Venus} → 지구^{Earth} → 화성^{Mars} →

목성Jupiter → 토성Saturn → 천왕성Uranus → 해왕성Neptune

지구를 제외하고 태양계의 7개 행성들 중 오직 화성만이 인간이 거주해도 될 만큼 안전할 수 있다는 가능성을 보여주고 있다. 수성에서는 낮과 밤의 기온이 너무 극단적으로 변하며, 금성의 대기는 지나치게 독성을 띠고 있고, 다른 행성들은 대체로 가스로 이루어져 있기 때문이다. 그러나 천문학자들은 목성의 2개의 위성인 가니메데Ganymede와 유로파Europa 그리고 토성의 위성들 중 하나인 타이탄Titan에서 인간이 살 수도 있다는 가능성을 제기하고 있다.

알고 있으면 쓸 데가 많은 지식

세대 차이를 느낄 필요가 없는 별

지구가 태양 주위를 한 바퀴 도는데 1년이 걸리는 반면, 해왕성이 태양의 주위를 한 바퀴 도는 데는 165년이 걸린다. 그러므로 만약 당신이 해왕성에서 태어났다면 아무도 당신에게 "생일 축하해"라고 말해주지 않을 것이며 매년 생일선물도 받을 수 없다. 더불어 항상 부모님과 같은 나이일 것이다. 그래도 좋은 점이 있다면 세대 차이를 걱정할 필요가 없다는 것이다.

왜 지구에만 생명체가 존재하는 걸까?

만약 골디락스Goldilocks를 태양계의 8개 행성으로 보내 그녀가 살 수 있는 행성 하나를 선택하도록 한다면, 그녀는 분명 지구를 선택할 것이다. 왜냐하면 지구는 태양으로부터 적당한 거리인 1억 5천만km만큼 떨어져 있다는 중요한 이유 덕분에, 유일하게 인간이 생명을 유지할 수 있는 적합한 행성이기 때문이다. 지구가 태양으로부터 적당한 거리에 떨어져 있다는 사실은, 인간의 생명을 부양할 수 있는 기후와 대기를 만들어내는 데 필수적인 올바른 양의 열, 빛, 물을 보장한다. 하지만 일반적으로 지구인들은 이런 환경에 살고 있다는 것이 큰 행운이라고 여기지 않고 별로 감사해하지도 않는다. 나는 이것이 지구를 잘 돌보지 못하고 있는 이유라고 생각한다.

☀ **별별 지식**

★　골디락스는 영국 전래동화 『골디락스와 곰 세 마리goldilocks and the three bears』에 등장하는 소녀의 이름으로, 소녀는 곰이 끓인 세 가지 스프 중 뜨거운 것과 차가운 것 그리고 적당한 것 중에서 적당한 것을 먹고 기뻐한다. 일반적으로 골디락스는 너무 뜨겁지도 너무 차갑지도 않은 딱 적당한 상태를 가리키는 용어다. 경제용어로 해석할 때는 고성장을 이룸에도 물가가 상승하지 않는 상태를 말하며, 천문학에서는 생명체 거주 가능 영역을 '골디락스 지대'라고 한다.

위성

태양계의 8개 행성 중에서 6개는 위성Moons을 갖고 있다. 오직 수성과 금성만 위성을 갖고 있지 않다. 물론 지구는 오직 한 개의 위성만을 갖고 있지만 몇 개의 다른 행성들은 많은 위성을 갖고 있다. 목성은 60개 이상이며 위성에는 타이탄, 판도라Pandora, 칼립소Calypso, 프로스페로Prospero, 트리톤Triton 같은 멋진 이름들이 주어졌다. 다른 행성들의 위성들과 혼동하지 않기 위해서 우리는 지구의 위성을 '달'이라고 부른다. 다소 상상력이 부족한 이름이지만 지구의 달은 다양하고도 중요한 기능을 하고 있다.

1) 생물의 생명이 진화하고 지속되도록

달은 지구의 공전을 안정시켜 지구의 계절 변화가 매우 규칙적으로 유지되도록 도와주고 있다. 이것은 지구에서 생물의 생명이 장기적으로 진화하고 지속되는 데 필수적인 요소이다.

2) 일정한 힘으로 지구의 바다를 끌어당기고

달의 인력은 일정한 힘으로 지구의 바다를 끌어당긴다. 그 결과 선원들과 어부들은 조수가 언제 들어오고 나가는지 미리 알 수 있다.

3) 어둠 속에서 사물을 볼 수 있게

태양으로부터 오는 빛을 달이 반사해주는 덕분에 우리는 어둠 속에서, 특히 바다나 도시의 빛 오염으로부터 사물을 보는 것이 가능하다. 더불어 달빛으로 많은 야행성 동물과 바다 생물들이 이동하고, 짝짓고, 먹이를 잡고 먹을 수 있도록 도와준다.

5) 인공위성에 대한 아이디어 부여

자연위성으로서 달의 공전은 과학자들에게 우리도 인공위성을
궤도에 올려놓을 수 있다는 아이디어를 주었다. 인공위성은 휴대
전화, 무선 인터넷, 위성항법, 세계의 어느 곳에서든 스포츠를 시청
할 수 있는 위성 TV를 가능하게 했다.

6) 멋진 디스플레이

달은 밤하늘을 멋지게 보이도록 만들어 우리를 감성에 젖게 한다.

2. 위대한 천문학자들 Great astronomers

사람들은 오래전부터 하늘에 매혹을 당했기 때문에 가능한 모든
방법을 동원해 하늘을 탐험했다. 특히 별들이 놀러 나오는 밤 시
간에. 아무 도구 없이 우주를 탐색하는 것이 어렵다고 생각하지는
말라. 맑은 밤에는 망원경 없이도 은하계 너머, 지구로부터 2백 60
만 광년 떨어져 있는 안드로메다 은하계를 볼 수 있다. 눈을 뜨고
자세히 바라보면 흐릿하게 번져 보이는 별도 찾을 수 있을 것이다.
하지만 우리보다 더 신중하게 하늘을 바라보았던 위대한 천문학

자들이 있다. 그들에 대해 알아보자.

갈릴레오 갈릴레이

17세기 이탈리아의 천문학자 갈릴레오 갈릴레이Galileo Galilei는 관측 천문학을 이해하기 시작한 최초의 사람이었기 때문에 관측 천문학의 아버지라고 불린다. 무엇보다도 그는 매우 기본적인 망원경을 가지고 목성의 가장 큰 위성 4개를 발견했고, 태양의 흑점에 대한 분석을 했고, 금성의 위상 변화를 확인했다.

에드윈 허블

20세기 전반, 미국의 천문학자 에드윈 허블Edwin Hubble이 사용한 강력한 망원경들은 예전보다 더 깊은 우주 관찰을 가능하게 했고, 안드로메다처럼 흐릿하게 보이는 성운들이 사실은 은하계 너머에 있는 다른 은하계들이라는 사실을 확인해주었다. 그때까지 우리는 이 우주에는 우리뿐이며, 우리 은하계 너머에는 아무것도 없다고 생각했다.

조르주 르메트르

다재다능했던 벨기에의 조르주 르메트르Georges Lemaître는 제1차 세계대전 동안 포병대 장교로 복무한 후 신부가 되었고, 그 후 수학과 물리학, 천문학을 공부했다. 꾸준한 연구 끝에, 그는 마침내 '빅뱅 이론Big bang theory'＊을 만들어냈다. 그는 사실 이 이론을 '원시원자primeval atom' 또는 '우주 달걀Cosmic Egg'이라고 불렀다. 다른 은하계들이 우리 은하계로부터 멀어지고 있으며, 더 멀리 떨어져 있는 은하계는 더 빠른 속도로 멀어지고 있다는 사실을 규명한 후, 그는 역설적인 생각을 적용해 이 멀리 떨어져 있는 은하계들이 과거에는 서로 가까이 모여 있었고, 원시원자로부터 거대한 폭발과 함께 이 은하계들이 생성되었다는 이론을 확립했다. 르메트르의 많은 발견들이 무명의 학술지에 발표된 까닭에, 나중에 에드윈 허블의 것으로 잘못 알려졌으나, 지금은 정정되어 있다.

★ 별별 지식
....

＊   빅뱅은 천문학 또는 물리학에서 우주의 처음을 설명하는 우주론 모형으로 매우 높은 에너지를 가진 작은 물질과 공간이 약 137억 년 전의 거대한 폭발을 통해 우주가 되었다고 보는 이론이다. 이 이론에 따르면, 폭발에 앞서, 오늘날 우주에 존재하는 모든 물질과 에너지가 작은 점에 갇혀 있었다. 우주 시간 0초의 폭발 순간에 그 작은 점으로부터 물질과 에너지가 폭발하여 서로에게서 멀어지기 시작했고, 이 물질과 에너지가 은하계와 은하계 내부의 천체들을 형성하게 되었다. 이 이론은 우주가 팽창하고 있다는 에드윈 허블의 관측을 근거로 하고 있다.

르메트르에게 더 많은 존경을!

우주의 기원을 규명한 사람인 르메트르가 알버트 아인슈타인과 아이작 뉴턴 같은 동료 과학자들과 달리 일반인들에게 알려져 있지 않다는 것은 안타까운 일이다. 사실 오늘날 대부분의 사람들은 조르주 르메트르보다 빌 나이Bill Nye, 브라이언 콕스Brian Cox, 다라 브리앵Dara Ó Briain 같은 인기 있는 과학자들과 더 친숙하다. 한 작은 행성, 달의 한 분화구, 노르웨이의 인디 일렉트로 밴드 등 르메트르의 이름을 딴 몇 가지 것들이 존재한다는 사실은 다행스런 일이다. 하지만 나는 전 세계가 그에게 지금보다 더 많은 존경을 보여야 한다고 생각한다.

알버트 아인슈타인

독일 태생의 노벨상을 수상한 물리학자 알버트 아인슈타인이 세상을 바꾼 천재였다는 사실은 누구나 알고 있다. 하지만 우주의 문제에 관해서 그가 용기를 잃었다는 사실을 알고 있는 사람은 많지 않다. 그의 상대성 이론의 핵심은 항성과 행성 같은 거대한 물체들이 중력을 발생시켜 시공간을 왜곡시킨다는 것이다.* 따라서 이 이론은 우주가 팽창하고 있거나 수축하고 있다는 결론을 이끌어냈다. 하지만 그 당시에는 '항상 그 자리에 존재하면서 변하지 않는 우주'라는 개념이 확고하게 널리 받아들여지고 있었기 때문에, 아인슈타인은 논란을 일으키지 않기 위해 그의 우주방정식에 억지로 우주상수 개념을 도입했다. 나중에 그는 이것이 최대 실수였음

을 인정했다.[**]

☀ **별별 지식**

[*]　　　모든 물체에는 질량이 있고, 질량이 있는 곳엔 중력이 있고, 크건 작건 중력은 반드시 시공간을 왜곡시킨다는 의미다.

[**]　　20세기 초 과학자들은 우주가 공간적으로 무한하고 시간적으로 영원하다고 생각했다. 아인슈타인 또한 마찬가지로 일반상대성이론을 세울 당시 우주가 팽창하고 있는 동적인 존재라는 것을 꿈에도 생각하지 않았다. 러시아의 과학자 프리드만Jerome Isaac Friedman은 아인슈타인의 일반상대성이론을 이용해 팽창하는 우주 모형을 제시했다. 아인슈타인은 이 우주론을 비난했는데 일반상대성이론에 의하면 우주는 팽창해야 한다는 것을 알게 되었다. 그래서 그는 우주가 팽창하지 않고도 안정된 상태를 유지할 수 있도록 중력과 동등한 반중력인 우주상수 개념을 도입했다.

스티븐 호킹

현대에 가장 잘 알려진 과학자인 스티븐 호킹Stephen Hawking은 과학의 어려운 개념들을 이해하기 쉬운 방법으로 설명함으로써 과학을 대중화한 업적으로 극찬을 받는다. 블랙홀은 빅뱅이론을 역으로 적용한 것과 같기 때문에 블랙홀에 대한 그의 연구는 빅뱅이론을 확인하는 데 도움을 주었다. 21살 이후로 그를 괴롭힌 루게릭병에도 불구하고 그는 많은 과학적 업적을 이루었다. 한편 그는 「심슨 가족The Simpsons」과 TV 프로그램인 「스타트랙」에 게스트로 출연하기도 했다.

3. 우주 탐험 The exploration of space

인류가 우주와 친밀해지는 것은 단지 시간의 문제였다. 인류는 망원경, 무인 우주 비행, 유인 우주 비행에 의한 지속적이고 주목할 만한 우주 탐사를 통해 우주와 많이 친해졌다. 앞으로도 계속 친해질 것이다.

망원경에 의한 우주 관측

지구 표면에 위치한 크고 강력한 망원경들은 경이로운 우주를 계속해서 포착하고 있다. 한편 궤도에 쏘아 올린 망원경들로부터 우리는 훨씬 더 선명한 이미지들을 구할 수 있다. 예를 들면 1990년 나사NASA는 허블 우주 망원경을 지구로부터 550km³⁴²ᵐⁱˡᵉˢ 높이의 궤도에 쏘아 올렸다. 큰 버스 크기 정도인 그 망원경은 은하계, 별, 행성들의 선명한 사진들을 지금 이 순간에도 계속해서 찍고 있다. 그 망원경은 별의 죽음과 탄생의 과정, 혜성이 목성의 대기권에 충돌하던 모습을 촬영했으며, 100억~150억 광년 떨어져 있는 은하계의 모습을 찍고 있다. '관측 가능한' 우주의 끝은 대략 460억 광년 떨어져 있는 것으로 추정된다. 따라서 '알려진' 우주의 끝까지 볼 수 있기 위해서는 우리는 아직 가야 할 길이 많이 남아 있다.

무인 우주 비행

무인 우주선은 항공우주국^{NASA} 제트추진연구소에서 운영하는 통신시설인 '심우주 통신망^{Deep Space Network}' 같은 행성 간 우주 임무를 돕기 위해 만들어진 전 세계 네트워크 중 하나에 의해 통제된다. 러시아, 중국, 일본, 인도, 유럽^{유럽우주국}은 그러한 자체 네트워크를 갖고 있다. 무인 우주선은 일반적으로 유인 우주선보다 비용이 덜 들고 위험 부담이 적어 사람을 보내기엔 너무 위험한 환경을 갖고 있거나 현재의 유인 우주선 기술로 도달하기에는 너무 멀리 떨어져 있는 행성들을 탐험하는 데 사용된다. 현재까지 발생한 무인 우주 탐험에 대한 몇 가지 예는 다음과 같다.

연도별 무인 우주 비행

1957년	소련의 스푸트니크(Sputnik) 1호는 지구의 궤도를 돈 최초의 인공위성이다. 이후 스푸트니크 2호는 살아 있는 동물인 '라이카(Laika)'라는 개를 세계 최초로 지구 궤도로 데려갔지만 발사 192일 후 대기권으로 돌입하면서 소멸되었다.
1958년	소련의 루나(Lunar) 1호는 세계 최초로 달 착륙을 시도했지만, 달에 착륙은 하지 못하고 근접하는 데 그쳤다.

1962년	미국의 매리너(Mariner) 1호가 7월에 발사되었으나 실패했고, 2호가 최초로 지구에서 가장 가까운 행성인 금성에 도달해 42분간 금성을 관측했다.
1965년	미국의 매리너 4호는 1964년 11월에 발사되어 1965년 7월 화성에 접근해 근접 촬영을 했다.
1966년	1966년 1월 발사된 소련의 루나 9호가 달에 착륙하는 데 성공했고, 미국이 같은 해 5월에 발사한 서베이어(Surveyor) 1호가 달 착륙에 성공해 약 1만 장의 사진을 지구로 전송했다.
1970년	소련의 베네라(Venera) 7호가 1970년 8월에 발사되어 1970년 12월 금성 표면에 착륙했다. 금성은 지구의 우주선이 연착륙을 한 첫 번째 행성이 되었다. 하지만 통신 신호가 미약해 금성 표면을 찍은 사진은 전송하지 못했고, 착륙한 지 35분 만에 통신이 두절되었다. 다만 금성의 기온이 465℃, 대기압이 90기압이라는 사실을 교신으로 알려왔다. 1970년 11월 루노호트(Lunokhod) 1호는 달에 착륙하는 데 성공했다. 루노호트 1호는 지구 외의 천체에 착륙시켜 원격 조종한 최초의 로봇 탐사차였다.
1971년	1971년 5월 매리너 9호는 미국의 화성 탐사선으로 고도 1500km까지 접근하여 화성 표면의 70%까지 촬영했다. 같은 해 12월 소련의 화성 탐사선 마스(Mars) 3호는 착륙선과 궤도선으로 구분되어 있었는데 착륙선이 화성 지표면에 연착했지만 갑자기 화염에 휩싸여 교신이 두절되었다. 다만 궤도선은 성공적으로 화성 궤도에 진입해 7천여 장의 사진을 보내왔다.
1975년	미국은 1975년 착륙선과 궤도선으로 이뤄진 바이킹 탐사선 2대를 발사해 화성에 안착시켰다. 바이킹 1호는 6년간, 바이킹 2호는 3년간 화성 표면의 생생한 모습을 지구로 보내왔다. 화성 토양을 채취해 분석까지 수행했다.
1976년	헬리오스 2호는 태양으로부터 약 4천 3백만km까지 접근하여 현재까지 태양에 가장 가까이 접근한 최고 기록을 갖고 있다. 인간이 만든 물체 중 가장 빠른 속력을 기록한 것은 미국과 독일의 공동 태양 탐사선 헬리오스 2호이다.

1989년	1989년 8월 미국의 보이저(Voyager) 2호가 태양계에서 가장 먼 행성인 해왕성에 최초로 근접 비행을 했다.
1997년	1997년 미국의 마스 패스파인더(Mars Pathfinder)가 최초로 화성에 성공적으로 착륙했다.
2014년	유럽우주국의 혜성 탐사선 로제타(Rosetta)가 지구로부터 화성을 근접 경유하는 10년의 항해 끝에 성공적으로 혜성에 착륙했다.

유인 우주 비행

유인 우주 비행은 20세기 중엽 냉전을 거쳐 핵무기 경쟁 때문에 발전되었다고 해도 과언이 아니다. 미국과 소련은 각각 누가 먼저 유인 비행을 했나 경쟁을 했다. 그렇다면 유인 우주 비행을 한 사람들에 대해 알아보자.

우주비행사

코스먼노트cosmonaut는 러시아연방 우주국에서 훈련을 받고 인증을 받은 사람을 뜻한다. 반면에 애스트러노트astronaut는 NASA와 유럽우주국을 포함한 다른 주요 우주국에서 훈련을 받고 인증을 받은 사람을 뜻한다. 둘 다 우주비행사를 뜻하는데 뭐라고 부르든 간에 우주비행사들의 주요한 업적 몇 가지는 다음과 같다.

1961년	소련의 유리 가가린(Yuri Gagarin)은 우주를 비행하고 돌아온 최초의 인간이 되었다. 그는 1시간 48분 동안 우주 궤도를 도는 우주비행을 완수하고 지구권에 재돌입한 후 낙하산으로 탈출했다. 그는 "지구는 푸른 빛깔이었다"라고 말했다.
1963년	소련의 발렌티나 테레시코바(Valentina Tereshkova)는 보스토크(Vostok) 6호를 타고 70시간 50분 동안 지구를 48바퀴 돈 세계 최초의 여성 우주인이 되었다.
1965년	소련의 알렉세이 레오노프(Aleksey Leonov)는 우주 유영을 한 최초의 사람이 되었다. 그는 약 12분 동안 우주선 밖에서 떠다니며 걸었다.
1967년	소련의 블라디미르 코마로프(Vladimir Komarov)는 우주 임무 수행 중 사망한 최초의 사람이다. 사망한 이유는 그가 지구로 귀환하는 도중 우주선의 낙하산이 펼쳐지지 않았기 때문이다.
1969년	미국의 닐 암스트롱은 아폴로 11호를 타고 달 표면을 걸은 최초의 사람이 되었다. 더불어 암스트롱과 함께 비행한 버즈 올드린은 달 표면을 걸은 두 번째 사람이 되었다. 그리고 미국의 마이클 콜린스(Michael Collins)는 달에 갔다가 돌아온 최초의 사람이 되었다.
1970년	미국의 아폴로 13호는 달을 향해 가던 도중 사고가 발생했으나 인명 손실 없이 안전하게 지구로 귀환했다.
1971년	소련에서 세계 최초의 우주정거장 샬루트(Salyut) 1호가 지구 궤도로 발사되었다. 미국의 아폴로 15호는 달의 표면을 탐험하기 위해 최초로 월면 주행차인 '로버(Rover)'를 사용하였고, 지질학적으로 중요한 월석들을 채취했다.

1972년	미국의 유진 서넌(Eugene Cernan)은 달 위를 걸은 11번째 사람이며, 현재 기준으로 달에 발자국을 남긴 12번째이자 마지막 사람이다. 그는 지구로 귀환할 때 가장 늦게 우주선에 탑승했기 때문에 현재까지 가장 마지막으로 달에 존재했던 사람이기도 하다. 그가 달 착륙선에서 내린 다음, 동료 우주비행사 해리슨 슈미트(Harrison Schmitt)가 착륙선에서 내려 달 표면을 밟았지만 그보다 앞서서 착륙선으로 돌아왔다. 달에는 어떠한 기후 변화도 없기 때문에 발자국이 그대로 남아 있다.
1981년	미국에서 재사용이 가능한 최초의 우주왕복선인 컬럼비아호(Columbia)가 발사되었고, 무동력 활공 비행으로 지구에 착륙했다.
1986년	미국의 우주왕복선 챌린저호(Challenger)가 이륙 직후 폭발하여, 우주비행사 7명 전원이 사망했다.
1986~2000년	소련이 발사한 우주정거장 미르에서 12개국에서 온 104명의 우주비행사들이 머물렀다.
1991년	헬렌 샤먼(Helen Sharman)은 우주에서 머문 최초의 영국인이 되었다. 그녀는 미르 우주정거장으로 향하는 우주선에 2명의 러시아 우주비행사와 함께 탑승했다.
1995년	러시아 우주비행사 발레리 폴랴코프(Valery Polyakov)는 지구 궤도에서 437일 동안 머물렀다. 현재까지 인간이 우주에서 가장 오래 체류한 기록이다.
1998년	존 글렌(John Glenn)은 미국인 최초로 우주 궤도를 돈 우주비행사이다. 36년 후, 77세의 그는 우주를 비행한 최고령자로서 무중력이 노인에게 미치는 영향에 관한 실험을 하기 위해 국제우주정거장(International Space Station)에 탑승했다.
2000년	우주에 상주하는 최초의 인간들이 국제우주정거장으로 이사했다.

2001년	미국인 엔지니어 데니스 티토(Dennis Tito)는 자비로 우주를 여행한 최초의 사람이 되었다. 보도에 따르면, 그는 국제우주정거장까지 왕복여행을 하는 데 2천만 달러를 지불했다.
2003년	우주왕복선 콜롬비아호가 임무를 마치고 귀환하던 도중 공중분해가 되었다. 탑승한 우주비행사 7명 전원이 사망했다.
2016년	팀 피크(Tim Peake)는 국제우주정거장에서 6개월 체류했으며 우주 유영을 한 최초의 공식적인 영국인이 되었다. 영국에서 태어난 마이클 포일은 1995년 우주 유영을 했지만 그때 그는 미국 시민이었고 미국인 우주비행사로서 비행했다.

국제우주정거장

1998년 건설이 시작된 국제우주정거장은 승무원들이 거주하며 지구 궤도의 연구 실험실로서 미르의 기능을 대신하고 있는 9번째 우주정거장이다. 국제우주정거장은 지구 궤도에 있는 가장 큰 인공위성으로, 지상에서도 육안으로 볼 수 있다. 과학적인 실험뿐만 아니라 달과 화성 임무에 필요한 시스템과 장비를 실험하기 위해 사용된다. 국제우주정거장에 관한 몇 가지 멋진 사실들은 다음과 같다.

1)높이

지상으로부터 330 ~ 435km의 높이를 유지하고 있다.

2) 공전

매일 지구 주위를 15.54번 공전하고 있다.

3) 상주

2000년 11월 이후부터 계속 사람이 상주하고 있다.

4) 방문

2016년 3월까지 33명의 여성을 포함하여 18개 나라에서 222명의 우주비행사와 우주 여행객이 방문했다.

5) 기간

우주 여행객은 지구로 돌아가는 승무원과 우주정거장으로 들어오는 승무원이 서로 교대하는 기간인 1주 또는 2주 동안 우주정거장에 머무른다. 한동안 지구로 귀환하는 우주선이 없을지도 모르기 때문에 돌아오는 우주선을 놓치지 않는 것이 중요하다.

6) 사라 브라이트만

2015년 영국인 가수 사라 브라이트만Sarah Brightman은 국제우주정거장을 방문한 8번째 우주 여행객이 되기 위해 5천 2백만 달러를 지불할 예정이었지만 마음을 바꿨다.

7) 5번이나 방문한 사람

국제우주정거장을 가장 많이 방문한 사람은 러시아 우주인 유리 말렌첸코Yuri Malenchenko이다. 무려 5번이나 방문했다.

8) 우주 결혼

2003년 말렌첸코는 우주에서 결혼식을 한 첫 번째 사람이 되었다. 결혼식 때 그의 신부는 텍사스에 있었고, 그는 뉴질랜드 386km 상공에 있었다.

9) 팀 피크

영국군 헬리콥터 조종사 출신인 팀 피크는 9천 명의 다른 지원자들을 제치고 유럽우주국에 합류했다. 그는 우주비행사로서 집중 훈련을 받은 후, 2015년 국제우주정거장에 파견되었다. 인공위성 기술과 소셜 미디어를 이용해, 그는 BBC의 신년사와 영국 가수 아델Adel이 브릿 어워드BRIT award의 글로벌 상을 수상하는 동영상 링크 등을 공유하며 지구의 영국인들과 정기적으로 통신을 주고받았다. 국제우주정거장은 인공위성 가까이에 위치해 있으므로 신호가 상당히 좋았을 것이다. 그는 러시아와 미국의 우주인 2명과 함께 소유스Soyuz 우주선을 타고 우주정거장으로 올라갔다. 우주선이 발사되는 동안, 그는 전통에 따라 자신이 선택한 세 곡의 노래를 들을 수 있었다.

- ✓ 퀸Queen 의 '지금 나를 말리지 말아요Don't Stop Me Now'
- ✓ 유투U2의 '아름다운 날Beautiful Day'
- ✓ 콜드플레이Coldplay의 '별이 가득한 하늘A Sky Full of Stars'

4. 무한한 공간 저 너머로 To Infinity and Beyond

우리는 미래에 어떤 일이 일어날지 알 수 없다. 그러나 앞으로 인류가 더 먼 우주를 탐험하게 될 것이라는 점과 비용을 지불할 수 있는 사람들에게는 우주 여행이 일반화가 될 것이라는 점에는 의심의 여지가 없다. 현재 달에 도착하는 데 필요한 시간은 단지 3일이다. 미국의 우주 정책은 2030년대까지 인간을 화성에 보낸다는 공식 목표를 세웠다. 현재의 기술로는 화성을 왕복하는 데 약 18~24개월이 걸린다. 그러나 우리는 우주 기술이 얼마나 빠르게 발전하는지를 알고 있다. 우리가 언젠가 도달하게 될 곳에 대한 징검다리로서 달 혹은 화성에 기지를 갖지 못할 것이라고, 그리고 다른 행성 혹은 위성에 식민지를 건설하는 것이 불가능할 것이라고, 누가 장담할 수 있겠는가? 인류가 세상이 평평하다고 생각했던 것이 그리 오래 전 일이 아니라는 사실을 잊지 말라.

점성술은 과학이 아니다

천문학과 점성술astrology을 혼동하지 않는 것은 중요하다. 일반적으로 점성술은 천체 현상을 관찰해 인간의 운명이나 미래를 점치는 것에 불과하다. 물론 점성술의 역사는 바빌로니아와 고대 중국으로 거슬러 올라간다. 아주 먼 옛날부터 점성술은 행성과 별의 위치가 인간의 삶에 어떤 영향을 주는지를 다뤘다. 수천 년 동안 사람들은 하늘의 뜻을 찾는 것에서부터 개인의 성격을 설명하고, 미래의 의미 있는 사건들을 예견하는 별점에 이르기까지 천체의 위치를 매우 중요한 것으로 받아들였다. 그것이 어느덧 신앙체계로 굳어진 것이다. 점성술 때문에 많은 관측 기록이 남기는 했지만 점성술이 천문학의 발달에 도움을 주지는 못했다. 어떤 사람들은 이것을 단순히 재미로, 또 어떤 사람들은 매우 진지하게 받아들인다. 하지만 나는 이렇게 말하고 싶다. 점성술의 역사가 어떻게 되었든 점성술은 과학이 아니라고. 그리스의 프톨레마이오스가 천문학은 제1의 과학이고, 점성술은 그 응용으로서 제2의 과학이라 하였지만 과연? 물론 재미로는 볼 수 있다.

스포츠 세계

This sporting world

CHAPTER 8

Olympic

Football

North American stuff

Tennis

Cricket

Rugby

Cycling

Running

Quidditch

과학, 기술, 우주에 관한 그 모든 어려운 지식들을 살펴보았다. 그렇다면 여기서 조금은 가벼운, 물론 내 생각일 수 있지만 스포츠에 관한 이야기로 이 책을 마무리하려고 한다. 만약 당신이 스포츠에 별다른 관심이 없더라도 걱정하지 말라. 상당히 가벼운 마음으로 편하게 즐기면서 읽으면 그것으로 족하다.

1. 올림픽 Olympic

대중의 상상력을 자극하는 스포츠 중에서 가장 으뜸은 올림픽 경기다. 1896년 아테네에서 근대 올림픽 첫 경기가 시작된 이후, 올림픽은 수많은 스포츠 영웅들과 멋진 일화들을 탄생시켰다. 고대 올림픽과 근대 올림픽 사이에는 중요한 차이점이 있는데, 예전과 달리 오늘날의 선수들은 옷을 입고 경기에 임한다는 점이다. 참고로 '짐노스gymnos'는 그리스어로 '벌거벗은'이라는 뜻이다. 그러므로 만약 당신이 체육관에 가서 러닝머신을 이용하면 신이 당신을 창조하신 모습 그대로 달리기를 시도해보라.* 그렇다면 지금까지 발생한 올림픽에 관련된 흥미로운 사실들에 대해 알아보자.

주최 측의 농간?

1896년 그리스에서 열린 아테네올림픽에서 수영 남자 해군 100m 자유형 경기가 열렸다. 이 경기에는 오직 그리스 해군만이 참가할 수 있었고 참가 선수는 3명뿐이었다. 당연히 그리스가 금, 은, 동메달을 모두 가져갔다.

최연소와 최고령 메달리스트

올림픽 역사상 최연소 메달리스트는 1896년 아테네올림픽에서 동메달을 획득한 10세의 그리스 체조선수 디미트리오스 론드라스

Dimitrios Loundros였다. 그리고 최고령 메달리스트는 1920년 안트베르펜올림픽에서 은메달을 획득한 72세의 스웨덴 사격 영웅 오스카스완Oscar Swahn이었다.

무엇보다 생명이 우선

호주의 조정 선수 헨리 피어스Henry Pearce는 1928년 암스테르담올림픽 경기 도중 갑자기 배를 멈추었다. 오리 가족의 통행을 방해하지 않기 위해서였다. 오리 가족이 모두 지나간 뒤 경기를 속개해 결국 그는 금메달을 목에 걸었다.

예술도 올림픽을 통해

1912년부터 1948년까지는 그림, 조각, 건축학, 문학, 음악도 올림픽 경기 종목이었다. 시인 윌리엄 버틀러 예이츠William Butler Yeats의 동생인 잭 버틀러 예이츠Jack Butler Yeats*는 1924년 파리올림픽 그림 분야에서 은메달을 획득해 조국 아일랜드에게 첫 번째 올림픽 메달을 안겨주었다.

☀ 별별 지식

* 아일랜드 민족주의 시인인 윌리엄 버틀러 예이츠의 동생으로 아일랜드를 대표하는 화가다. 신문과 책에 필요한 삽화를 그리다가 아일랜드

독립 투쟁을 거치면서 자신만의 작품 스타일을 구축했다. 아일랜드 풍경과 동물들, 마을 사람들 등 사실주의에 입각한 작품을 그렸으며 전체적인 그림 느낌은 어두운 편이다.

과거 올림픽 종목

과거에 올림픽 종목이었던 경기들은 다음과 같다. 그중에서 '살아 있는 비둘기 사격' 종목은 협소한 곳에서 거의 400마리의 비둘기가 사격을 당해 경기장은 대학살의 현장을 방불케 했다.

서서 높이뛰기 | 줄다리기 | 양손 창 던지기 | 탠덤 사이클링2인용 자전거 | 잠영 | 승마 멀리뛰기 | 크리켓 | 한손 역도 | 솔로 싱크로나이즈 수영1992년까지 | 장애물 수영으로 보트 위로 넘어가거나 잠수해서 아래로 지나가는 것 | 프록코트 입은 사람 모형을 표적으로 하는 듀얼링 피스톨 사격 | 살아 있는 비둘기 사격

나란히 개최되어야 하는 경기

패럴림픽장애인올림픽은 비장애인 올림픽 다음으로 세계에서 두 번째로 큰 종합 스포츠 대회다. 160개국 이상을 대표하는 4,000명 이상의 선수들이 참가한다. 참고로 비장애인 올림픽에는 약 190개국에서 약 11,000명의 선수가 참가한다. 패럴림픽이라는 단어는 '나란

히, 옆의'라는 의미의 그리스어 '파라^{para}'에서 비롯되었다. 따라서 두 올림픽은 '나란히 개최되는 경기'다.

4번 참가해 4번 메달을 딴 선수

휠체어 테니스에서 네덜란드의 전설적인 선수 에스더 베르기어 ^{Esther Vergeer}는 패럴림픽에 4번 참가해 4번 다 금메달을 목에 걸었다. 이 경기들을 포함해 470번 연승한 후 2013년에 은퇴했다.

비장애인이 섞인 장애인 농구 팀

2000년 시드니패럴림픽에서 금메달을 땄던 스페인 농구 팀은 나중에 금메달을 반납했다. 왜냐하면 12명의 선수 중 10명이 장애인 판정을 받지 않은 비장애인으로 밝혀졌기 때문이다.

동계올림픽에 강한 노르웨이

동계올림픽은 말 그대로 하계올림픽보다 훨씬 시원한 감을 느끼게 한다. 노르웨이는 크로스컨트리 스키 선수 비에른 델리^{Bjørn Dæhlie}가 12개의 메달을 거머쥐면서 최다 메달 기록을 경신했고, 지금까지 329개의 메달을 획득한 가장 뛰어난 참가국이다.

금메달만 18개를 획득한 마이클 펠프스

'나는 물고기^{flying fish}'라는 별명을 지닌 미국의 수영선수 마이클 펠프스Michael Phelps는 역사상 가장 많은 메달을 획득한 올림픽 선수다. 금메달만 18개로, 2위를 기록한 다른 선수보다 무려 9개가 더 많다.

2. 축구 Football

리버풀 FC의 전설적인 감독 빌 샹클리Bill Shankly*의 주장에 따르면 생과 사보다도 훨씬 더 중요하다고 하는 축구는, 현재 10억 파운드 규모의 전 세계적인 산업이 되었다. 선수와 감독은 막대한 금액의 돈을 받고 구단을 이적하고, 심판들은 승리의 골을 넣을 때마다 따라오는 영광을 위해서라면 어떤 일이라도 서슴지 않는 스타 축구선수들의 터무니없는 행동을 통제해야 하는 불가능한 임무에 직면한다. 그러나 훌륭한 축구 경기는, 전 세계 축구 팬들의 눈에 가장 아름다운 볼거리로 비춰진다.

☀ **별별 지식**

. . . .

* 　빌 샹클리는 영국의 축구선수이자 감독으로 1959에서 1974년까지 리버풀 FC의 감독을 맡아 리버풀의 전성기를 이끌었다. 그는 다음과 같은 말을 했다. "사람들은 축구가 생과 사가 달린 문제라고 생각한다. 나는 그런

태도가 아주 실망스럽다. 나는 여러분에게 축구는 그것보다 훨씬, 훨씬 더 중요한 것이라고 장담할 수 있다."

언덕에서 조망하다

영국의 여러 축구장에 있는 스피온 콥Spion Kop의 스탠드 석은 남아프리카의 두 번째 보어 전쟁1900년 *이 치러진 스피온 콥 언덕에서 이름이 유래했다. 축구장의 스탠딩 관중석이 경기장을 조망하는 스피온 콥 언덕과 비슷한 모습의 거대한 언덕 위에 지어졌기 때문이다. 남아프리카의 아프리칸스어**에서 '스피온spion'은 '보다, 조망하다'라는 뜻이고, '콥kop'은 '언덕, 땅 위로 솟은 바위'라는 뜻이다. 참고로 리버풀 FC의 홈인 안필드 로드 스타디움의 콥이 가장 유명하다.

☀ 별별 지식

* 남아프리카 전쟁 또는 앵글로-보어 전쟁이라고 불린다. 영국령 케이프 식민지와 아프리카인이 되어 보어인이라고 불린 네덜란드인이 세운 오렌지공화국과 트리스발공화국 사이에 우연히 다이아몬드와 금광이 발견되어 영국이 보어인들의 터전을 공격함으로써 전쟁이 벌어졌다. 보어인들이 끈질기게 저항했지만 영국군에 맞설 수 없어 1902년 평화조약을 맺었

고, 그 결과 보어인들은 독립을 상실했다. 1899년부터 1902년까지 약 2년 8개월 동안 지속된 전쟁이다.

★★　남아프리카공화국과 나미비아에서 주로 쓰이는 서게르만어군 언어로 네덜란드 출신 이주자들의 후손이 써오던 네덜란드어가 독자적인 변화를 거치면서 성립되었다.

약한 팀이 강한 팀을 이겼길

영국에서 텔레비전으로 처음 방송된 축구 경기는 1937년 BBC를 위해 특별히 마련된 아스날 FC와 아스날 예비 팀 사이의 비공개 경기였다. 경기 결과에 대한 기록은 남아 있지 않지만 나는 약한 팀이 강한 팀을 이겼을 거라 생각하고 싶다.

마라도나의 이적료

1978년 셰필드 유나이티드Sheffi eld United의 감독 해리 하슬람Harry Haslam은 신인선수 발굴을 위해 아르헨티나로 출장을 갔다. 그곳에서 그는 디에고 마라도나Diego Maradona라는 이름의 젊은 선수에게 주목했다. 이적료 2백만 파운드로 협상하기로 했으나 셰필드 유나이티드 이사회에서 그 금액의 지불을 거절해 이적하지는 못했다. 그것은 큰 실수였다.

승부차기에서 패배

1998년 프랑스월드컵에서 영국이 승부차기 끝에 아르헨티나에게 패배한 후 48시간 동안, 영국에서는 심장마비로 입원한 사람의 숫자가 25% 증가했다.

단지 서 있기만 했는데 승리

2002년 마다가스카르의 한 프로 축구 팀은 이전 경기들에서 불리하게 적용된 심판의 판정에 저항하기 위해 149개의 자책골을 넣음으로써 149 대 0으로 상대 팀에게 졌다. 자책골을 평균 36초마다 넣었고 상대 팀 선수들은 공을 잡아보지도 못한 채 승리했다.

134번 경기에서 한 번만 이긴 산마리노

산마리노공화국Republic of San Marino의 국가대표 팀은 지금까지, 이 책의 집필 시기를 기준으로 134번의 시합 중에서, 단 한 경기에서만 이겼다. 그것은 2004년 리히텐슈타인과의 친선 경기에서 기록한 1 대 0의 승리였다. 산마리노 국가대표 팀은 친선경기가 아닌 일반 경기에서 이긴 적이 단 한 번도 없다. 하지만 1994년 미국월드컵에서 영국과 예선전을 치르면서 단지 8.3초 만에 골을 넣음으로써, 월드컵 역사상 가장 빠른 골 득점의 기록을 갖고 있다. 하지만 영국이 승리했다.

세계에서 최단기 재임을 한 감독

2007년 르로이 로즈니어 Leroy Rosenior 는 토키 유나이티드 Torquay United FC의 새 감독으로 발표되었고, 그가 구단에 꼭 필요한 안정을 가져올 것으로 기대한다는 내용의 기자회견이 이루어졌다. 하지만 기자회견이 진행되는 동안 그 구단은 매각되었고, 구단의 새로운 소유자들은 10분 만에 로즈니어의 감독 임기를 종료시켰다. 그는 공식상 세계에서 최단기 재임을 한 감독으로 기록을 올렸다.

바람이 약해질 때까지 기다린 뒤

북대서양 페로 제도는 약 4만 9천 명의 인구 중 10% 이상이 유소년 축구 팀, 남성 축구 팀, 여성 축구 팀들 중 한 팀에 선수로 등록되어 있다. 하지만 축구 경기를 할 수 있는 제반 여건은 매우 열악하다. 대서양 끝에 위치한 단 하나뿐인 축구장에서 종종 경기를 진행할 수 있을 정도로 바람이 약해질 때까지 선수들은 납작하게 누워 있어야 한다. 만약 바람이 강하게 불어 공이 바다로 날아가면 노 젓는 보트 위에서 기다리고 있던 어부들이 그 공을 회수해 돌려준다.

마법 같은 리더십

2016년 레스터 시티 Leicester City FC는 영국 프리미어 리그에서 우승하는 불가능에 가까운 일을 해냈다. 이전 시즌 리그 순위표 최하위에 머무른 지 13개월 만에 이룬 쾌거였다. 이탈리아 출신의 매력적인 감독 클라우디오 라니에리 Claudio Ranieri가 구단에 보여준 마법 같은 리더십 덕분에 그들은 어떠한 슈퍼스타급 선수나 거액의 이적료 없이도 이 일을 해냈다.

3. 북미 스포츠 North American stuff

대서양 너머, 영국인들의 친척인 미국인들과 캐나다인들은 요란하고 현란한 고전 스포츠인 미식축구, 즉 아메리칸 풋볼 American football과 아이스하키 ice hockey에서 뛰어난 기량을 선보인다. 만약 당신이 열성적인 축구 팬이라고 자신을 소개한다면, 북미인은 당신을 미식축구 팬이라고 이해할 것이다. 만약 당신의 관심사가 하키라고 말한다면 북미인은 당신이 아이스하키를 좋아한다고 해석할 것이다. 북미인은 하키를 '필드하키'가 아닌 아이스하키로 받아들인다. 캐나다에서 아이스하키는 국기國技이기도 하다.

4시간 동안 미식축구에 열광하라

미식축구는 쿼터제이며, 각 쿼터의 평균 경기 시간은 약 15분이고, 총 4쿼터를 진행한다. 핫도그와 치어리딩을 위해 경기가 중단되는 시간을 포함하면 추가로 4시간이 더 소요된다.

어처구니없는 부상

거친 스포츠라고 할 수 있는 아이스하키에서 어처구니없는 부상을 얻은 예가 있다. 그것은 다음과 같다.

1) 성냥갑 발화

골키퍼의 주머니에 들어 있던 성냥갑이 퍽에 맞아 발화해 그 골키퍼의 몸에 불이 붙었다.

2) 스틱에 경정맥이 찢어짐

날아온 스틱에 맞아 한 선수의 경정맥이 찢어져 벌어졌다. 의료 팀이 도착할 때까지 코치가 선수의 상처를 손가락으로 막아 지혈했기 때문에 그 선수는 생존했다.

3) 관중의 신발로 관중을 때림

한 관중이 선수에게 무언가를 소리쳤고, 화가 난 그 선수는 그 관중의 신발로 그를 때렸다.

4) 야구방망이를 퍽으로 착각

한 선수가 아이스링크 위에 놓여 있던 야구방망이를 퍽으로 착각해 하키 스틱으로 쳤고, 그것이 위험천만하게 아이스링크 위로 날아갔다.

명예 농구선수로 교황을 추대

2000년 묘기농구로 유명한 할렘 글로브 트로터스^{Harlem Globe Trotters}는 교황 요한 바오로 2세를 예방하고 팀 창단 75주년을 자축하는 메시지가 새겨진 유니폼과 농구공을 전달하며 명예 농구선수로 추대했다. 요한 바오로 2세는 학창시절을 폴란드에서 보내며 수영과 스키를 즐겼다.

가장 높은 곳에 있는 농구 코트

워싱턴 D.C.의 미연방 대법원 건물 5층에 있는 농구 코트는 육지에서 가장 높은 곳에 있는 농구 코트이다.

읽으면 찜찜한 느낌이 드는 것

나이키 사는 미국의 농구 선수 마이클 조던에게 말레이시아 공장모든 직원들의 월급을 합친 것보다 더 많은 돈을 협찬하고 있다.

야구를 사랑하는 나라, 일본

야구는 미국의 국민 스포츠일지는 모르겠지만 일본에서 더 인기가 있다. 국제적인 수준에서 일본은 미국과 대만을 제치고 1위를 차지했다.

큰 부상을 입을 수 있는 스포츠

치어리딩cheerleading은 미국에서 여성이 크게 부상당하는 일이 가장 많은 스포츠 종목이다.

4. 테니스 Tennis

테니스는 전 세계에서 인기 있는 스포츠다. 하지만 매년 여름 윔블던 선수권 대회의 각종 표지판들이 SW19*에 나타날 때면, 다른 어느 곳에서도 찾아볼 수 없는 테니스의 열기가 영국을 사로잡는다. 50만 명의 사람들이 토너먼트에 참가하고, 그 과정에서 2만 7천 kg의 딸기와 7천ℓ 리터의 크림**을 소비한다. 한편 수백만 명의 사람들이 기회가 있을 때마다 TV 화면을 주시한다. 당신의 식견을 넓혀줄 테니스에 관한 흥미로운 사실들은 다음과 같다.

☀ **별별 지식**

....

* SW19는 윔블던선수권대회가 열리는 AELTCAll England Lawn Tennis Club 가 있는 곳의 우편번호다. 윔블던선수권대회는 호주 오픈, 프랑스 오픈, US 오픈과 함께 세계 4개 그랜드 슬램 테니스 대회로 꼽힌다. 세계에서 가장 오래된 테니스 대회이기도 하다.

** 영국인들이 윔블던 경기를 관람할 때 꼭 먹는 것이 딸기와 크림이다.

경기장 앞에 딸기를 그릇에 담아 놓고 손님이 주문할 때마다 크림을 끼얹어준다.

가장 빠른 서브 기록

남자 테니스의 가장 빠른 서브 기록은 2012년 호주의 샘 그로스Sam Groth가 기록한 163.7mph263km였고, 여자 테니스의 가장 빠른 서브 기록은 2014년 독일의 사빈 리시츠키Sabine Lisicki가 기록한 131mph210.8km/h였다.

확실하게 세계 최악의 프로테니스 선수로 판결을 내린 재판

2008년 영국의 테니스 선수 로버트 디Robert Dee가 국제테니스연맹전에서 단 한 세트도 이기지 못한 채 54번의 경기를 연속으로 패하자, 「데일리 텔레그래프The Daily Telegraph」는 그를 '세계 최악의 프로테니스 선수'라고 평했다. 로버트 디는 그 신문사를 고소했으나 판사는 합당한 사실에 근거한 평가였다며 신문사의 편을 들어주었다. 판결을 통해 그는 확실하게 세계 최악의 프로테니스 선수가 되었다.

3일 동안 시합한 프로테니스 경기

역대 가장 오랫동안 경기를 벌인 프로테니스 시합은 2010년 윔블던에서 펼쳐졌다. 무려 3일에 걸쳐 5세트 경기 시간만 11시간 5분을 기록했다. 미국의 존 이스너John Isner는 프랑스의 니콜라스 마위Nicolas Mahut를 상대로 6-4, 3-6, 6-7, 7-6, 70-68, 세트 스코어 3 대 2로 이겼다. 이스너는 113개의 서브 에이스를 했고, 마위는 103개의 서브를 했다. 탈진한 이스너는 다음 날 경기에서 단 한 개의 서브 에이스도 하지 못한 채 2회전 시합을 스트레이트 세트로 패배했다.

숫자 0이 계란과 닮아서

테니스 경기에서 점수를 매길 때 왜 '0'점을 '닐nil'이나 '제로zero'가 아닌 '러브love'라고 하는지 아무도 확실히 알지 못한다. 그중 가장 인기가 있는 설은 숫자 0이 계란의 모양을 닮아 계란을 뜻하는 프랑스어로 '뢰프l'ouef'에서 유래했다는 것이다. 따라서 언어적으로 더 올바른 점수 계산 방식은 15 대 계란, 30 대 계란, 40 대 계란일 것이다. 하지만 테니스에서 왜 첫 포인트를 15, 그 다음 포인트를 30, 그 다음 포인트를 40이라고 부르는지에 대해 프랑스어에서 근거를 찾아보았지만 딱 맞아떨어지는 것이 없다.

기관총 개발에 힘쓴 전투기 조종사를 기리기 위해

프랑스 오픈이 개최되는 테니스 경기장은 '롤랑 가로스Roland Garros'라고 불린다. 제1차 세계대전에서 활약했던 프랑스인 전투기 조종사 롤랑 가로스의 이름을 딴 것이다. 롤랑 가로스는 비행기 프로펠

러가 회전하는 사이 빈 공간에 총알을 발사할 수 있는 기관총 개발에 중요한 역할을 했다. 그는 이 기관총을 이용해서 다가오는 적기를 향해 완벽한 일제 사격을 할 수 있었다.

기량은 더 좋아지나 보기엔 안 좋은

연구에 따르면 테니스공을 칠 때 기합을 넣거나 고함을 지르면 공의 속도가 대략 4% 가량 증가된다. 이는 기량이 좋은 선수의 경우 공의 속도가 5mph⁸ᵏᵐ 이상 빨라진다는 것을 의미한다. 하지만 이로 인해 그 선수는 얼간이 원시인처럼 보이게 하고 다른 선수나 관중에게 극심한 짜증을 일으키게 할 수 있다.

302주 세계 랭킹 1위

스위스의 로저 페더러Roger Federer는 역사상 가장 훌륭한 남자 테니스 선수이다. 그는 통산 17개의 그랜드 슬램을 달성했는데, 이는 미국의 피트 샘프러스Pete Sampras 선수와 스페인의 라파엘 나달Rafael Nadal 선수보다 3개 더 많은 기록이다. 또 그는 237주 연속 세계 랭킹 1위를 기록했을 뿐만 아니라 총 302주 동안 세계 랭킹 1위를 지켰는데 이것은 피트 샘프러스 선수보다 15주 더 오랜 기간이었다.

24개의 그랜드 슬램 타이틀을 획득한 마거릿 코트

호주의 마거릿 코트Margaret Court는 역대 가장 성공한 여자 테니스 선수다. 그녀는 24개의 그랜드 슬램 타이틀을 획득했다. 이 책의 집필 시기를 기준으로, 그것은 독일의 슈테피 그라프^{Steffi Graf} 선수와 미국의 세리나 윌리엄스^{Serena Williams}보다 2개 더 많은 기록이었다.

와일드카드로 출전해 유일하게 우승한 선수

크로아티아의 은퇴한 프로테니스 선수인 고란 이바니세비치^{Goran Ivanišević}는 모음과 자음이 번갈아 나타나는 이름을 가졌고, 와일드카드^{wild card}*로 출전해 우승한 유일한 윔블던 대회 우승자이다.

☀️ 별별 지식
....

* 카드게임의 용어로 아무 카드나 대용을 쓸 수 있는 카드 혹은 동시에 쓰이는 카드를 뜻하는데 스포츠에선 출전 자격을 따지 못했지만 특별히 출전이 허용되는 선수나 팀을 일컫는다.

---

5. 골프 Golf

1603년 스코틀랜드의 제임스 6세가 잉글랜드의 제임스 1세가 되어, 그의 궁정인들과 자신의 모든 골프채를 런던으로 가져온 이후, 골프는 세계 전역으로 계속해서 퍼져나갔다. 이 책의 집필 시기를 기준으로, 세계 206개국에 3만 4천 11개의 골프 코스와 57만 6천

534개의 홀이 있다. 당신의 골프 친구들에게 깊은 인상을 남길 수 있는 골프에 관한 몇 가지 멋진 지식은 다음과 같다.

달에서 골프를

1971년 미국의 우주비행사 앨런 셰퍼드Alan Shepard는 달에서 6번 아이언으로 두 개의 골프공을 쳤다. 하나의 공은 달 궤도로 날아갔고, 다른 공은 달 분화구에 떨어졌다. 이것은 현재까지 달 표면에서의 유일한 홀인원 기록으로 남아 있다.

중국에선 골프가 금기시

1949년 마오쩌둥 주석은 골프가 자본주의의 산물이라는 이유로 공산국가인 중국 내에서 골프를 금지했다. 이 금지는 1980년대에 해제되었다. 그러나 2004년 환경 훼손에 대한 염려 때문에 골프 코스의 신규 건설은 불법이 되었다. 그리고 2015년 시진핑 주석은 여당인 중국 공산당의 8천 8백만 모든 당원들이 골프 클럽에 가입하는 것을 실질적으로 금지했다. 그는 골프 클럽이 수상한 거래를 모의하기에 이상적인 장소라고 생각하여, 당원들이 골프장 회원권을 선물받지 못하게 했으며 골프와 관련된 공금 사용도 금지해버렸다.

세계 골프 역사상 최고의 기록

북한의 김정일 위원장은 1994년 자신의 첫 라운딩에서 11번의 홀인원을 포함하여 38언더파 34타를 기록했다. 이것은 그의 공식 자서전에 따른 것이다. 난 이 사실을 믿기 어렵지만 책에 거짓말을 쓰지는 않았을 것이라고 애써 생각한다.*

☀ **별별 지식**

....

* 첫 라운딩에서 11번의 홀인원과 38언더파 34타는 세계 골프 역사상 최고의 기록이며 앞으로도 도저히 갱신할 수 없는 기록이다. 이 같은 기록은 북한의 선전 선동가들이 골프에 대한 상식이 전혀 없는 상황에서 김정일을 신격화하기 위해 꾸며낸 것으로 보인다.

홀인원 보험

일본인들은 홀인원의 위험에 대비해 '홀인원 보험'을 든다. 홀인원을 했을 때 관례에 따라 친구들에게 기념품을 돌리고 파티를 열면서 예상치 못한 수준으로 돈이 들기 때문이다. 통계학적으로 홀인원을 할 확률은 12,000분의 1 정도인데, 그 확률에 대비하여 약 4백만 명의 일본 사람들은 1년에 약 50파운드의 금액을 지불하며 홀인원 보험에 가입한 것으로 추정된다. 도저히 불가능할 것 같은 이 일을 기념하기 위한 준비가 너무 철저하다.

골프 코스가 가장 많은 스코틀랜드

골프의 탄생지인 스코틀랜드는 세계에서 1인당 골프 코스가 가장 많은 나라이다. 아일랜드, 뉴질랜드, 호주가 그 뒤를 잇고 있다.

역대 가장 성공한 남자 골프선수 잭 니클라우스

역대 가장 성공한 남자 골프선수는 미국의 잭 니클라우스^{Jack Nicklaus}이다. 그는 메이저 대회에서 18회 우승을 했다. 이 책의 집필 시기를 기준으로, 타이거 우즈^{Tiger Woods}보다 4회 더 많은 기록이다. 그리고 타이거 우즈의 실제 이름은 엘드릭 톤트 우즈^{Eldrick Tont Woods}이다.

역대 가장 성공한 여자 골프선수 패티 버그

역대 가장 성공한 여자 골프선수는 미국의 패티 버그^{Patty Berg}이다. 그녀는 메이저 대회에서 15회 우승을 했다. 만약 제2차 세계대전 당시 해군 중위로 복무하던 중 자동차 사고로 인한 무릎 부상을 입지 않았다면 아마 더 많은 우승을 했을 것이다.

6. 크리켓 Cricket

크리켓*은 하나의 스포츠 종목 그 이상이다. 크리켓은 페어플레이의 상징과도 같으며, 패배에 직면했을 때 불굴의 정신으로 많은 사람에게 삶의 규범을 제시하는 청사진과 같다. 이것은 영어의 크리켓과 관련된 관용 표현에도 잘 나타나 있다. 'It's just not a cricket'은 '정정당당한 행동이 아니다'라는 뜻이다. 누군가 패배를 깨끗이 수긍하지 않거나 상대 팀 선수들의 훌륭한 노력을 인정하지 않는다면, 그것은 크리켓이 아니며 정정당당한 행동이 아니다. 다음 번 비가 그쳤을 때, 크리켓 경기장에서 이런 사실들을 확인해 보라.

☀ 별별 지식
....

★   야구와 비슷할 룰을 가지고 있지만 용어가 다르다. 영국과 과거 영국의 식민지였던 국가들을 중심으로 활성화되어 있는 구기 종목으로 각 11명으로 구성된 두 팀이 야구처럼 공을 던지고 받아치는 게임이다. 직사각형 피치pitch에서 경기가 이뤄지며 테스트 매치는 국제전으로 2회전innings의 경기가 5일 동안 진행되며, 하루에 경기가 끝나는 ODIOne Day International, 약 3시간에 경기를 끝내는 트웬티 20Twenty 20 경기가 있다. 더불어 퍼스트 클래스 크리켓first-class cricket은 국가나 지역 또는 학교 등을 대표해 높은 명성을 얻고 있는 클럽들이 개최하는 경기다.

목표는 이루지 못했지만

호주의 크리켓 타자인 도널드 브래드먼Donald Bradman은 테스트 매치 평균 타율 99.94라는 어느 스포츠 선수와도 비교할 수 없는 가장 위대한 업적을 쌓았다. 1948년 그는 평균 타율 100을 기록하며 은퇴하려 했지만 이루지 못했다. 영국 런던 오벌The Oval 경기장에서 열린 영국과의 시합에서, 자신의 테스트 매치 마지막 이닝으로 4번의 출루가 필요했지만 득점 없이 아웃되었다.

목표를 이룬

스리랑카Sri Lankan의 크리켓 투수 무티아 무랄리타란Muttiah Muralitharan은 테스트 매치에서 800개의 위켓을 잡은 기록과 ODI에서 534개의 위켓을 잡은 기록을 갖고 있다. 그는 자신의 마지막 테스트 매치에서 마지막 공으로 800번째 위켓을 잡았다. 당신이 바라던 멋진 은퇴는 바로 이런 것이었겠지요? 브래드먼 씨.

가장 많은 테스트 매치와 최다 득점 기록

인도의 크리켓 타자 사친 텐둘카르Sachin Tendulkar는 크리켓 역사상 가장 많은 테스트 매치 기록인 15,921점을 갖고 있다. 그 다음으로는 호주의 리키 폰팅Ricky Ponting이 13,378점으로 2위이다. 그리고 트리니다드의 크리켓 타자 브라이언 라라Brian Lara는 퍼스트클래스 크리켓에서 최다 득점 기록 501점과 테스트 매치에서 최다 득점 기록 아웃 없는 400점을 갖고 있다.

문인과 탐험가 그리고 배우가 소속된 아마추어 크리켓 팀

알라크바리스Allahakbarries는 『피터 팬Peter Pan』의 작가 제임스 매튜 배리James Matthew Barrie가 1890년에 조직한 아마추어 크리켓 팀이다. 그 팀에 소속된 다른 유명한 작가들은 H. G. 웰즈H. G. Wells, 제롬 K. 제롬Jerome K. Jerome, 아서 코난 도일Arthur Conan Doyle, 루디야드 키플링Rudyard Kipling, A. A. 밀른A. A. Milne, P. G. 워드하우스P. G. Wodehouse 등이다. 또 배리는 여러 명의 탐험가, 군인, 배우 그리고 한 명의 해외 축구선수와 선교사도 이 팀에 끌어들였다.

최고의 기량을 선보여야 했지만

19세기 후반 서리Surrey 주에 크리켓 선수인 줄리어스 시저Julius Caesar는 최고의 기량을 선보여야 할 선수여야 했다. 그의 아버지는 프로 크리켓 선수였고 어머니의 처녀적 이름은 볼러Bowler, 크리켓에서 투수를 말함였다. 하지만 그의 성적은 신통치 않았다. 타율은 평균보다 낮은 15.78이었고, 볼링 애버리지bowling average * 는 그럭저럭 괜찮은 25.62였다. 공을 던질 수 있는 기회가 그에게 별로 많이 주어지지는 않았다는 점을 감안하더라도 좋은 성적은 아니다. 그의 부모는 그에게 로마의 영웅 '시저'의 이름을 지어주며 큰 성취를 기원했지만 그는 기대에 못 미치는 '만세 시저Hail Caesars'의 결과만을 얻어낼 수 있었다.

....

* 타자가 출루한 횟수를 투수가 잡은 위켓 수로 나눈 값을 의미한다. 투수의 효율성을 측정하는 데 쓰이며 볼링 애버리지가 낮을수록 투수의 효율은 더 높다.

7. 럭비 Rugby

1823년 럭비 스쿨에서 축구 경기를 하던 중에 윌리엄 웨브 앨리스 William Webb Ellis *가 공을 손으로 들고 달린 이후, 럭비 선수들이 경기 중에 보여주는 신사다운 태도와 행동 그리고 심판의 권위에 대한 완전한 존중은, 축구선수들의 할리우드 액션 및 심판 판정에 대한 잦은 항의와 많은 대조를 보여왔다.

럭비에 관해 당신이 열성적인 팬이든, 혹은 특별한 지식이 전혀 없어 트라이try를 왜 트라이라고 부르게 되었는지 그 기원을 모르는 초보자든 당신이 알아야 하는 럭비에 관한 몇 가지 지식은 다음과 같다.

☀ 별별 지식
....

* 1806년에 태어난 윌리엄은 럭비의 발명자로 인정받는 인물이다.

1823년 럭비 스쿨에서 경기를 하던 중 그가 공을 안은 채 상대의 골문으로 달리기 시작했다는 증언이 남아 있어, 이것을 럭비의 기원으로 보고 있다. 그를 기리기 위해 현재 럭비월드컵에서 우승컵의 이름은 '웨브 엘리스 컵 Webb Ellis Cup'이라고 불린다. 럭비 스쿨은 럭비 경기가 처음 시작된 영국의 중학교로 워릭셔Warwickshire 주 럭비에 있는 영국에서 가장 오래된 사립학교이다.

과거의 트라이와 현재의 트라이의 차이

초기에는 선수가 트라이를 했을 경우 아무런 점수도 주어지지 않았다. 그것은 단지 상대 팀의 수비를 돌파한 공격 팀이 트라이 라인 너머에 공을 놓고 골포스트 사이로 공을 차서 득점을 시도해볼 수 있는 기회를 의미했다. 그 공이 크로스바를 넘어가면 득점으로 인정되었다. 현재 트라이는 5점이라는 점수를 부여한다.*

☀ 별별 지식
. . . .

* 　미식축구와 달리 럭비에서는 공을 바닥에 터치해야 한다. 럭비의 득점은 트라이나 골을 통해서만 가능한데, 트라이는 상대편 진영 골 라인 너머의 지면에 공을 갖다 놓는 것을 말하며, 골은 골포스트 사이에 있는 크로스바 위로 공을 차 넘기는 것이다. 트라이를 하면 트라이를 한 지점에서 추가로 공을 찰 수 있다. 공이 골포스트의 크로스바를 완전히 넘기면 컨버전 골이라고 하며 2점을 획득한다.

럭비에서 영국을 이긴 스코틀랜드

1871년 에든버러에서 열린 세계 최초의 럭비유니온 국제 경기에서 스코틀랜드는 한 번의 트라이를 득점으로 성공시키며 영국과의 시합에서 1 대 0으로 승리했다. 그 경기 중 스코틀랜드는 두 번의 트라이를 했고, 영국은 한 번의 트라이를 했다.

그리고 영국 워릭셔 주의 럭비 타운 인구는 영국 럭비 대표 팀의 홈 구장인 트위크넘 스타디움Twickenham Stadium의 좌석 수보다 적다. 워릭셔 주의 럭비 타운의 인구는 61,988명이고, 트위크넘 스타디움의 좌석 수는 82,000석이다.

올림픽에 채택되었다 퇴출되고 다시 채택된

1900년 파리올림픽에서 15인제 럭비 유니온이 올림픽 정식 종목으로 처음 채택되었고, 1924년 파리올림픽을 마지막으로 럭비는 올림픽에서 퇴출되었다. 그 기간 동안 미국은 금메달을 2번 획득해서 올림픽 럭비 챔피언의 자리에 올랐다. 2016년 리우데자네이루올림픽에서 다시 7인제 럭비가 올림픽 정식 종목으로 채택되었다. 럭비는 1900년, 1908년 1920년, 1924년 하계올림픽의 정식 종목이었다.

고무 럭비공을 만들게 된 계기

19세기 럭비 스쿨에서 사용할 럭비공을 만들던 한 남자의 아내는 공의 재료인 돼지 방광으로부터 독을 너무 많이 들이마신 탓에 죽었다. 그녀는 자신의 호흡만을 이용해서 그 공에 공기를 불어넣었다. 이로 인해 훗날 고무 럭비공을 만드는 계기가 되었다.

복제품 트로피가 수여되는 이유

콜카타 컵Culcutta Cup은 스코틀랜드와 영국 사이에 매년 있는 럭비 유니온 대회유럽 6개국이 매년 치르는 챔피언십 대회 중 하나의 우승 팀에게 수여되는 트로피였다. 그것은 인도의 루피 화폐를 녹여서 만들었으며, 코브라와 코끼리 모양으로 장식되었다. 그런데 1988년, 술 취한 두 명의 선수가 경기 후 만찬이 끝난 뒤 에든버러의 프린스 가에서 콜카타 컵을 가지고 럭비를 하다가 망가뜨렸다. 그 후 수리를 했으나 매우 부서지기 쉬운 상태가 되었으므로, 원래의 것을 보관하기 위해서 현재는 매년 우승 팀에게 복제품 트로피가 수여되고 있다.

좀 더 효율적으로 경기를 진행하기 위해

럭비 리그Rugby league는 럭비 유니온에서 갈라져 나온 단체다. 더 적은 선수와 더 빠른 속도로 경기가 진행된다. 럭비 리그는 13인제이지만 럭비 유니온은 15인제이다. 경기가 중단된 경우의 재개도 더 빠르다. 평균적으로 럭비 리그는 경기 시간 80분 중 50분 동안 경기가 진행 중인 상태이고, 럭비 유니온은 경기 시간 80분 중 35분이 경기가 진행 중인 상태이다.

여자 럭비를 주도하는 영국

여자 럭비를 주도하고 있는 나라는 영국이다. 영국은 2014년 월드컵에서 우승했고, 항상 식스 내이션스Six Nations★ 순위표의 상위에 올라 있다. 영국 전역에서 약 2만 명의 여성들이 다양한 수준의 럭비를 즐기고 있다.

☀ **별별 지식**

....

★   이 대회는 유럽 6개국인 스코틀랜드, 영국, 아일랜드, 웨일스, 이탈리아, 프랑스가 매년 치르고 있다.

---

8. 사이클링 Cycling

최근 전 세계 사람들이 자신들의 건강과 지구의 환경에 더 많은 주의를 기울이게 되면서, 사이클링의 인기가 다시 크게 증가했다. 특히 투르 디 프랑스Tour de France가 영국 내 몇몇 구간에서 개최되었고, 그 후속으로 2016년 투르 디 요크셔Tour de Yorkshire가 1백만 명 이상의 사람들이 도로에 줄지어 서서 참가자들을 격려할 정도로 성공적으로 개최됐다. 이후 영국 각계각층에서 사이클링의 인기는 폭발적으로 급증했다. 이러한 변화에 참여하도록 당신을 흥분시키기에 충분히 멋진 몇 가지 사실들은 다음과 같다.

식인종이라는 별명을 가진 사이클 선수

벨기에의 에디 메르크스^{Eddy Merckx}는 역사상 가장 위대한 도로 사이클 선수이다. 그는 투르 디 프랑스 5번, 지로 디탈리아^{Giro d'Italia} 5번, 부엘타 아 에스파냐^{Vuelta a Espana} 1번, 총 11번의 그랜드 투어에서 우승했고, 5번의 모뉴먼트 클래식 사이클 대회에서도 모두 우승하면서 1966년부터 10년 동안 도로 사이클을 지배했다. 모든 대회의 우승을 독식하는 지칠 줄 모르는 식욕을 가졌다는 의미에서 그에게는 '식인종^{the Cannibal}'이라는 별명이 붙었다.

종합 세계 챔피언인 마리안느 보스

네덜란드의 다재다능한 사이클 선수 마리안느 보스^{Marianne Vos}는 역사상 가장 성공한 여성 사이클 선수다. 그녀는 4개의 사이클 종목인 도로, 트랙, 산악자전거, 사이클크로스에서 종합 세계 챔피언이었다. 19세에 도로와 사이클크로스에서 세계 챔피언이 되었고, 이후 트랙과 도로에서 각각 올림픽 금메달을 땄다.

1위와 2위를 달리는 선수

영국의 트랙 사이클 선수 크리스 호이^{Chris Hoy}는 역대 가장 성공한 올림픽 사이클 선수다. 그는 올림픽에서 6개의 금메달과 1개의 은

메달을 획득했으며, 영국 역사상 가장 위대한 올림픽 선수가 되었다. 크리스 호이의 동료 브래들리 위긴스Bradley Wiggins는 올림픽에서 금메달 4개, 은메달 1개, 동메달 2개를 획득했으며 올림픽 성적으로는 크리스 호이의 바로 다음인 2위이다. 이후 그는 장거리 경주 선수에게 필요한 체력과 체격을 만들기 위해 완전히 다른 훈련 체계를 필요로 하는 매우 다른 종류의 레이스인 투르 디 프랑스에서도 우승을 거머쥐었다.

7연패의 기록이 말소된 선수

투르 디 프랑스 역사상 가장 성공한 사이클 선수는 미국인 랜스 암스트롱Lance Armstrong이었다. 그러나 2012년 그가 선수 생활 내내 경기력을 향상시키는 약물을 복용했다는 사실이 밝혀졌다. 그 결과 1999년부터 2005년까지의 그가 이루었던 투르 디 프랑스 7연패의 기록은 말소되었다.

정정당당하지 못했던 플레이

1904년 제2회 투르 디 프랑스에서 많은 선수들이 경기 도중 주로 밤 시간대에 몰래 기차에 오르거나 자동차에 편승했기 때문에 실격을 당했다.

자동차보다 더 많이 생산되는 자전거

오늘날 자전거와 자동차의 수는 둘 다 10억 개가 넘는다. 그런데 자동차보다 두 배 더 많은 수의 새 자전거가 매년 만들어지고 있다. 그리고 네덜란드인들은 이동할 때 3번 중 1번가량 자전거를 이용하지만 미국인들은 100번 중 1번가량 이용한다.

외바퀴 자전거를 타는 유명인들

외바퀴 자전거를 타는 유명인들에 대해 알아보자. 포뮬러 원 레이싱 선수 루이스 해밀턴Lewis Hamilton과 니코 로즈버그Nico Rosberg, 『해리포터』에서 론 위즐리Ron Weasley 역을 맡았던 루퍼트 그린트Rupert Grint, 팝 밴드 테이크 댓Take That의 멤버 하워드 도널드Howard Donald, 제이슨 오렌지Jason Orange와 마크 오언Mark Owen, 콜드플레이의 리더 크리스 마틴Chris Martin, 미국 전 국방부 장관 도널드 럼즈펠드Donald Rumsfeld이다.

9. 육상 Running

육상은 자신의 한계를 넘고 싶거나 체력 관리 측면에서 꾸준한 인기를 얻고 있는 스포츠이다. 특히 42.195km의 거리를 완주함으로써 스스로에게 무언가를 증명하고 싶은 사람들에게 더욱 인기가 높다. 마라톤을 완주함으로써 깨닫게 되는 가장 중요한 교훈은,

42.195km를 쉬지 않고 달리는 것이 정말 고통스럽다는 사실과 더불어 자신을 다시는 괴롭히고 싶지 않다면 그것을 하지 말아야 한다는 것이다. 그럼에도 당신이 힘든 마라톤을 하고 싶다면 잠시라도 그 고통을 잊게 해줄 수 있는 몇 가지에 대해서 알아보자.

한계는 뛰어넘으라고 있는 것이다

1954년 5월 6일 영국의 육상선수 로저 배니스터Roger Bannister는 인간의 심장과 폐가 파열될 수도 있다는 '1miles 4분의 벽'을 깨뜨렸다. 그는 옥스퍼드대학교의 이플리Iffley 로드 트랙에서 1miles을 3분 59.4초 만에 완주했다. 당시 이 기록은 인간이 결코 넘어설 수 없는 육체적, 정신적 장벽이었다. 그러나 그는 그 세계 신기록을 단지 46일 동안만 보유할 수 있었다. 이후 핀란드에서 열린 한 경주에서 호주의 육상선수 존 랜디John Landy가 3분 58초를 기록했기 때문이다. 로저 배니스터가 넘기 힘들었던 장벽을 깨자 이후 많은 사람들이 자신도 할 수 있다며 1miles을 4분 안에 주파한 사람은 336명이나 된다고 한다.

건강에 좋다고 달렸는데!

뉴요커 짐 픽스Jim Fixx는 자신의 베스트셀러 저서인 『달리기에 관한 모든 것The Complete Book of Running』을 통해 조깅 부흥을 일으켰지만 조깅하던 중 심장마비로 52세의 나이에 사망했다.*

* 짐 픽스의 부검 결과 유전 요인에 의한 사망이라는 최종 결론이 내려졌다. 그의 아버지는 43세에 심장마비로 사망했다. 이것 외에도 과도한 흡연을 했으며 이혼한 뒤 체중이 100kg까지 증가하는 등 극심한 스트레스를 받았다고 한다.

여자 마라톤 세계 신기록 보유자

이 책의 집필 시기를 기준으로, 영국 육상선수 폴라 레드클리프 Paula Radcliffe는 2003년 런던마라톤에서 2시간 15분 25초의 기록을 세우며 여자 마라톤 세계 신기록 보유자가 되었다. 반면 남자 마라톤 세계 신기록은 2014년 베를린마라톤에서 케냐의 데니스 키메토 Dennis Kimetto가 세운 2시간 2분 57초이다.

크리켓에서 단거리 육상선수로 변신한 우사인 볼트

자메이카의 단거리 육상선수 우사인 볼트 Usain Bolt는 지구에서 가장 빠른 사람이다. 다만 그는 크리켓 선수로 선수 생활을 시작했다. 크리켓 자선경기를 하던 중, 투수 우사인 볼트는 자메이카의 전설적인 크리켓 강타자 크리스 게일 Chris Gayle을 아웃시켰다. 이후 공수가 바뀌어 타자가 된 그는 투수 가일이 던진 공을 쳐내 6점을 획득했다.

런던마라톤이 세운 세계 신기록

런던마라톤은 매년 하루 동안 개최되는, 세계에서 가장 큰 규모의 자선기금 마라톤 대회다. 1981년에 시작된 이후 지금까지 약 8억 파운드를 모금했다. 어떤 사람들은 자신이 선택한 자선단체의 모금을 위해 무슨 일이든 주저 없이 한다. 2016년 런던마라톤에서만 다음과 같은 세계 신기록들이 수립되었다.*

✓ 엘프 의상을 입고 가장 빠르게 완주한 남성 마라토너

✓ 『피터팬』에 나오는 팅커벨 의상을 입고 가장 빠르게 완주한 여성 마라토너

✓ 수도꼭지 의상을 입고 가장 빠르게 완주한 남성 마라토너

✓ 「겨울왕국」의 엘사 옷을 입고 가장 빠르게 완주한 남성 마라토너

✓ 핫도그 의상을 입고 가장 빠르게 완주한 마라토너

✓ 바다가재 의상을 입고 자신의 꼬리에 발이 걸려 자주 넘어졌음에도 불구하고 3시간 만에 완주한 마라토너

✓ 거북이 의상을 입고 3시간 19분 41초의 기록을 세우며 가장 빠르게 완주한 여성 마라토너

✓ 북극곰 의상을 입고 가장 빠르게 완주한 여성 마라토너

✓ 윔블던 맥주 회사의 실물 크기 모형 타워 스페셜 페일 에일 의상을 입고 가장 빠르게 완주한 마라토너

✓ 길리 슈트 ghillie suit ** 를 입고 가장 빠르게 완주한 여성 마라토너

✓ 화분 의상을 입고 가장 빠르게 완주한 마라토너

✓ 전립선 의상을 입고 가장 빠르게 완주한 마라토너

✓ 진저브래드맨 의상을 입고 가장 빠르게 완주한 마라토너

✓ 우주비행사 의상을 입고 가장 빠르게 완주한 남성 마라토너

✓ 지구 궤도에 머무는 실제 우주비행사로서 가장 빠르게 완주한 남성 마라토너***

☀ **별별 지식**

. . . .

* 런던마라톤에서 몇몇 주자들은 자신이 소속된 자선단체나 연구기관의 이름, 전화번호, 후원 계좌를 몸에 부착하고 달림으로써 후원을 독려하거나 잊고 싶지 않은 사람의 사진 또는 이름을 몸에 새기고 뛰기도 한다.

** 길리 슈트는 자신의 몸을 보호 또는 숨기기 위해 나뭇잎 같은 자연에서 얻을 수 있는 것을 의류에 붙인 것을 말한다. 다만 이 대회에선 그 옷이 제 기능을 다하지 못했다. 그것의 기능이 제대로 발휘되었다면 그녀는 세계 신기록을 세우지 못했을 것이다.

*** 그는 국제우주정거장에서 러닝머신 위를 달렸던 팀 피크이다.

결국 완주하지 못한 마라톤 코스

2013년 영국 선덜랜드Sunderland 시에서 개최된 북부 마라톤 대회에서 경기가 중반을 넘어섰을 때, 레스터Leicester 시의 제이크 해리슨Jake Harrison은 말 그대로 다른 주자들의 시야에서 사라질 정도로 격차를 상당히 벌리며 선두에 섰다. 반면 2, 3위의 주자들은 선두가

보이지 않자 잘못된 지점에서 마라톤 코스를 이탈했고, 경로를 알려줘야 할 진행요원들은 이를 알아채지 못했고, 뒤따르던 5천 여명의 다른 주자들은 2, 3위의 두 사람을 따라서 모두 경로를 이탈해 달렸다. 그들은 곧 올바른 경로로 돌아오기는 했지만 이미 마라톤 정규 거리 42.195km 중에서 264m가 모자란 지름길을 지나온 뒤였다. 몇 달에 걸친 극도로 힘든 훈련과 몇 시간에 걸친 기진맥진한 경주를 끝낸 후, 그들은 처음 출발했던 곳으로 돌아와 있었다. 결국 그들은 마라톤을 완주하지 못했다.

10. 퀴디치 Quidditch

세계에는 퀴디치를 포함해서 공식적으로 인정받은 스포츠가 약 700개가 있다. 퀴디치는 소설 『해리 포터』의 호그와트 Hogwarts에서 행해지는 게임을 기반으로 한다. 남녀가 같이 운동장을 누비며 즐기는 팀 스포츠, 즉 해리 포터가 머글 퀴디치라고 부르는 것이다. 전 세계에는 하나의 국제연맹과 18개의 영국 내 협회가 있어서, 그 경기가 규칙에 따라 행해지도록 관리하고 있다.

퀴디치의 규칙
퀴디치의 규칙들은 다음과 같다.

1) 선수는 7명

각 팀의 7명 선수는 경기 내내 다리 사이에 빗자루를 끼고 있어야 한다.

2) 남자 4명 미만, 여자 4명 미만

각 팀에는 같은 성^性을 가진 선수가 4명 이상 있어서는 안 된다.

3) 경기는 축구와 같음

퀘이플 공을 상대 팀의 골대 안에 넣으면 득점한다.

4) 블러저에 맞으면 아웃

몰이꾼의 블러저에 맞은 선수는 누구든 아웃이며, 그는 자신의 팀 쪽으로 돌아가서 골대를 만진 후에야 경기에 다시 참여할 수 있다.

5) 스니치 공은 중립 선수의 허리띠에

스니치 공, 즉 긴 양말에 담긴 테니스 공은 노란색 옷을 입은 중립 선수의 허리띠에 붙어 있어야 한다. 그리고 스니치 러너는 경기 중 수색꾼에게 잡히지 않도록 노력해야 한다.

6) 수색꾼이 스니치를 잡으면 끝

팀의 수색꾼이 스니치를 잡으면 경기는 끝난다.

11. 스포츠에 관한 몇 가지 놀라운 사실들

안타까운 유언

고대 마야의 공놀이에서 패배한 팀의 전부 혹은 일부 선수들은 신에게 바치는 희생 제례에서 목이 잘렸다. 패배 팀의 선수들이 남긴 가장 흔한 유언은 "우리 3전 2승제로 할까?"였다.

번지 점프의 효시

1974년, 엘리자베스 2세의 방문을 더욱 흥겨운 행사로 만들기 위해, 바누아투Vanuatu의 영국 행정부는 몇몇 주민들에게 땅으로 다이빙할 것을 권유했다. 이것이 번지 점프의 효시이다. 다만 단단한 로프 대신 숲에서 쉽게 찾을 수 있는 덩굴 식물을 이용했다. 때마침 그때는 우기로 덩굴 식물이 참가자의 추락을 막아줄 만큼 충분히 질기지 못했다. 그래서 여왕은 넝쿨이 끊어지면서 한 사람이 땅으로 곤두박질쳐 죽는 광경을 경악 속에서 지켜보아야 했다.

세일링 요트 경기의 강자 미국

세계에서 가장 오래되었고 현재도 매년 개최되고 있는 스포츠 대회는 아메리카스 컵America's Cup 요트 대회이다. 두 팀이 세일링 요트를 타고 1 대 1로 경쟁하여 정해진 코스를 먼저 돌아오는 팀이 이기는 대회이다. 미국이 132년 연속 트로피를 가져갔으며, 1983년에는 호주가 우승했다.

승리한다고 해서 영광이 없는데 꼴찌까지 한다면?

한때 영국의 경마장 주인들은 후원을 얻으려고 필사적이었다. 그 결과 기수들은 '미스터 크리스 리얼 데어리 크림 케이크 핸디캡 허들Mr Chris Real Dairy Cream Cake Handicap Hurdle'* 같은 대회에 참가해야만 했다. 그 대회에서 우승을 한다 해도 기수에게 큰 영광은 주어지지 않았다. 더욱 최악의 경우는 꼴찌로 들어오는 것이었다.

☀ 별별 지식
....

 ★   일반적으로 핸디캡 경주는 중량조정경주라고 하는데 마필의 능력에 따라 부담 중량을 늘리거나 줄이면서 하는 경주를 말한다. 부담 중량은 경주에서 말이 등에 짊어지고 달리는 무게로 말들의 성별, 연령, 산지 등을 따라 부여된다.

절대로 착각해선 안 되는 표지판

2005년 아일랜드의 레오파드스타운Leopardstown에서 열린 경마대회, '패디 파워 다이얼 에이 베트 체이스Paddy Power Dial-A-Bet Chase*'에 참가한 기수 로저 로흐란Roger Loughran은 경기 도중 갑자기 등자에서 일어나 허공에 주먹을 휘두르고 관중을 향해 채찍을 흔들며 승리를 자축했다. 그가 이런 행동을 보인 이유는 표지판용 자작나무 다발을 결승선으로 착각했던 것이다. 그가 착각의 축하 의식을 하는 동안 두 마리의 경주마가 그를 앞질러 지나갔다. 실제 결승선은 100yards나 멀리 떨어져 있었다.

☀ **별별 지식**
....

＊　Paddy Power는 아일랜드 온라인 배팅 업체 이름이고, Dial-A는 전화 배팅을 의미한다.

네트볼의 위기

네트볼은 호주의 여성들에게 오랫동안 가장 인기 있는 스포츠이며, 1백만 명이 넘는 참여자를 갖고 있다. 그러나 최근 이 종목은 여자 축구에 의해 추월당할 위험에 처해 있다.

부즈카시가 올림픽 종목으로 채택되기를

아프카니스탄의 국기는 부즈카시buzkashi이다. 사용되는 공이 머리가 없는 염소 시체라는 사실만 제외한다면 폴로와 비슷한 경기이다. 최근 아프카니스탄 사람들은 부즈카시가 올림픽 종목으로 인정받기를 희망하며 경기에 더 많은 규칙을 도입했다.

이 책을 마무리합니다 Conclusion

어떤 책에 나와 있는 내용을 여기서 한 번 되풀이한다. 어느 책인지는 기억하지 못하니 양해하기 바란다. 인간은 책을 읽으면서 단지 10%만을 기억할 수 있지만 배운 것을 즉시 실천하면 기억력을 90%까지 끌어올릴 수 있다고 한다. 나는 당신이 이 책에서 배운 지식을 잊어버리지 않기 위해선 시간 여행을 하고 지구의 먼 오지까지 여행을 가보고, 강력한 군대를 이끌며 광활한 육지를 점령하고, 화성을 근접 비행해보는 등의 여러 가지 활동을 실천해 볼 필요가 있다고 생각한다. 하지만 너무 원대하다는 생각도 든다.

내가 제안할 수 있는 유일한 다른 방법은 내용을 100% 이해할 수 있을 때까지 이 책을 9번 더 읽으라는 것이다. 그렇게 하지 않으면 이미 당신의 기억 속에서 이 책의 지식들이 모두 사라질 것이다. 그렇지 않으면 만일을 위해 항상 이 책을 가까이 두어라. 이것은 나의 너무 큰 욕심일까? 그럴 것이다. 그저 나는 당신이 아주 짧은 순간이라도 지식이 넓어지는 쾌감을 느꼈기를 희망할 뿐이다. 혹시 이 말이 위로가 될지 모르지만 나는 이 책의 결론을 쓰면서 내용의 90%를 이미 잊어버렸다. 내가 기억하는 것은 화성을 뭐 어쩌고저쩌고 하는 이야기였던 것 같다. 그러면서 이 책을 읽은 당신에게 고마움을 전하고 싶다.

여기까지 읽어준 당신에게, 내 모든 행운을 바친다.

DODO HUMAN SCIENCE

잘난 척하고싶을 때
꼭 알아야 할

쓸데 있는
신비한
잡학사전

초판 1쇄 발행 2018년 8월 20일
초판 2쇄 발행 2018년 11월 15일

—

지은이 레이 해밀턴
옮긴이 이종호

—

발행인 이웅현
발행처 (주)도서출판 도도

—

전무 최명희
편집 홍진희
디자인 김진희
홍보 · 마케팅 이인택
제작 퍼시픽북스

—

출판등록 제 300-2012-212호
주소 서울 중구 충무로 29 아시아미디어타워 503호
전자우편 dodo7788@hanmail.net
내용 및 판매문의 02-739-7656~9

ISBN 979-11-85330-51-8 (13030)
정가 14,200 원

이 도서의 국립중앙도서관 출판예정도서목록(CIP)은 서지정보유통지원시스템 홈페이지(http://seoji.nl.go.kr)와
국가자료공동목록시스템(http://www.nl.go.kr/kolisnet)에서 이용하실 수 있습니다. (CIP제어번호 : CIP 2018023278)